원서발췌
축치족 : 신앙

고전 명작을 읽는 가장 쉬운 길,
'지식을만드는지식 원서발췌'

축약, 해설, 리라이팅이 아닙니다. 원전의 핵심 내용을 문장 그대로 가져옵니다. 작품의 오리지낼리티를 가감 없이 느낄 수 있습니다.

두껍고 읽기 어려워 책장을 덮어 버리곤 했던 고전을 발췌합니다. 해당 작품을 연구한 전문가가 작품의 정수를 가려 뽑아냅니다. 핵심만 읽기 때문에 더 빠르게 더 많은 고전을 읽을 수 있습니다. 제외된 부분은 중간중간 친절하게 요약 설명합니다. 풍부한 해설과 주석으로 전체 내용을 파악하는 데 무리가 없습니다. 정확한 번역, 적절한 윤문으로 10대에서 80대까지 누구나 쉽게 읽을 수 있습니다. 콤팩트한 사이즈와 분량이므로 간편하게 휴대할 수 있습니다. 수천 쪽의 고전을 발췌된 내용으로 읽고도 전체 의미를 파악할 수 있는 것이 지식을만드는지식 원서발췌의 매직입니다. 발췌율은 표지에 표시하고 발췌 방법은 일러두기에 상세히 밝힙니다.

고전 독자를 발췌 읽기에서 완역 읽기로, 더 나아가 원전 읽기로 안내합니다. 바쁜 현대인들에게 새로운 고전읽기 방법을 제시합니다.

원서발췌
축치족 : 신앙

Чукчи: религия

블라디미르 보고라스(Владимир Г. Богораз) 지음
김민수 · 김연수 옮김

대한민국, 서울, 지식을만드는지식, 2026

편집자 일러두기

- 이 책은 《축치족: 신앙(Чукчи II религия)》(1939)을 저본으로 삼아 번역했습니다.
- 이 책에서는 제1장 〈종교적 관념〉, 제4장 〈샤머니즘〉, 제7장 〈출생과 사망〉을 발췌 번역했습니다.
- 옮긴이가 단 각주는 '옮긴이 주'로 표시했습니다.
- 괄호가 중복될 때는 [ ]를 사용했습니다.
- 외래어 표기는 현행 한글어문규정의 외래어표기법을 따랐습니다. 단 축치어 원어는 로마자를 기준으로 표기하고, 부록으로 표기 원칙과 인명 · 지명 목록을 제시했습니다.
- 이 책은 2012년 5월 30일 '천줄읽기' 시리즈로 처음 출간했다가 이번에 '원서발췌' 시리즈로 옮겨 출간합니다.

차례

축치족 : 신앙

제1장 종교적 관념

해안 축치와 순록 축치[1)]의 종교적 관념은 함께 살펴보아도 무방할 만큼 서로 유사하다.[2)] 근소한 차이점은 앞으

---

1) (옮긴이 주) 축치족은 해안에 거주하면서 어로를 하거나 바다표범 등을 수렵하고 사는 어렵 축치와, 순록을 유목하며 사는 유목 축치로 나눌 수 있다. 여기서는 각각을 해안 축치, 순록 축치라고 표기한다.

2) 제1장에 포함된 자료는 주로 “오래된 소식(telenkin pьɧьlte)”을 잘 알고 있는 샤먼이나 노인들로부터 채록한 것인데, 축치족은 자신들의 신화, 역사적 이야기를 그렇게 부른다. 이 용어는 축치족의 모든 설화를 일컫는 말이며, 그들의 설화 대부분이 아직 출판되어 있지 않기 때문에 그것을 자세하게 분류할 수 없다. 여기서는 축치족 세계관의 특징을 파악하는 데에 새롭고 상세한 면모를 부여하는 설화들만 제시한다. 세계 창조에 관한 설화, 특히 까마귀나 다른 새 또는 다른 동물들에 관한 설화는 별도로 살펴본다.
제1장에서는 축치족의 다양한 초자연적 사물에 대한 관념을 검토하면서, 필자가 다양한 조사 지역에서 축치인들의 도움으로 그린 연필화를 제시한다. 말로 설명한 사항에 이어 제시하는 그림은 연구자들에게 커다란 도움이 되고 그들의 연구에 새로운 것을 제공할 것이라고 생각한다. 여러 사람들이 그린 그림들을 살펴보면서 우리는 그것들의 공통점을 발견할 수 있다. 제시된 모든 그림들은 극히 개별적이다. 그 그림들은 말로 묘사되는 것이 축치인의 의식에 어떻게 반영되는가를 밝히는 데 도움을 주는 만큼 학술적인 가치를 가진 것이다. 그림에 대해서는 축치족 예술에 관한 장에서 별도로 언급할 것이지만, 그림 중 일부를

로 서술해 나가는 과정에서 제시할 것이다.

필자는 축치족의 종교적 관념을 연구하면서 원시인의 종교적 시각 발전에 관한 독특한 이론을 구성했는데, 제1장의 서두 부분에서 그것을 기술해 보겠다. 그 이론은 이후에 습득되는 자료를 체계적인 절차로 정리하고 보다 용이하게 이해할 수 있게 해 준다.

원시인은 생을 자신의 활동 과정에서 나타나는 그대로 인식한다. 원시인의 주목을 끄는 것은 그의 행위가 가해지는 사물이다. 원시인은 자신의 고유한 속성이 되는 자질을 사물에 부여한다.[3] 이것이 곧 원시적 종교 관념의 기반이다. 바로 여기서부터 원시 신화가 다양한 방향으로 분지하고 특수하고 세부적인 사항들을 획득하면서 발전

제1장에서 축치족 종교적 관념을 예시하는 데 사용할 것이다.

3) 나는 '애니미즘'이라는 용어를 피하고자 한다. 그 용어가 내 생각에 인간의식 발달의 보다 나중 단계에 나타나는 인간 영혼에 관한 관념의 존재를 전제로 하기 때문이다. E. B. 테일러는 애니미즘이 하나의 근원에서 발생하는 두 가지, 즉 1) 죽음 또는 육체의 소멸 이후에도 계속 살아가는 개별적 존재의 영혼에 관한 관념과 2) 강력한 신적 존재까지 포괄하는 혼령에 관한 관념을 근거로 한다고 했다. 필자의 이론에 따르면, 이 두 가지 관념은 보다 후기에 해당되는 것이다. 따라서 필자의 이론은 원시인이 애니미즘에 도달하기까지의 과정을 기술해 보려는 시도라고 할 수 있다.

해 가는 것이다.

원시 종교 관념의 발전 단계

여기서 기술하는 세계관의 원시적 발전 과정은 어느 정도 명확하게 드러나는 다섯 단계로 이루어진다. 그 다섯 단계는 다음과 같다. 첫 번째 단계에서는 주변의 모든 사물들에게 인간과 동일한 생명을 부여한다. 사물의 형태나 생명 발현에의 관여 여부는 관심 대상이 아니며, 일반적으로 시야에 포착되지도 않는다.

돌, 나무, 언덕 또는 구름, 그리고 자연 현상(바람, 비, 천둥)은 그 형태와 무관하게 살아 있는 것으로 여겨진다.[4] 무엇이 움직인다면, 그것은 살아 있는 것이다. 따라

---

4) 다니엘 G. 브링턴은 "움직이는 모든 것, 냄새 또는 소리를 내거나 그 외에 주의를 끌 만한 다른 속성을 지닌 모든 것은 원시인의 의식에서는 원시인 자신이 내부에서 느끼는 미분별적인 영적인 힘을 공유한 것이며, 단지 다른 형식으로 표현된 것일 뿐이다. 다른 모든 현상도 그것과 동일한 힘을 표현하므로, 본질적으로는 원시인 자신과 전혀 차이가 없는 것이다. 그 어떤 동물, 식물, 돌, 밤하늘 천체의 움직임, 바람 소리, 불이 탁탁거리며 타는 소리, 높은 언덕 — 이 모든 것이 공통의 생명의 기원으로부터 발생해 하나의 생명을 나누어 가진 단일한 존재의 다양한 발현이다"라고 말했다(브링턴, 《원시인의 종교》, p. 136). 의식 발전의 낮은 단계에서는 너무 추상적일 듯한 "미분별적인 영적인 힘"과 "공통의 생명의 기원"이라는 개념을 제외한다면, 이 말은 위에서 한 말과 유사

서 원시인에게는 바람에 흔들리는 나무도, 스쳐 가는 바람도, 제자리에 가만히 있지만 사람이 걸려 넘어지게 하는 돌도, 호수도 강도 개울도 그리고 평원에 그림자를 드리우는 언덕도 모두 살아 있는 것이다. 원시인은 사물과 싸우며, 그것을 이기거나 없애 버린다. 원시인은 사물에 제물을 바치며 보호해 줄 것을 청한다. 원시인은 그 어떤 작은 사물을 선택해 그것을 호신부로 삼는다. 원시인은 그것을 몸에 지니고 다니며, 그것이 모든 악한 힘으로부터 자신을 보호해 줄 것이라고 믿는다.

이후의 발전은 사물의 외형과 인간 신체 또는 신체 부분들의 외형과의 유사성에 대한 지각으로 이어지며, 이 단계에서 보다 상세하고 특징적인 내적 유사성에 관한 관념이 발생한다. 모든 우연적인 유사성이 포착된다. 입, 머리, 손을 살아 있다고 여겨지는 사물의 외형에서 찾아낸다. 인간 신체의 모습과 약간의 유사성이 있는 사물이라도 호

하다.

앤드류 랭은 보다 더 명확하게 말했다. "원시인은 자신과 외부 세계의 사물 간에 명확한 경계를 두지 않으며, 그것이 동물, 식물 또는 천체 등 그 무엇이든지 간에 자신과 전적으로 동일한 것으로 여긴다. 원시인은 돌이나 바위에도 성적 능력, 출산 능력을 부여하며 동물, 새, 물고기와 마찬가지로 해와 달, 별, 바람에도 인간의 감정을 부여한다"(랭, 《신화, 의식, 종교》, I, p. 47).

신부가 되기에 충분하다. 마치 두 다리가 달린 것처럼 끝이 갈라진 나뭇가지나 가죽 조각은 인간과 유사한 존재로 취급된다. 이렇게 무형의 포괄적인 지각을 사물들 간의 유사성이라는 속성이 대신하게 되는 단계가 바로 원시적 사고의 두 번째 단계다. 바로 그 유사성 덕분에 사물은 보다 명확하게 지각되며 그것들의 속성도 보다 상세하고 특징적으로 지각되는 것이다.

그런데 바로 그 외적 유사성이 불충분한 경우에 사물의 이중적 속성, 즉 사물이 본래의 일반적인 모습과 함께 인간에 가까운 모습도 가진다는 관념이 발생한다. 이 두 가지 모습은 극히 물적인 것이기에 사물은 자유롭게 그 모습을 바꿀 수 있다. 따라서 생업에 사용되는 돌도끼와 돌망치는 사람으로 변할 수 있고 다시 본래의 모습으로 제자리로 돌아갈 수 있다. 달리 말하면, 사람도 원하는 대로 동물 또는 무생물로 바뀔 수 있다. 무생물은 자신이 가진 또 다른 모습으로 변하면 생명을 가지게 되어 일반적인 사람의 행동을 할 수 있게 된다. 이런 변신의 능력은 무엇보다도 동물들에게 적용되며, 동물 세계의 이중적 속성에 관한 원시인의 관념에 전적으로 부합된다. 이것이 바로 원시적 세계관 발전의 세 번째 단계다.

사물의 이중적 속성에 대한 관념의 직접적인 귀결로

서, 사물의 두 가지 본질 중 하나는 외적인 것이고 다른 하나는 보통의 모습에 가려진 내적인 것이라는 관념이 발생한다. 그런데 내적인 모습은 가려진 것이기에 보통은 인간의 눈에 보이지 않는 것이지만, 그것 역시 속껍질을 벗고 겉으로 드러날 능력이 있는 것이며, 그런 경우에 인간의 모습으로 나타난다. 바로 그렇게 해서 물적 형태와 그 내부에 담긴 생명력 간의 차이에 관한 최초의 관념이 발생한다. 그리고 인간 형상의 영, 숲귀신, 물귀신 등 귀신도 발생한다. 귀신은 보통 눈에 보이지 않지만, 그가 사는 사물을 떠날 수도 있는데, 그때는 자신의 본모습인 인간 형상을 하게 된다.

귀신은 원할 때는 샤먼이나 다른 사람 앞에 인간 형상으로 나타날 수 있다. 이것이 네 번째 단계다. 세 번째 단계에서는 서로 교체될 수 있는 두 가지 별개의 본질을 보았던 반면, 네 번째 단계는 물적 사물과 그것의 '영'의 공존을 전제로 한다. 그러나 물적 외피로부터 '영'을 분리시키는 것은 단지 어느 정도까지만 가능하다.

일반적으로 '영'은 자신이 머무는 것에서 멀리 벗어날 수 없으며 가능한 한 빨리 제자리로 돌아와야 한다. 그리고 영은 보통 인간의 물적, 정신적 속성을 모두 가진다.

'영'이라는 개념을 아메리카 에스키모들은 '그의 사람'

이라는 뜻의 이누아(inua)라는 이름으로 잘 규정하고 있다[아시아 에스키모 언어로는 유와(juwa)]. 바로 여기에서 인간 형상의 귀신이 사물과 어떤 방식으로 결합되는지 명확히 드러난다. 그런 관념에 따르면, 동물은 곧 가죽을 뒤집어쓴 인간적 존재로서 원하면 언제든지 가죽을 벗을 수 있다. 반대로 인간도 원하면 언제든지 동물의 가죽을 뒤집어쓰고 동물로 변하든지 무생물인 사물의 외형을 연상시키는 껍질을 뒤집어쓰고 사물로 변할 수 있다. 그리고 그 가죽이나 껍질을 벗어 던지면 다시 이전처럼 사람으로 변한다.

바로 이 단계에서 인간의 육체에 갇혀 있는 영혼, 때때로 꿈속에서 육체를 이탈할 수 있는 영혼에 관한 관념이 발생한다.

보다 이전의 원시적 단계들에서는 인간은 꿈을 이해할 수 없어서 그것을 영혼이 떠돌아다니는 동안의 실생활로 받아들인다.

다섯 번째 단계에서 '영'은 자신의 물적 외피로부터 완전히 자유로워져서 완전한 행동의 자유를 얻어 진짜 귀신이 된다. 그들의 인간적 외양은 보다 명확해지며 보다 새로운 세부적 형태를 갖추게 된다. 그리고 많은 귀신이 개별적인 모습을 가지게 되며 서로서로 다양한 관계를 가지게 된다. 그렇게 해서 보이지 않지만 특별한 힘과 날아다니는 능력을 갖추었지만 인간처럼 음식이 필요하고 죽음을 맞기도 하는 귀신들에 관한 이야기로 이루어진 최초의 신화가 발생한다. 이 단계에서 사람이 죽어 몸이 썩으면 보이지 않는 귀신이 된다는 믿음이 발생한다. 그런 믿음은, 자유롭게 사는 귀신에 관한 관념이 사물에 갇힌 '영'에 관한 관념으로부터 발생한 것처럼, 인간 육체에 머무는 영혼에 관한 관념으로부터 발전한다.

그리고 이 모든 것이 죽은 자가 저승에서 자신의 가족과 함께 사냥 등의 일을 하며 살게 된다는 사후 세계에 대한 관념을 발생시킨다. 귀신에 대한 관념과 사후 세계에 대한 관념이 평행하게 발전되어 죽은 자는 '저승 세계'에서, 귀신은 또 다른 세계에서 산다는 관념으로 이어진다. 이렇게 해서 땅 위와 아래에 층을 이루고 있는 몇 개의 세계들이 형성되며, 죽은 자들은 그중 한 세계에, 귀신은 또 다른 세계에 살게 된다. 이와 더불어 죽은 사람과 인간 영혼 간의 차이도 규정된다. 인간 영혼은 작고 연약해 적대적인 귀신들로부터 해를 입을 수 있어 인간에게 우호적인 귀신들의 도움을 필요로 한다. 반대로 죽은 자는 인간보다 훨씬 더 강하고 커다란 보이지 않는 귀신으로 여겨진다. 그들은 살아 있는 사람들에게 갖가지 해를 끼칠 수 있기도 하고, 반대로 인간에게 우호적이고 살아 있는 자손들에게 갖가지 도움을 줄 수도 있다. 이에 따라 조상 수호신 숭배가 발생하는데, 이것은 일련의 사전 발전 단계들을 전제로 하며 이미 보다 복잡하고 특화된 시각을 형성할 능력 획득을 전제로 한다.[5)]

이렇게 해서 원시종교 발전 5단계의 개략적인 특징을 제시했다. 그러나 실상 극히 기본적인 이 다섯 단계는 거의 동시에 발생해 공존한다. 한편, 원시적인 신화들을 보다 면밀하게 검토해 보면, 보다 나중 단계들이 완전한 발전을 이루게 되는 때에 보다 앞선 단계들이 소멸되어 가며, 현재 대부분의 원시적 종족들의 경우 바로 그 나중 단계들이 지배적이라는 점을 알 수 있다.

이제 독자들은 목차에 따라 제시되는 축치족의 종교적 관념 연구 과정에서 수집된 자료들을 살펴보면서 (축치족

---

5) 조상 숭배를 종교의 가장 주요한 근원이라고 보는 허버트 스펜서 (《사회학 원리》, I, p. 305)는 조상 숭배가 부정적인 힘에 대한 불특정하고 가변적인 관념이 특정적이고 견고한 신앙으로 변모하는 경우에 발생한다고 했다.

원시인들이 아주 강력하다고 여겼던 조상들의 예를 추종하는 경향은 조상 숭배 발생을 촉진한다. 필자가 보기에 그 점은 축치인의 종교생활에도 적용 가능하며, 다른 설명이 없다면, 다양한 의례와 예식에 대한 설명이 될 수 있다.

종교 관념의) 기본적인 배경이 생애 대한 관념이 단순하며 사물이나 자연현상 의인화도 없는 첫 번째 단계에 해당된다는 것을 알게 될 것이다.

살아 있는 것으로 취급되는 사물

일반적으로 축치인들은 모든 자연은 살아 있고 사물은 자신의 의사에 따라 행동하거나 움직일 수 있다고 여긴다. 축치인들은 모든 사물에 대해 "게틴빌렌(주인이 있는)"이라고 말하거나, 그보다 더 자주 "게큘릴린(목소리를 가진)"이라고 말한다. 이것은 모든 사물이 살아 있으며, 그것들의 생명을 그것들로부터 분리시킬 수 없다는 것을 의미한다. '목소리를 가진' 사물은 자신의 물질적 속성과 가능성을 수단으로 해서 행동한다. 예를 들어, 목소리를 가진 돌은 제자리에서 움직이거나 소리를 내며 튀어 다니고 해를 끼치고 싶은 사람에게 덤벼들 수도 있다. 또 돌은 사람으로 하여금 자신을 선택해 호신부로 삼게 할 수도 있다.

축치 샤먼의 창세설화(이른바 엥엥일리나 로오 – '샤먼의 눈에 보이는 물건')에서 우리는 다음과 같은 방식으로 샤먼의 영혼과의 관계가 묘사되는 자연에 가득한 생명을 볼 수 있다.

"강변 계곡에 사람이 살고 있고, 거기에 목소리가 있어 말을 한다. 나는 그 목소리의 주인을 보았고 그와 이야기를 나누었다. 그는 내게 복종해 절을 했으며 제물을 바쳤다. 어제도 그가 다녀갔다. 샤먼의 능력을 발휘하는 가슴이 파란색인 작은 회색 새가 옹이와 나무둥치 사이의 구석진 곳에 앉아 혼령들을 부르며, 내가 물으면 다가와 대답한다. 나무가 북채에 맞은 북처럼 도끼를 맞아 떨며 울고 있다. 나무는 내 보조령이었다. 북채가 다가오면 나는 그것을 손에 쥔다. …"

"모든 존재하는 것은 살아 있다. 등불도 움직이며 집의 벽도 제 목소리를 가지고 있다. 침실의 요강에게도 자신의 나라와 천막집, 아내, 자식들이 있으며, 종종 보조령 역할을 하기도 한다. 팔기 위해 모아 둔 자루 속의 동물 가죽들도 밤에는 서로 대화를 한다. 또 밤에는 죽은 자의 묘지 위에 놓아 둔 동물의 뿔들도 묘지 주위를 돌아다니다가 아침이 되면 제자리로 돌아가며, 죽은 자들 역시 일어나서 산 자들을 찾아다닌다."[6]

이와 같은 성격의 다른 이야기에서는 옹이의 구멍 속

---

6) V. G. 보고라스, 《축치어 및 콜리마 지역 민속 연구 자료》(상트페테르부르크, 1900), p. 385, 386(이하 '자료'라 칭함).

에 앉아 있는 작은 새가 풀로 만든 북을 친다. 제물은 그 새가 가장 좋아하는 딱정벌레나 지렁이다. 도둑질을 잘하는 까마귀가 그 새 가까이 내려와 앉아 노래를 듣다가 노래를 들이마셔 가져간다.

세 번째 이야기에서 모든 사물은 자신의 목소리를 가지거나(겜게-쿨릴린) 또는 주인이 있다(감가-에틴빌린). 팔기 위해 모아 둔 동물 가죽들도 '주인'이 있다. 밤이면 그들은 순록으로 변해서 자유롭게 돌아다닌다. 숲 속의 나무들도 서로 대화를 나눈다. 벽의 그림자조차 완전한 종족을 구성하고 있다. 그들은 천막집 속에 살며 사냥을 나가기도 한다. 무지개와 햇빛도 자신의 '주인'이 있는데, 무지개의 주인은 무지개 맨 꼭대기 층에 살며 햇빛의 주인은 햇빛이 비쳐 나오는 천궁에 살고 있다. 그 주인들은 무지개나 햇빛의 길을 따라 땅 위로 내려오곤 한다.

축치족의 한 가지 이야기에서는 악령(켈레)이 한 남자 아이를 잡아 왔는데, 그 아이는 죽은 체하고 있었고 악령은 자신의 요강을 그 아이 옆에 두었다. 악령은 요강에다 똥을 싸고 똥에게 아이를 지키라고 명령했다. 곧 아이는 몸을 조금 움직였다. 그러자 요강이 소리를 쳐 댔다. 악령은 잠이 깨서 잡아 온 아이를 보러 왔다. 아이는 움직이지 않고 가만히 있었다. 악령은 화가 나서 요강을 욕하고 오줌을 쌌다. 조금 지나 요강이 다시 소리를 질렀으나 오줌이 차 있어서 소리가 잘 나오지 않았다. 아이는 잽싸게 일어나 지키고 있는 요강이 아무 소리를 내지 못하도록 오줌과 똥을 더 싸 놓았다.[7)]

여기서 우리는 밤에 사용하는 요강이 모습의 변화 없이도 살아 있는 존재로 묘사되고 있음을 볼 수 있다.

무생물의 생명 활동에 관한 이런 단순한 관념을 습득하는 데는 많은 어려움이 있는데, 그것은 그런 사물들이 살아 있음을 보여 주는 데 필요한 신체기관이나 장치가 없기 때문이다. 그런 어려움을 극복하는 과정에서 축치족 종교 관념은 사물의 다양한 부분들을 인간 신체의 상응하는 기관들과 동일시하는 두 번째 단계로 넘어간다.

예를 들어, 사람의 정신을 몽롱하게 만드는 무호모르 버섯[8)]은 '특별한 종족(얀라-바라트)'으로 여기게 된다. 그들은 자라면서 아주 힘이 세져 튼튼한 버섯 머리로 조밀하게 뻗어 있는 나무뿌리를 뚫기도 하고 나무를 두 조각으로 가르기도 한다. 또한 돌을 뚫고 자라나면서 돌을 작은 조각으로 부수기도 한다. 무호모르 버섯은 그것에 취한

---

7) V. G. 보고라스, 자료, p. 193.

8) (옮긴이 주) 광대버섯과의 독버섯의 일종.

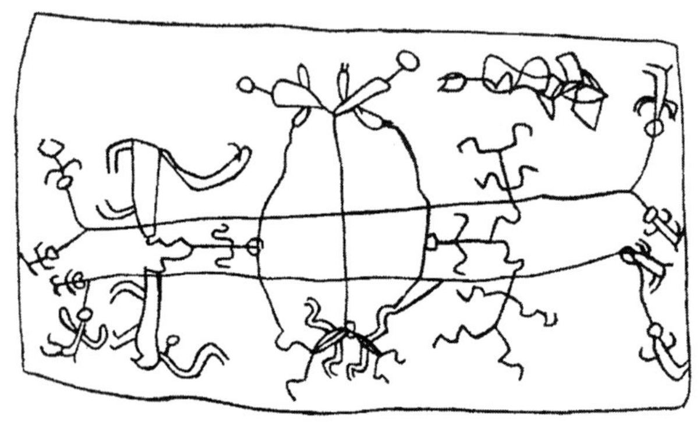

그림 1. 무호모르(버섯) 사람의 길을 묘사한 축치족의 그림.

사람의 눈앞에 사람 비슷한 이상한 모습으로 나타나기도 한다. 예를 들어, 어떤 무호모르는 팔 하나에 다리가 하나인 사람 모습으로 나타나기도 하며, 또 어떤 무호모르는 나무 그루터기 모습으로 나타나기도 한다. 그것은 귀신이 아니다. 바로 무호모르의 모습이 그렇다. 사람의 눈앞에 나타나는 무호모르의 숫자는 그 사람이 무호모르를 몇 개 먹었는가에 따라 다르다. 무호모르를 하나 먹었다면 그의 눈앞에는 한 명의 무호모르 사람이 나타나며, 두세 개 먹은 경우에는 그 숫자만큼 나타난다. 무호모르들은 사람의 손을 잡고 저승으로 데려가 그곳을 보여 주며, 사람과 함께 여러 가지 믿지 못할 일들을 한다. 무호모르가 다니는 길은 구불구불하다. 그들은 죽은 자들이 거주하는 나라를 방문한다. 한 축치인이 그런 길을 그림으로 그려 주었다(그림 1).

세 번째 단계의 특징적인 관념들은 아주 다양하다. 이 단계에서는, 앞에서 말한 것처럼, 사물은 일반적인 모습 이외에 사람과 비슷한 또 다른 모습을 가지며 그런 모습으로 사람과 비슷한 생활을 하는 것으로 여겨진다. 나무상자 속에 놓여 있는 목제 호신부들은 순록치기로 변해 밤마다 순록 떼에게 가서 그들을 늑대로부터 보호해 준다. 그리고 이른 아침에 제자리로 돌아와 다시 나무로 만든 호신부로 변한다. 그러나 그런 변신으로 사물의 기본적인 속성이 변화되지는 않는다. '나무 종족(웃티-렘킨)', 곧 수많은 나무들은 샤먼의 부름에 응하지만, 그들은 유르트[9]에 들어가게 되면 불에 탈까 봐 불을 무서워한다. 사람의 똥은 빛나는 갈색 모피를 입은 오만한 노인으로 여겨진다.[10]

9) (옮긴이 주) 중앙아시아 유목민이 거처하는 천막집.

10) 다양한 축치족 설화에서 태양, 바다, 하늘은 자신의 외양을 유지하는 살아 있는 존재들로 나타난다. 한 샤먼 설화에서는 태양은 강렬한 빛을 쪼여 경쟁자를 태워 죽이며, 바다는 경쟁자를 익사시키거나 얼음으로 눌러 죽이며, 하늘도 자신의 껍질을 벗어 던져 경쟁자를 죽인다.

두 번째, 세 번째 단계의 관념은 생명이 없는 사물보다는 동물들에게 더 잘 적용된다.

사람인 동물들

모든 동물은 자신의 나라와 생업을 가지는 것으로 여겨진다. 필자는 추코트카 반도에서 여우굴에서 여우 새끼들을 절대로 꺼내려 하지 않는 사냥꾼들을 만난 적이 있다. 여우들도 나름의 집안(게니믈리네트)이 있으며, 그들이 자신들의 마법으로 사냥꾼에게 해를 끼칠 수 있기 때문이었다.

백곰과 흑곰도 나름의 집안이 있다. 흑곰은 지하의 집에서 산다. 백곰은 바다의 얼음 위에 마을이 있다. 그들은 물개나 바다코끼리 사냥으로 살아가며 사냥을 위한 원정을 다닌다. 그들은 눈으로 집을 지으며 동물의 지방을 사용해 불을 밝힌다. 그들의 생활은 모든 면에서 인간의 생활과 유사하다.

독수리도 특별한 종족이다. 독수리 가족 가운데 한 가

그들이 그런 모습으로 나타나는 것은 샤먼들 간의 경쟁 때뿐이며, 나머지 경우에는 태양, 바다, 하늘이 진짜 사람으로 나타난다는 점을 언급해 둔다. 그들도 원하는 대로 바꿀 수 있는 이중적인 속성을 가진 것이다(보고라스, 《자료》, p. 285).

족은 '리룰테트'라는 노예가 있다. 그는 수년 전에 땅에서 납치되어 노예가 되었고, 독수리들을 위해 음식을 준비하기 때문에 얼굴에 검댕이 묻어 까맣다.

모든 작은 새들도 별도의 주거지가 있다. 그들은 가죽으로 만든 작은 장난감 같은 통나무배를 타고 지렁이나 작은 벌레들을 사냥하러 다닌다.[11]

바다 동물들은 대양에 커다란 나라가 있다. 그 나라는 대륙의 사방에 펼쳐져 있으며, 육지와는 끝없는 소용돌이처럼 항상 거센 물결이 이는 깊은 심연에 의해 분리되어 있다. 육지에 사는 그 누구도 그 거센 물결을 지나갈 수 없다.

인간적인 존재로 여겨지는 동물들은 귀신들처럼 쉽사리 자신의 모습과 크기를 바꿀 수 있다. 예를 들어, 담비는 하얀 갑옷을 입은 날렵한 전사다. 담비가 죽인 쥐의 다리는 순록의 넓적다리와 같은 것이다. 올빼미도 전사다. 쥐는 지하에 있는 집에 사는 종족이다. 쥐들에게는 시베리아나리

---

11) 크라세닌니코프[《캄차카 지역 기록》 1(1786), p. 228]는 이와 동일한 캄차달족(이텔멘족)의 관념을 기록하고 있다. 그들은 쥐가 한 마리도 보이지 않으면, 그것은 쥐들이 해마 사냥을 나간 것이라고 여긴다. 그리고 쥐들의 배는 사람의 귀와 비슷한 모양의 조개껍질이다. 그래서 그런 조개껍질도 '쥐들의 배'라고 불린다.

(Polygonum polymorphum) 또는 씨범꼬리(Polygonum viviparum)가 곧 순록이며, 그들의 썰매는 풀로 만들어졌다. 쥐들은 사람으로 변해 진짜 사냥을 하기도 한다. 그들은 썰매를 타고 백곰을 사냥한다. 그들이 사냥한 곰을 집으로 옮겨야 할 때는 썰매는 작게 줄어들고, 죽은 곰은 다람쥐로 변한다. 이런 다양하고 상세한 사항들은 아래에서 볼 수 있듯이 숲의 주인(피츠부친)에게도 해당된다.[12)]

쥐의 나라를 방문하는 샤먼은 그들의 생활방식이 인간과 동일하다는 것을 볼 수 있다. 한 샤먼이 쥐들의 요청에 따라 가슴이 따끔거리고 목이 아픈 쥐 여인을 도와주러 갔다. 샤먼은 그 쥐 여인의 목에 축치족 아이들이 쥐를 잡을 때 사용하는 가느다란 풀줄기가 감겨 있는 것을 발견했다. 샤먼이 그 풀줄기를 끊어 주자 쥐 여인은 아픈 것이 사라졌다. 쥐 부족은 치료해 준 데 대한 감사의 표시로 샤먼에게 최고급 야생 순록 가죽을 선물로 주었다. 샤먼이 자신의 세계로 돌아오자 선물로 받은 순록 가죽은 마른 잎사귀와 나무껍질 조각으로 변했다.

많은 경우 동물은 사람으로 변해도 동물적 속성의 일부를 유지한다. 그렇기 때문에 사람과 아주 흡사하기는

---

12) 앞의 책, p. 9와 비교.

해도 사람과는 다른 독특한 존재가 된다. 예를 들어, 젊은 여자를 부인으로 맞은 고래는 여전히 고래로 남아 있으며, 젊은 부인은 남편인 고래가 자신의 등에 붙은 조개들을 손톱으로 떼어 내도록 시킨다고 불평한다. 이 조개들은 사람에게 있는 기생충과 마찬가지다. 백곰은 물속으로 잠수해 물개를 잡는 능력을 유지한다. 암여우 여인의 경우에는 강한 냄새가 유지된다. 야생 거위 여인은 자신의 깨끗하고 하얀 옷에 묻을까 봐 고기 찌꺼기를 아주 싫어한다.

동물의 가죽, 머리, 두개골, 부리, 깃털 등 동물의 일부로 만든 호신부도 변신의 능력이 있다. 그것들은 모체가 되는 동물로 변신하며, 그것에 상응하는 모습으로 행동한다. 그러고는 다시 원래의 모습으로 돌아간다. 한 설화에서는 마른 담비 가죽이 담비로 변신했다가 또 커다란 백곰으로 변신한다. 이 설화에서 호신부의 주인이 적을 쫓아버리라고 호신부를 바다로 보내지만 명령을 수행하지 못하고 그냥 돌아오자 주인으로부터 꾸지람을 듣는다.[13)]

다음 단계(네 번째 단계)는 위에서 말한 것처럼 사물의 두 가지 본질이 보다 명확하게 나누어진다. 변신 관념은 인간과 유사한 '영'에 관한 관념으로 교체된다. '영'은 마치

---

13) 보고라스, 《자료》, p. 219.

물질적 외피 속에 사는 것처럼 사물에 깃들어 공존하지만, 원하면 사물을 벗어나 별개로 존재할 수 있다. 이 단계를 살펴볼 때는 반드시 개별적인 사물들(돌, 나무)과 숲, 강, 산 등 대규모 연합체를 구별해야 한다.

보다 작은 사물들과 관련된 종교적 관념은 원시적 단계(첫 번째와 두 번째 단계)에서 크게 발전되지 않았다. 별도로 존재하는 '영'은 작은 사물들과는 무관하거나 적어도 그런지 아닌지 명확하지 않다. 앞에서 밝힌 것처럼 작은 사물들은 종종 "게틴빌레나트(주인이 있는)"라고 불린다. 축치족의 '주인'이라는 관념은 '영'을 의미하는 에스키모족의 '이누아[그(것)의 사람]'에 상응한다. 작은 사물과 관련된 종교적 관념이 발전하지 못했기에 주로 "게큘릴리네트(목소리를 가진)"라 불리는데, 그 점이 보다 원시적인 시각임을 말해 준다.

에스키모족의 사물에 깃들어 사는 '주인'에 대한 관념은 보다 더 명확하게 표현된다. 보아스 교수의 자료[14]에 따르면, 땅 위 여기저기 흩어져 있는 돌무더기도 자신의 영을 가지고 있다. 그런 영은 이마에 눈이 하나 붙어 있는 여자의 모습이다. 또 돌무더기에는 다른 영들도 사는데,

14) 보아스(Boas), 《중앙 에스키모》, p. 591.

그들은 봄이 되면 산비탈을 따라 굴러 내려간다. 사람이 그런 돌을 보는 경우에는 돌에게 보호령이 되어 달라고 부탁하지만, 돌은 다리가 없기에 멈출 수가 없어 계속 굴러 내려간다.

한편, 돌무더기를 살아 있는 존재로 보는 것은 축치족도 마찬가지다.[15] 축치족은 산 여기저기에 쌓여 있는 돌무더기를 과거에는 살아 있었으나 지금은 돌로 변해 버린 존재라고 여긴다. 돌무더기의 돌들은 창조주가 맨 처음 만들어 생명을 준 존재였지만 너무 불손하게 행동해 창조주가 돌로 만들어 버린 뒤에 인간과 동물을 창조했다. 그런 돌무더기를 돌을 뜻하는 perkaper의 복수형인 perkat라고 부른다. 그리고 많은 돌무더기를 천막집이 돌이 된 것이라고 여기며, 또 다른 돌무더기들은 사람과 동물이 돌이 된 것(perkalaul – 돌무더기 사람)이라고 여긴다. 돌속에는 비밀스런 생명이 보존되고 있다. 예를 들어, 한 설화에서 샤먼이 돌로 된 사람과 힘을 겨루어 보지만, 그의 돌 껍질 때문에 심한 고생을 한다.

---

15) 알래스카 에스키모의 설화에서 고래의 몸속에는 주인이 살며 고래의 모든 행동을 조종한다. 고래는 여성적인 존재이며, 주인도 그렇다. 몸속에 특별한 주인이 사는 동물에 관한 관념은 축치족에게는 낯선 것이다. 넬슨(Nelson), 《베링 해협의 에스키모》(1899), p. 465.

그림 2. '주인-영'들을 묘사한 축치족의 그림.

또 다른 설화에서는 돌무더기들이 살아나서 서로서로 대화를 나눈다. 축치족의 시각과 에스키모족의 돌무더기의 '주인'에 대한 시각 차이는 매우 명확하다.

그러나 사람의 수호령이 되기 위해 사람에게 굴러간다는 돌에 관한 에스키모족의 시각은 축치족의 시각에 보다 근접하는 것이다.

지배자 또는 주인

숲, 강, 호수 등과 같은 사물의 거대한 연합체는 소유주들(에틴비트: 에틴의 복수형)이 있는데, 그들도 주인들(아운-랄리트: 아운-랄린의 복수형, 문자적 의미로 '집주인')이라고 불린다.

다양한 종류의 동물과 나무도 주인이 있는데, 주인들도 숲 속에 함께 산다. 나무들은 종류마다 다른 특정한 주인이 있다. 그런데 자작나무는 주인이 없다. 따라서 사람들은 그 누구의 소유도 아닌 자작나무를 아무런 거리낌 없이 대한다. 자작나무에 대한 그런 시각은 해마다 순록 축치족이 숲 가장자리로 가서 썰매를 만들거나 창 등을 만들기 위한 용도로 자작나무를 베어 내는 데서 특히 명확히 나타난다. 늑대, 여우, 순록 등 각종 동물은 자신의 '주인'이 있다.[16)]

축치족은 이 모든 '주인들'을 종종 단순하게 '영들(켈레)'이라고 부르기도 한다. 이 '켈레'라는 용어는 보통 악령을 의미하지만 해를 끼치지 않는 '주인-영'도 그렇게 부른다.

위에 영들을 묘사한 그림을 제시했는데, a는 해안에서 멀지 않은 아나디르에 가까이 위치한 호수의 영(힛하-칼)

---

16) 이런 관념이 숲 전체의 '주인'에 관한 관념으로 이어졌을 것이 확실하다. 유카기르족 관념에 따르면, 숲의 주인은 숲 속의 모든 동물들에 대해서도 무한한 권력을 가진다. 숲의 주인은 동물을 선물로 줄 수도 있고 동물을 걸고 내기를 할 수도 있고 모든 동물을 한데 모아 다른 장소로 몰고 갈 수도 있다.

이다. 이 영은 몸통은 순록이고 손은 사람의 손이며 산발을 하고 있다. 이 영은 스토이마 호수에서 나왔다. b는 크레스트만의 영이다. 그는 손이 하나뿐이며 손가락도 세 개뿐이다. c는 아나디르 강 하구의 영이다. 그의 머리는 b의 영과 마찬가지로 곤두서 있다. 그에게도 손가락 세 개인 손이 하나뿐이다. d는 아나디르 강 중류의 영인데 눈이 하나뿐이고 손가락은 세 개뿐이다. 그의 입은 세로로 나 있다. e는 물고기 몸통에 머리가 헝클어진 바다의 영(안콰-칼)이다. 긴 머리를 뒤로 늘어트린 거대한 바다의 영을 그린 그림도 있는데 여기에 제시하지 않았다.

산 계곡 물고기들의 주인은 길고 가느다란 몸통에 털이 무성한 얼굴이다. 숲의 영은 몸이 나무로 되어 있으며 손발이 없다. 그의 눈은 정수리에 붙어 있다. 그는 통나무처럼 이리저리 굴러다닌다.

'피츠부친'은 야생 순록 및 모든 육지동물의 특별한 지배자다. 그는 숲 근처의 깊은 늪지에 산다. 거기에서 그는 사냥꾼들에게 야생 순록을 보내 주지만, 그를 화나게 하면 보내 주지 않는다. 그는 모든 고대 관습을 이행하고 사냥과 관련한 제물을 바칠 것을 요구하는데, 사람들이 그의 요구를 무시하면 벌을 내린다. 그는 엄지손가락만큼 크기가 작다. 눈 위에 찍힌 그의 발자국은 쥐의 발자국과 비슷

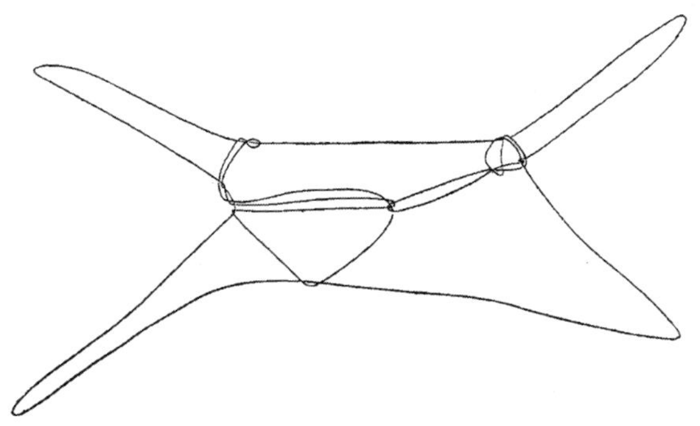

그림 3. 실뜨기로 만든 '쥐 타고 가기'.

하다.

해안 축치족은 '피츠부친'의 권한이 바다 동물들에게까지 미친다고 말한다. 그는 종종 작은 검은 강아지의 모습으로 사람들의 집 앞에 나타나기도 한다. 그의 발자국으로 그가 왔었음을 알 수 있다. 그가 다녀갔음을 알게 되는 경우에는 즉시 제물을 바쳐야 하며, 그렇게 하면 그다음 해에 커다란 고래가 파도에 밀려 마을 해안으로 올라오게 된다. 피츠부친의 썰매는 풀로 만들어졌고 아주 작다. 그는 순록 대신에 쥐나 씨범꼬리의 가느다란 줄기에 고삐를 매어 썰매를 끌게 한다. 그의 모습 자체도 종종 쥐를 타고 가는 풀줄기로 묘사되기도 한다. '렘밍'은 그의 백곰의 이름이다. 그는 그 백곰을 죽여 썰매에 싣고 다닌다. 한편, 피츠부친은 아주 힘이 세서 거인들과도 겨룰 만하며, 필요한 경우에는 실제 백곰을 자신의 작은 썰매에 실어 옮기기도 한다. 그는 음식을 먹지 않으며 냄새만 맡고 산다. 그의 이런 여러 가지 모습은 수많은 축치족 설화에 반복적으로 나타나고 있다.

"쥐 타고 가기(피페킬하-헤켕일린)"는 축치족 아이들이 손가락에 실을 걸어 만들기 좋아하는 형상이다(그림 3). 살쾡이자리의 '순록 타고 가는 자들' 중의 하나도 그 이름으로 불린다.[17] 여러 장소들의 '주인'에 관한 관념은 콜리마와 아나디르 지역의 러시아화된 유카기르인들 사이에서도 발달되어 있다. 현지의 기본 관념이 러시아 신화적 관념들과 결합되었을 것이 틀림없다. '주인'들은 인간과 극히 유사하지만 훨씬 더 힘이 세다. 이 '주인'들은 집도 마을도 가지고 있으며, 자신이 지배하는 지역을 썰매를 타고 돌아다니는데, 개 대신 여우나 늑대가 썰매를 끈다. 숲의 '주인'은 숲 속에 사는 모든 동물을 지배하며, 강의 '주

---

17) 여러 가지 설명에 따르면, 야생 순록의 주인인 피츠부친은 가장 큰 수컷 순록을 타고 다닌다. 그래서 야생 순록들의 어깨 가죽이 벗겨진 것을 종종 볼 수 있다고 한다. 이런 관념은 야생 순록을 몰고 다니는 작은 숲의 정령에 관한 에벤족의 관념에서 차용된 것일 수 있다.

인'은 강에 사는 모든 물고기를 지배한다.

러시아화된 유카기르인들은 숲의 '주인'이 보드카와 카드놀이를 아주 좋아한다고 하며, 운수가 좋아 사냥이 아주 잘되는 사냥꾼을 두고 그가 숲의 주인에게 보드카나 카드를 주고 행운을 산 것이라고 말한다. 숲의 '주인'들은 함께 모여 카드놀이를 한다. 내기의 대상은 다양한 동물이다. 따라서 카드놀이 중에 주인이 이리저리 바뀌기도 하며, 그래서 동물들이 자주 이리저리 옮겨 다니는 것이다. 이 책에서 여러 차례 인용되는 N. 디야츠코프도 그와 유사한 이야기를 소개하고 있을 뿐 아니라 마치 그 자신도 그것을 믿는 것처럼 쓰고 있다.

강의 '주인'은 하얗고 두꺼운 가죽을 두르고 있다. 그의 아내는 머리가 긴데, 그 긴 머리가 물길을 따라 이리저리 떠다닌다. 만일 그 누군가가 그녀를 보거나 그녀의 커다랗고 날카로운 고함 소리를 듣게 되면 그 즉시 미쳐 버리게 된다. 숲의 '주인'은 강 '주인'의 가죽을 빼앗으려 하는데, 그것으로 마법의 장화를 만들 수 있기 때문이다. 그 마법의 장화는 설화 속에 자주 등장하는 장화로 그것을 신으면 아주 빨리 달릴 수 있다. 이에 대해 강 '주인'은 숲의 '주인'이나 그의 가족이 강을 건널 때 매번 그들의 다리를 잡아당겨 복수한다. 언젠가 숲의 '주인'과 그의 임신한 부인이 얼어붙은 콜리마 강을 건너고 있을 때, 강 '주인'이 숲 '주인' 부인의 다리를 잡아 물속으로 끌고 들어가려 했다. 그러자 숲 '주인'은 형제의 도움을 받아 그녀를 끌어내려고 잡아당겼다. 그러나 결국 그녀의 머리만 떨어져 나왔다. 그래서 그들은 그 머리를 한지보이 언덕 위에 놓아두었고, 그 머리는 돌로 변해 지금까지 그 자리에 있다.

강 또는 호수의 '주인'들은 쇠를 지독히 싫어한다. 그래서 도끼나 지렛대가 물에 빠지면 '주인'은 크게 화를 내고 수년간 물고기를 풀어 주지 않아 사람들이 잡을 수 없게 된다. 그리고 또 강과 호수의 '주인'들은 수렵, 어로와 관련된 전통 의례 준수 여부에 민감하게 반응한다. 따라서 해안 축치족과 순록 축치족 그리고 러시아화된 다른 원주민족들도 새로운 장소에 사냥하러 가면 반드시 그 장소의 '주인'에게 작은 제물을 바쳐 그의 영지 내에서 사냥하는데 대해 허락을 구한다. 만일 그렇게 하지 않으면, '주인'이 꿈속에 나타나 제물을 요구한다. 가장 좋은 제물은 담배다. 원주민들은 보통 러시아제나 미제 식품을 제물로 바치는데, 그것은 '주인'들이 이제까지 받아 온 평범한 제물에는 질렸을 것이니 그런 새로운 제물을 더 좋아할 것이라고 여기기 때문이다. 축치족도 러시아화된 원주민들도 특정 장소의 '주인'을 종종 그냥 '노인'이라고 부른다.

한편, 유카기르족 민담에는 인간과 유사한 존재인 산들이 '주인'에게 복종하지 않고 마음대로 행동하다가 돌로 굳어지게 된 이야기가 있다.[18] 코랴크족이 거주하는 영역 내에는 많은 산들이 있는데, 주로 정상에서부터 깎아지른 절벽이 이어지는 산들이다. 그런 산을 보통 '할아버지(에페필, 아파펠)'라고 부른다. 때때로 그런 산들은 까마귀 큐이퀸나큐에 의해 돌이 된 종족의 조상들로 여겨진다.

축치족 사이에는 그런 관념이 덜 확산되어 있다. 그렇지만 아나디르 강 중류의 높은 절벽을 '페루텐'이라고 부른다. 그 이름은 바다의 신 '케레트쿤'의 여러 이름들 가운데 하나다. 언젠가 바다의 신이 아나디르 강을 거슬러 올

---

18) 보고라스, 《미국 인류학자》, vol. IV, p. 643, 요헬손(W. Jochelson), 《유카기르어 및 민속 연구 자료》, p. 101 참조. 여기 제시한 산에 관한 유카기르 민담과 유사한 것을 알레우트족 민담에서도 찾아볼 수 있다. 벤야민이 전한 알레우트족 민담들 가운데 하나에 따르면, 우니마크 섬과 우날라슈카 섬의 산들이 서로 반목해 불과 돌을 서로에게 던졌다. 결국 작은 화산들은 큰 화산들에게 굴복해서 입을 다물게 되었다. 그래서 커다란 두 개의 산, 즉 마쿠신 산과 레체슈노이 산만 남게 되었다. 이때 돌과 불과 재는 살아 있는 모든 것에 해를 입혔다. 레체슈노이 산은 점점 약해졌지만 항복하고 싶지 않아 모든 힘을 다해 불을 던지고 식어 버렸다 . 마쿠신 산도 싸움이 끝난 뒤 잠이 들어 지금은 때대로 가느다란 연기만 뿜어 올리고 있다. 이 이야기는 요헬손이 전한 이야기와 완전히 일치한다.

라가다가 피곤해서 잠시 그 자리에 앉았다가 돌이 되었다는 이야기도 있다. '에페필'이라는 이름을 가진 절벽들이 축치족 영역 내에도 있다. 예를 들어, 그중 하나가 아나디르 강 하구 북쪽 마린스키 포스트 마을 가까운 곳에 있다. 나는 그런 관념이 외부의 영향을 전혀 받지 않은 것이라고 보지 않는다. 그리고 '에페필'이라는 단어는 축치어가 아니라 코랴크어다. 코랴크어로 그 단어는 '작은아버지', '할아버지'를 의미한다. 축치어에서는 교역 언어로만 사용되며 러시아인 사제를 의미한다.[19]

---

19) 러시아어-축치어 교역 언어는 교역하는 양측에 의해 수용된 문법과 발음이 단순화된 변이 언어다. 이 교역 언어의 기반은 축치어이며 러시아어 단어가 섞여 있다. 이 교역 언어에서는 축치인들이 '남의 말(타능인-웻하우)'이라고 부르는 많은 단어들이 사용되는데, 그것이 러시아어 단어들임에 틀림없다. 한편 그 단어들도 러시아어에 전형적인 것이 아니며, 대부분 코랴크어에 기반을 두고 형성된 것들이다. 축치인들은 코랴크인도 '타능이트'(1부, p. 7 참조)라고 부른다. 러시아인들은 코랴크인들의 동맹자로서 축치족의 영역으로 들어왔다. 이 '남의 말'의 몇 가지 예를 들어 본다.

	교역 언어에서의 의미	코랴크어에서의 의미
에페필	사제	작은아버지, 할아버지
카마크	죽음	악령
카이타칼힌	형제	형제
리흐날힌	늑대	늑대
팡카이피르킨	그는 기독교식으로 결혼한다.	그는 모자(화관)를 쓴다.

의인화의 마지막 단계(다섯 번째 단계)에서는 생명력이 사물로부터 완전히 분리되어 독립적인 것이 된다. 그리고 사물 외부의 모든 곳에 존재하며 자유롭게 움직일 수 있는 초자연적 존재에 관한 관념이 발달한다. 그 존재는 인간과 유사하지만 인간보다 훨씬 더 강력하다. 그리고 사람의 눈에는 보이지 않지만, 원하면 사람의 눈앞에 나타날 수 있다. 샤먼은 그 초자연적 존재들이 원하든 원하지 않든 그들을 볼 수 있다.

그런 초자연적 존재들에 관한 이야기가 축치족 민담과 신화의 대부분을 차지한다. 그런 이야기들에서 가장 뚜렷하게 드러나는 것은 켈레에 관한 관념이다. 그들은 몇 개의 부류로 나누어지는데, 모두가 나름대로 인간에게 해로운 존재다. 종종 해롭건 해롭지 않건 간에 모든 귀신이 켈레로 취급되기도 하지만, 그런 이해는 정확하지 않은 것이다. 초자연적 존재들을 엄격히 구분해 명백히 서로 다른 두 개의 그룹을 설정할 필요가 있다. 한 그룹은 '켈레'들로 해로운 귀신, 악령이며, 다른 그룹은 해를 끼치지 않는 귀신, 선한 영인 '바이르기트'다.

나는 집단 헌제의식을 마친 축치인들 가운데 좀 알 만한 사람들에게 누구에게 제물을 바친 것인지를 물어본 적이 여러 번 있는데, "글쎄요. '바이르기트'일 수도 있고 '켈레(코, 바이르게티, 칼라그티)'일 수도 있지요"라는 대답을 들었다. 이 두 이름 모두 사람에게 우호적인 것처럼 대답했는데, 그것은 축치인들이 특정한 의식이 동반되는 예외적인 상황을 제외하고는 제물을 악령에게 바쳤다는 것을 공개적으로 인정하지 않기 때문이다.

'바이르긴'(복수형은 '바이르기트')이라는 단어가 단순히 '존재'를 의미하므로 악령도 그 이름으로 불릴 수 있다. 그렇기 때문에 여기에 의미를 구체화하는 단어를 부가할 필요가 있다. 예를 들어, '아콤-바이르기트'는 '나쁜 존재'를 의미하며, '파그첸-바이르기트'는 '방해하는 존재'를 의미한다. 한편, 아무런 단어가 부가되지 않은 '바이르기트' 자체는 '우호적인 존재'를 의미한다.

강, 호수 등의 '주인'도 켈레라고 불린다. 이것은 그리스와 로마의 각종 요정들이 신으로 불리고 상급의 신적 존재들과 성관계를 포함한 다양한 관계를 가지는 것과 유사한 것이라고 할 수 있다. 축치족의 세 등급의 초자연적 존재들도 샤먼의 능력을 가진 사람을 '알고 있는' 사람이라고 부르는 것처럼 '알고 있는 존재들(깃테피치트)'이라 불린다.

몇 가지 비교

내가 관찰한 바도 그렇고 요헬손이 수집한 자료도 그런데, 코랴크족의 종교적 관념은 전반적인 특성뿐 아니라 발전 과정도 축치족의 종교적 관념과 매우 유사하다. 요헬손은 "살림 도구를 비롯한 모든 일상 용품, 집의 각 부분 그리고 밤에 사용하는 요강조차도 나름의 인생을 산다. 그들은 자신의 주인에게 닥쳐올 위험을 경고하기도 하고 적을 물리치기도 한다"고 썼다.[20] 이것은 앞에서 말한 '발전의 첫 번째 단계'의 존재를 입증해 준다. 그리고 요헬손은 "코랴크족의 의인화 관념은 개괄적이며 전혀 발달되어 있지 않다. 그러나 그들의 관념이 불명확하다는 점이 그것에 물적 속성을 부여하는 데 지장이 되지는 않는다"고 결론지었다.[21] 그는 종교적 의미를 가지는 외형이 매우 조악한 코랴크족의 목제 형상들에서 그런 불명확성을 발견했다. 나는 이 모든 것이 (종교적 관념 발달의) 두 번째 단계, 즉 외계 사물을 의인화하는 첫 번째 단계에 해당된다고 본다. 이와 관련해 요헬손도 "모든 사물은 이중적 속성을 가진다. 하나는 사물의 껍데기라고 할 수 있는 외형

---

20) 요헬손, 《코랴크족》, p. 117.

21) 앞의 책, p. 115.

이고, 다른 하나는 사물 내부의 인간적인 속성이다"라고 썼다.[22)]

요헬손의 자료에 제시된 많은 설화들에서 다양한 사물의 최초 모습이 지속적으로 다른 모습으로 바뀐다. 요헬손의 표현대로 하자면, "최초의 모습이 마치 껍질이 벗겨지듯 사물에서 떨어져 나가는 것"이다. 요헬손이 수집한 No. 48 설화의 돌망치는 자신의 무거운 돌머리는 그대로 유지한 채 계속해서 마치 사람처럼 행동한다.[23)]

주인공 일라(Illa)가 머리가 돌로 된 자신의 아내를 집으로 데려오는 도중에 그녀의 얼굴이 절반은 사람 얼굴이 되었고 나머지 절반은 여전히 돌로 남아 있는 것을 보게 된다. 이것은 바로 내가 세 번째 단계라고 부르는 그것을 말해 준다. 이 단계에서 변화되는 사물은 자신의 기본적 자질의 일부를 유지한다. 또 다른 설화에서, 큰 까마귀가 넝마로 만든 사람은 뱃속이 항상 흔들리는 특성을 가진다. 또 다른 설화에서, 에멤큐트가 구름족의 마을에 들어가 보니 그곳의 사람, 순록, 집, 화덕에 걸려 있는 솥 등 모든 것이 마치 구름처럼 흩어졌다 모였다 하고 있다.[24)]

---

22) 앞의 책, p. 115.

23) 앞의 책, p. 202.

요헬손이 수집한 다른 설화들에서는 무생물인 사물이 외피를 벗어 던지고 인간적 존재가 되는 변신이 자주 나타난다. "곰, 늑대, 담비, 쥐, 까마귀와 기타 새들, 각종 동물들이 가죽을 벗고 사람이 되었다가 다시 자신의 원래 모습으로 돌아간다. 까마귀의 여조카인 '킬루'는 곰 가죽을 뒤집어쓰고 곰으로 변한다. 에멤큐트와 그의 아내는 무호모르 버섯을 연상시키는 챙이 넓은 모자를 쓰고 무호모르 버섯으로 변한다."[25)]

나는 그런 변신을 종교적 관념 발달의 네 번째 단계로 본다. 코랴크족과 캄차달족[26)] 설화에도 그런 변신의 예가 무수히 등장한다. 그들의 설화는 북아메리카 인디언들의 설화를 연상시키는데, 거기에서 동물은 바로 가죽 외피 안에 몸을 숨긴 인간이다. 축치족의 동물담에서는 보통 동물에게 동물적 본질과 인간적 본질이라는 이중적 속성을 부여한다. 이 두 가지 속성은 상호 교체된다(즉, 세 번째 단계). 이점에서 축치족의 설화는 에스키모족의 설화를 연상시킨다. 이렇게 축치족의 민담이 에스키모족의 민담

---

24) 앞의 책, p. 117, 133.

25) 앞의 책, p. 149.

26) (옮긴이 주) 이텔멘족.

과 유사한 반면, 코랴크족과 캄차달족의 민담은 아메리카 태평양 연안 인디언의 민담과 밀접한 연관성을 가진다는 점이 흥미롭다.[27]

코랴크족에게도 여러 장소와 다양한 동물의 '지배자'와 '주인'이 있는데, 그들은 축치족의 그것과 전적으로 상응하며 명칭조차 동일하다. 코랴크족의 '에틴발란'은 축치족의 '에틴빌린'에 상응한다. 이 명칭은 '주인'이라는 의미의 '에틴'의 소유격 형태다. 코랴크족의 '칼라'도 축치족의 '켈레'와 정확히 일치하는 것이다.

켈레

켈레는 어느 정도 서로 다른 세 가지 범주로 나눌 수 있는데, 종종 서로 혼용되기도 한다. 첫 번째 범주에 해당되는 것은 악령들이다. 이들은 눈에 보이지 않지만 이 세상에 기거하면서 사람의 영혼과 육체를 사냥한다. 두 번째 범주에 해당되는 것은 피에 굶주린 식인귀들인데, 이들은 먼 바닷가 어딘가에 살았으며 지금도 그곳에 살고 있다. 그들은 축치족과는 영원한 적대 관계다. 세 번째 범주에

---

27) 보고라스, 《미국 인류학자》, vol. IV, p. 683, 요헬손, 《코랴크족》, p. 357.

해당되는 것은 샤먼의 부름에 응해 샤먼의 마법과 치료를 도와주는 '귀신'들이다. 첫 번째 범주의 악령들은 종종 '진짜 악령(리이-켈레)' 또는 '살인귀(테이능이치트)' 또는 '해를 끼치는 존재(파그첸-바이르기트)'라고 불린다. 그것은 그 악령들이 끊임없이 인간의 모든 일에 간섭하기 때문이다. 마지막 명칭은 피해야 할 것으로 취급되는 잘 드러나지 않는 신경 질환을 일으키는 악령을 칭하는 데 주로 사용된다. 예를 들어, 전염병(천연두, 인플루엔자) 악령은 보통 '태양의 지배자(티르크-에르민 누테누트)'에 속한 땅의 해가 지는 쪽에서 온다. 축치족뿐 아니라 시베리아의 다른 여러 민족들은 바로 그 명칭으로 러시아 차르를 칭하기도 했다. 실상 전염병은 대부분 서쪽으로부터 축치족에게 전염된다. 따라서 원주민들이 내게 왜 러시아 전체가 악령으로 가득 차 있는 것인지, 또 '태양의 지배자'는 왜 그것을 물리치지 못하는 것인지를 종종 묻곤 했다.[28)]

---

28) '태양의 지배자'의 나라에 대한 축치족의 관념은 대단히 흥미롭다. 태양의 지배자가 시베리아 여러 민족으로부터 모피를 거두어 어디에 두는지에 대한 순록 축치족과 해안 축치족의 여러 가지 생각 가운데 가장 널리 퍼져 있는 것을 제시한다. 태양의 지배자의 나라에는 커다란 동굴이 있는데 그곳으로부터 끝없이 물이 흘러나와 세상을 뒤덮을 듯 거대한 물길이 형성된다. 이 물길의 '악령'들이 모피를 제물로 요구한다. 그래서 모피를 물속에 던져 넣는데, 악령들이 가장 좋아하는 것이

켈레는 보통 땅속에서 나오는데, 때로는 하늘에서 내려오기도 한다. 하늘에는 악령들만의 세계가 있다. 악령은 "그 어떤 악령도 바다에서 올 수 없다"는 축치족 속담처럼 바다에서 나오는 경우가 없다. 이것은 앞서 밝힌 고대 축치족의 생활에서 해양적 요소가 지배적이었다는 견해를 확인시켜 준다.

추코트카 지역에서 켈레들은 사람들이 사는 마을로부터 아주 먼 황무지에서 산다. 그곳에서는 악령들이 혼자 다니는 사람을 공격하기도 하고 잡아가거나 몰래 뒤를 밟아 그 사람의 집까지 따라가서 많은 것을 빼앗아 가기도 한다. 악령들은 구덩이나 바위틈 또는 얼음이 갈라진 곳에 숨어 있다가 그곳으로 물을 마시러 오는 사람이나 맨땅 위에서 잠이 든 사람을 공격한다. 악령에 놀란 사람은 발

흰여우 가죽과 붉은여우 가죽을 절반씩 던져 넣는 것이다. 제물로 바치는 여우 가죽이 부족하면 악령들이 화를 내며 제물 받기를 거부한다. 그런 경우 태양의 지배자는 부족한 여우 가죽 수만큼 코사크족 아이들을 제물로 바친다. 그 외에도 태양의 지배자는 10년마다 흑갈색 여우 한 쌍 또는 자신의 장남을 제물로 바쳐야 한다.

축치족은 러시아인들이 순록에 비해 별로 가치가 없는 작은 동물들의 모피를 끝없이 탐하는 이유를 그렇게 설명한다. 이 전설은 코사크족 또는 러시아화된 원주민들에게서 들은 러시아 설화의 영향으로 만들어진 것이 틀림없는 것으로 보인다.

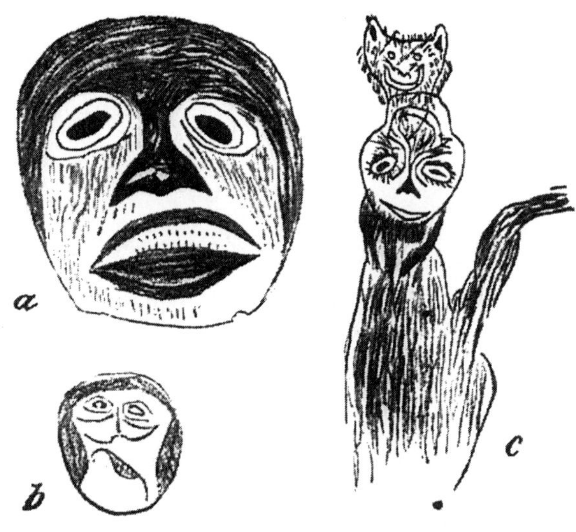

그림 4. 땅속에 사는 악령을 묘사한 축치족의 그림.

작을 일으키거나 집 밖에서 혼자 자고 있는 여자를 겁탈한다. 따라서 축치족은 동반자 없이 혼자 다니는 것을 극히 꺼린다. 그래서 축치족은 밤에 어디를 가야 하는 경우에는 켈레들을 물리치기 위해 다양한 주문을 외운다. 주문 몇 가지를 아래에 제시하겠다.

황무지에 사는 켈레는 '땅 귀신(노타스콰-칼라트)' 또는 '땅에 사는 것(노타스콰-바이르기트)'이라고 불린다.

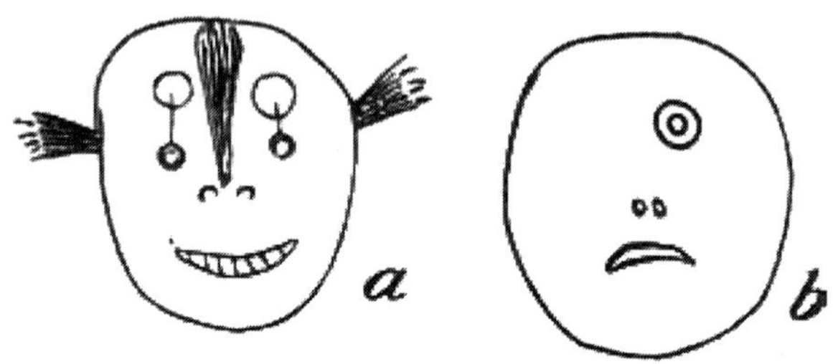

그림 5. 땅속에 사는 악령을 묘사한 축치족의 그림.
a: 눈이 빠져나온 악령, b: 눈이 하나인 악령.

땅 귀신 중 가장 난폭하고 무서운 것은 '이우메튠'이다. 그는 동일한 이름으로 불리는 신경 질환을 일으킨다. 그는 숨어 있다가 지나가는 사람 중에 귀신의 공격에 대비하지 않은 모든 사람을 공격한다. 축치족은 그 귀신의 얼굴이 검고 입이 크며 입안에 크고 강한 이빨이 가득 차 있는 것으로 그린다. 그림 4는 다양한 형태의 켈레들이다. 축치족의 그림에서 '이우메튠'(그림 4. a)과 동일한 성격의 다른 악령들은 몸이 없고 머리 하나만 있는 것으로 그려진다. 그가 사람을 노리면서 몸은 숨기고 머리만 내놓고 있기 때문인 것으로 설명된다.

땅 귀신 '이테윤'(그림 4, b)은 간질 귀신이다. 그는 얼굴이 일그러진 모습으로 그려진다. 이 귀신은 샤먼의 눈

그림 6. 다양한 땅 귀신을 묘사한 축치족의 그림.

에 띄면 그 순간 전혀 다른 얼굴(그림 4. c)로 모습을 바꾼다. 그 외의 땅 귀신들 가운데 눈이 빠져나와 가느다란 줄에 매달려 있는 '릴리이그크'(그림 5. a)가 있고, 눈이 하나뿐인 '콘-렐로'(그림 5. b)가 있다.

땅 귀신들 대부분은 특별한 이름이 없는데, 축치족은 그들의 숫자가 무한정이며 얼굴도 땅 위의 다른 존재들과는 전혀 닮지 않았다고 주장한다. 꿈속에서 또는 환영에서 그 검은 존재들은 떼를 지어 몰려다니며, 샤먼이 될 사람과의 특별한 계약을 포함해 모든 것을 항상 함께한다.

반면에 다른 귀신들은 꿈속에 나타나 샤먼과 계약을 체결하며, 서로서로를 믿지 못해 각자가 따로 행동한다. 거의 모든 땅 귀신들은 크기가 작아 엄지손가락만 하며, 아무것도 입지 않고 있고 있으며 날고기 색깔이다. 그들은 사람의 몸속으로 파고들어 종기와 궤양을 일으킨다. 천연두로 일주일 만에 온 가족을 잃어버리고 자신도 천연두에 걸렸던 한 노인[29]은 내게 이렇게 말했다. 자신이 병이 나았을 때 병을 일으킨 귀신이 오른쪽 옆구리에서 기어 나가는 것을 보았으며, 다른 작은 귀신이 마치 불처럼 자신의 몸 안으로 들어왔다는 것이다. 그래서 그는 은으로 만든 작은 칼로 그 부위를 도려내고 손을 쭉 뻗었더니 땅에 닿을 정도로 길게 늘어나 몸을 굽히지 않고 피와 고름을 풀에 닦을 수 있었다고 했다.

이 범주의 다른 귀신들은 몸이 마르고 얼굴이 검게 보인다. 그들은 망사 또는 아마포처럼 보이는 이상한 재료로 만든 검은 옷을 입고 있다. 일반적으로 그들의 옷은 보통 축치족이 시신 옆에 조각내어 놓아두는 낡은 수의다. 귀신들이 그 조각들을 모아 시신의 힘줄로 꿰매어 입는 것이다. 원주민들이 그린 그림에는 이 귀신들이 이상한 얼

29) 서부 콜리마 지역.

굴에 이상한 모습으로 그려져 있다. 이들 가운데 많은 귀신들의 몸이 반쪽뿐인데(그림6. a), 그것이 해를 끼칠 준비를 하고 있는 귀신의 전형적인 형상이다. 다른 귀신에게는 개의 귀와 꼬리가 달려 있거나(그림 6. b), 곤충처럼 많은 다리가 달려 있다(그림 6. c). 몇몇 귀신들의 몸은 물고기, 물개, 개, 새 또는 여우와 흡사하다(그림 6. d, e, f, g). 모든 귀신들의 손은 길고 손톱이 달려 있으며, 입이 크고 이빨이 가득 차 있다.

대부분의 켈레는 항상 자신의 집에 머물지는 않는다. 그들은 사람이 사는 마을을 찾아다니거나 제물을 찾아 돌아다닌다. 그들은 전반적으로 사람과 유사한 생활을 한다. 그들도 부족으로 나누어지며, 각각의 마을과 방목지도 가지고 있다. 그들은 개나 순록을 타고 다닌다. 그들도 결혼을 하며 자식을 둔다. 젊은 귀신들은 사냥이나 어로를 다니며, 늙은 귀신들은 집에 앉아 점치는 돌로 미래를 점친다. 그들의 사냥감은 사람인데, 그들은 사람을 '물개'라고 부른다. 그들이 점치는 데 사용하는 돌은 사람의 두개골이다. 이것은 사람들이 점을 칠 때 종종 다양한 동물의 두개골을 사용하는 것과 같다. 한 설화에서는 그들을 다음과 같이 묘사한다.

"켈레들은 밤에 사람의 집으로 찾아와 입구에 그물을

펼쳐 놓고 긴 장대를 천막집 벽 틈으로 밀어 넣어 잠자리에서 따뜻한 이불을 덮고 자는 사람들의 작은 영혼들을 몰아낸다. 그렇게 해서 잡은 사람의 영혼을 조각내어 솥에 삶아 자식들에게 먹인다."

한 샤먼은 내게 이렇게 말했다.

"우리는 적들에게 둘러싸여 있습니다. 보이지 않는 귀신들이 입을 쩍 벌린 채 항상 주변을 맴돌고 있지요. 우리는 사방에 절을 하고 제물을 바쳐 어떤 귀신들에게는 보호를 청하고 어떤 귀신들에게는 대가를 지불합니다. 거저 얻어지는 것은 없습니다."

내가 잘 아는 사람인 '아잉안와트'는 서부 콜리마 툰드라 지역에 천연두가 창궐하던 시절에 관한 자신의 자전적 이야기에서 다음과 같이 말했다.

"그러고 나서 나는 꿈을 꾸었지요. 위에는 먹구름처럼 검은 것이 움직이고 있었어요. 마치 먹구름이 서서히 다가오는 것 같았습니다. 그건 꿈이었어요. 그것이 서서히 다가오는 꿈이요. 그러다가 주위가 캄캄해지고 검은 사람들이 모여들었어요. 그 검은 사람들은 검은 옷을 입고 있었습니다. 온통 검은 사람들이었어요. 그러고는 그 맑은 날에 햇빛도 보이지 않게 되었습니다. 그래서 나는 그 사람들에게 무슨 일인지 물어보았지요. 그들은 나를 잡아먹으러 왔다고 대답했습니다. 그래서 난 그들에게, 그렇다면 내가 도와주겠다고 말했습니다(물론 이건 꿈 이야기입니다). 그리고 나는 땅 위에 놓여 있던 나뭇조각을 집어 들고 공중으로 올라갔습니다. 날아 올라간 것인지 어떤 것인지 모르겠지만 어쨌든 공중으로 올라가서 천막집의 연기 구멍을 나무로 내리쳐 집을 무너뜨렸습니다. 그리고 내 자식들과 아내의 영혼을 죽여 버렸습니다. 그런 꿈을 꾸고 난 후 내 가족은 모두 전염병에 걸려서 죽었습니다."[30]

귀신들은 사람의 심장과 간 등 내장을 좋아하는데, 특히 간을 좋아한다. "켈레는 간을 좋아한다"는 속담도 있다. 다음 이야기는 귀신들이 왜 사람의 간을 좋아하는지 그 이유를 설명해 준다.

언젠가 켈레 노파가 어린 아들과 함께 사람들이 사는 마을 가까운 곳에 살고 있었다. 노파는 먹을 것이 없어 마을 사람들이 물개나 바다코끼리를 잡을 때면 찾아가 간을 달라고 해서 그것을 아들과 함께 먹고 살았다. 그런데 결국 마을 사람들은 노파에게 간을 바치는 것을 못마땅하게 생각하게 되었다. 그러던 언젠가 마을 사람들은 노파의

30) 보고라스, 《자료》, p. 37과 비교.

아들을 얼음사냥에 데리고 가 죽여 버렸다. 그리고 그의 간을 꺼내와 켈레 노파에게 주었다. 그녀는 그것이 어떤 간인지 알아보지 못하고 집으로 가져와 한 조각을 등잔불에 구워 먹고 나머지는 옆에 두었다. 그러자 그것은 아주 여러 마리의 이로 변해 사방으로 기어갔다. 그 후 켈레 노파는 복수심에 불타 사람의 간을 찾아다니게 되었다.

이처럼 귀신이 간에 집착하는 것을 코랴크족의 '칼라' 이야기에서도 찾아볼 수 있다.[31]

켈레들은 감히 샤먼은 공격하지 못한다. 그것은 그들이 사람에게 해를 끼칠 수 있는 것처럼 샤먼도 그들에게 해를 끼칠 수 있기 때문이다. 그래서 켈레들은 샤먼을 '악령'이라고 부르기도 한다. 한편, 귀신이 순록을 타고 갈 때 샤먼은 귀신의 눈에 보이지 않는 상태로 썰매의 미끄럼대 뒷부분에 올라탈 수 있다. 그렇게 하면 순록이 샤먼 냄새를 맡고 멈추어 선다. 그러면 귀신은 왜 그런지 이유를 알려고 이리저리 둘러보지만 알아내지 못한다. 귀신들이 사람이 타고 가는 썰매에 올라타는 경우에도 사람은 그 이유를 알 수 없다. 나는 귀신이 사람의 마을을 공격했다는 이야기나 샤먼이 귀신에게 똑같은 방법으로 복수를 했다는

31) 요헬손, 《코랴크족》, p. 295.

이야기를 아주 많이 들었다.

켈레들은 자신의 모습을 지속적으로 바꾼다. 나는 여러 샤먼들에게 다음과 같은 이야기를 들었다.

"켈레의 키가 어떤지 알 수 없습니다. 언뜻 보면 그것은 마치 모기처럼 작지만, 계속 보고 있으면 점점 커져서 사람만 하게 되었다가 또 금방 더 커져서 산 위에 앉아 있으면 발이 땅에 닿을 정도가 됩니다. 그러다가도 갑자기 엄지손가락보다 더 작아지기도 하며, 멀리 안개 사이로 보면 마치 산처럼 크게 보이기도 합니다."

태평양 연안 지역에서는 귀신을 보통 '렉켕'이라고 부르는데, 콜리마 지방에서는 백곰의 몸에 커다란 귀를 가진 괴물을 렉켕이라고 부른다. 나는 이 렉켕 '종족'에 관한 다양한 재미있는 이야기들도 수집했다. '렉켕'은 날 수가 없다. 그래서 샤먼에게 쫓기게 되면 땅속으로 몸을 숨기는데, 그들이 땅속 깊이 파고 들어갈 때면 땅이 마치 파도처럼 출렁댄다. 그들에게는 붉은색 통나무배가 있어 얕은 물에서는 그것을 타고 다니며, 또 사람들에게 있는 것과 같은 여덟 명의 노잡이가 타는 커다란 가죽배도 있다. 그들은 배를 타고 다니면서 사람들에게 그물을 던진다. 사람이 그들의 유일한 사냥감이다. 그들의 집은 지하의 움집이다. 그들의 솥은 풀로 만들어져 있다. 그리고 그들의 불은 낮에는 눈처럼 흰색이고 저녁에는 피처럼 빨간색이다. 해가 지고 나면 그 불빛이 보인다.

'렉켕'의 외모는 사람과 다르며, 그들의 순록과 개도 사람이 기르는 것들과는 외모가 다르다. '렉켕'은 대부분 눈이 하나로 이마에 붙어 있고, 길게 땋은 머리를 하고 있다. 그들은 땅에 끌릴 정도로 긴 소매가 달린 헐렁한 옷을 입고 있으며, 그들의 손은 옆구리에서 덜렁거린다. 손이 옆구리에서 덜렁거린다는 것은 다른 초자연적인 존재들에 대한 묘사에서도 반복된다.

'렉켕'이 숨을 쉴 때 짙은 연기가 나오는데 그 연기 사이로 불빛이 번쩍거린다. 여자 '렉켕'은 몸집이 비대하며, 산발한 머리카락은 땅에 닿을 정도로 길고 머리카락 끝부분은 어둠 속에서도 빛이 난다. 그들의 가슴은 겨드랑이에 달려 있다.

축치족은 '렉켕'과 다른 켈레들에게 특별한 동물을 제물로 바친다. 예를 들어, 특이한 모양의 뿔을 가진 순록, 귀만 까만 흰 순록, 옆구리에 축치족의 북을 연상시키는 하얀 점이 있는 순록, 얼굴이 기형인 새끼 순록, 눈 위에 하얀 점이 있는 검은 강아지 등이 그것이다.

켈레들도 사람에게 해를 입히다가 샤먼에게 잡히면 속죄의 의미로 자신의 개 한 마리를 바친다. 그들의 개는 작

그림 7. 개를 묘사한 축치족의 그림.

고 새카맣다. 켈레들이 사람을 사냥하기 위해 사람의 집 가까이로 가면 개(그림 7)는 사람에게 달려들어 영혼을 물어 제 주인에게 가져다준다. 켈레의 개도 제 주인처럼 재빠르게 변신할 수 있는데, 보통 넓은 장소에서는 이빨이 빽빽하게 난 커다란 입에 곰처럼 거대한 크기의 달려들 듯한 모습으로 나타난다. 켈레가 속죄의 의미로 샤먼에게 주는 개는 보통의 개에게서 태어나지만, 강아지가 자라나기 시작하면 바로 알아볼 수 있다. 그런 개는 키가 크고 털이 새카맣고 성질이 난폭하다. 종종 눈 위에 하얀 점이 있

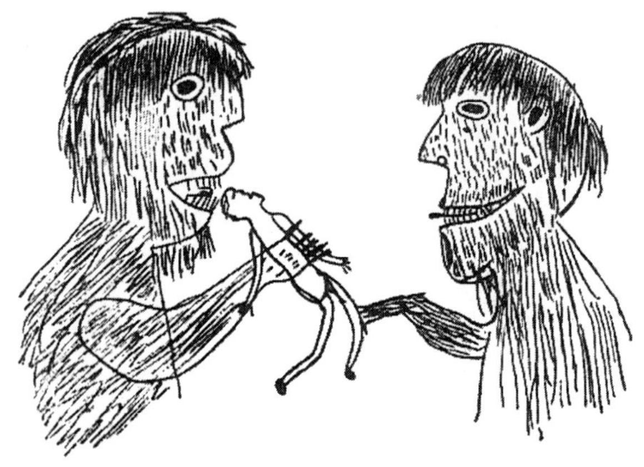

그림 9. 두 명의 털북숭이 식인귀를 묘사한 축치족의 그림.

기도 하다. 그 하얀 점은 개의 두 번째 눈인데, 개는 그 눈을 통해 어둠 속에서도 켈레를 볼 수 있다. 따라서 그런 개는 '네눈박이 개'로 불리기도 한다. 모든 개는 켈레를 막는 역할을 한다. 집에 다가오는 켈레를 몰아내며, 만일 켈레의 힘을 당하지 못할 것 같으면 큰소리로 짖어 대 주인을 깨워 도망갈 수 있게 하거나 상황에 따라 다른 보호 조치를 취할 수 있게 한다.

그림 가운데 하나에 '렉켕'이 입에서 좁고 긴 혀를 내밀고 있는 모습이 묘사되어 있다(그림 8). 그는 인간의 영혼을 쫓고 있다. 다른 그림에서는 인간의 아이를 납치해 잡

그림 8. 악령이 사람의 영혼을 쫓는 모습을
묘사한 축치족의 그림.

아먹으려 하고 있는 털북숭이 켈레[32]가 묘사되어 있다(그림 9). 다른 켈레는 아이의 다리를 잡아 뜯으려 하고 있다. 실제 그림에는 식인귀들 상단에 멀리서 그 모습을 보고 있는 부모들이 그려져 있다.

다양한 질병을 일으키는 켈레들은 독특한 이름을 가지고 있으며 좀 더 자세히 기술해 볼 수 있다. '기침 귀신(텍

32) 그림을 묘사하면서 렉켕 또는 켈레라는 명칭을 사용하는데, 그것은 이야기를 해 주거나 그림을 그려 준 축치인이 말한 것을 그대로 옮긴 것이다.

기)'은 한 마리의 하얀 순록을 타고 돌아다니는 노인이다. 그는 항상 심하게 기침을 한다. 어떤 그림에는 그가 죽은 사람들의 영혼을 밧줄에 줄줄이 꿰어 들고 있는 모습이 묘사되어 있는데, 그 영혼을 구하려면 특별한 순록을 제물로 바쳐야 한다. 코감기 귀신(피티)도 역시 키 작은 노인인데, 그는 눈이 빨갛게 충혈되어 있고 코에는 콧물이 가득한 모습이다. 매독 귀신(알랄-바이르기트)은 작은 순록을 타고 다니며 사람의 몸에 자신의 천막집을 짓고 사는 작고 빨간 종족이다. 때때로 그들은 호로딸기 과즙에 숨어 있다가 그것을 마시는 사람의 몸속으로 들어가기도 한다. 다른 자료에 따르면, 매독 귀신은 피부가 없어 빨간 살을 드러내고 있다. 그들은 닳아빠진 검은 모자를 쓰고 다니는데, 모자의 귀 덮개가 땅으로 늘어져 있다. 어떤 그림에서는 매독 귀신이 뒷발로 서서 다니는 두 마리의 여우로 묘사되어 있다(그림 10. a, b). 그중 한 마리는 앞발이 없다. 올무에 걸렸다가 간신히 빠져나와 복수를 하기 위해 매독 귀신이 된 것이다. 복통 귀신(에흐레에르)은 얼굴에 긴 부리가 묶여있는 모습이다(그림 10. c). 그는 한쪽에 얼굴이 있는 커다란 나무 구슬 모습으로 묘사되기도 한다.

코르프 만 지역의 해안 코랴크족에게서 얻은 뼈로 조각된 형상(그림 11)은 전염병 귀신의 모습이다. 그는 축치

그림 10. 병을 옮기는 귀신을 묘사한 축치족의 그림.
a, b: 매독 귀신, c: 복통 귀신.

족의 전염병 귀신 그림과 매우 비슷한 모습이다. 그는 이빨이 빽빽하게 나 있는 커다란 입에 손톱이 나 있는 손을 가졌다. 손톱 중 하나는 부러져 있다.

귀신을 막는 데 가장 좋은 것은 피로 만든 제물용 수프를 뜨는 데 사용되는 숟가락이다. 또 다른 좋은 수단으로 눈을 치울 때 쓰는 넉가래를 들 수 있다. 그것이 항상 시끄러운 소리를 내기 때문이다. 특히 손잡이에 수호신의 모습을 새긴 것이 유용하다. 그렇지만 귀신들이 무엇보다 무서워하는 것은 나무로 만든 요강이다. 사람의 오줌이 귀신의 머리에 묻게 되면 귀신은 즉시 물러간다. 그리고 오줌이 귀신의 옷에 묻어 얼게 되면 서리처럼 되어 버리기

그림 11. 코랴크족의 뼈로 만든
전염병 귀신 형상.

때문에 종종 귀신의 옷은 얼음으로 덮여 있다고 말하기도 한다. 등잔불에서 떨어지는 기름도 귀신을 쫓는 좋은 수단이 된다. 그런 기름은 샤먼이 유르트 주위를 돌며 굿을 하는 경우에도 자주 사용된다.

축치족에게는 자연스런 죽음이라는 관념이 없다. 사람이 죽었다면 그것은 곧 그 어떤 귀신이나 사악한 샤먼이 마법을 부려 그를 죽인 것이라고 여긴다. 한 설화에서는 귀신들이 사람을 자주 해치는 데에 화가 난 조물주가 귀신들의 자식을 죽여 엄하게 벌한다. 귀신들은 잘못을 뉘우치며 잠시 살인을 멈춘다. 그러자 전 세계에서 죽음이 멈추었으나, 귀신들이 허기에 지치게 되자 다시금 인간을 사냥하기 시작한다.

축치족 장례의 가장 중요한 요소 가운데 하나로 죽은 자의 흉곽을 열어 간을 비롯한 주요 내장을 꺼내 면밀히 살펴보고 죽음의 원인이 무엇인가, 귀신인가 아니면 악한 샤먼인가, 그리고 누가 죽였는가를 알아보는 의식을 들 수 있다.

두 번째 유형의 켈레는 축치족의 설화에 잘 나타나 있듯이 축치족 전사들과 끊임없는 전쟁을 벌이는 식인귀들이다. 그들은 다양한 신기한 능력을 가지고 있지만 그와 동시에 다분히 물적인 존재로 죽음을 맞기도 한다. 인간은 그들과는 일반적인 무기를 가지고 싸울 수 있지만, 진짜 귀신들에 대적하기 위해서는 주문이나 각종 마법적 수단을 사용하거나 샤먼의 힘에 의지해야 한다. 이 두 번째 유형의 켈레들은 보통 아주 가난하다. 그들에게는 순록도 없고 개도 몇 마리밖에 없다. 많은 설화들에서 그런 귀신은 보통 사냥개 한 마리밖에 없는 것으로 나타난다. 그래서 장작이나 기타 짐을 직접 지어 나르거나 작은 썰매 뒤에 묶어 끌고 다닌다. 유카기르 민담에서는 그런 존재들을 '이야기 속의 노인들'[33]이라 부르는데, 그 명칭이 그들의 모습을 잘 말해 준다.

한 부류의 켈레가 다른 부류의 켈레가 되는 것은 서서히 거의 눈에 띄지 않게 이루어진다. 텔켑 툰드라 순록 축치족의 한 샤먼은 내게 다음과 같은 이야기를 들려주었다. 수년 전 그는 외딴집에 사는 케레크족에게 우연히 들른 적이 있었다. 그런데 밤에 켈레가 그 집으로 다가와 안주인을 부르며 나오라고 했다. 그는 길을 잘못 들어 그 집이 자기 집인 걸로 여겼던 것이다. 그는 안주인에게 근처에 있는 강 두 개의 물고기를 모두 잡아 왔다고 말하고서 가져온 것을 마당에 던졌는데 땅이 울릴 정도였다. 그러고 나서 그는 침상 곁에 돌로 된 신발을 벗어 두고 안주인에게 마른 신발을 가져오라고 했다. 그래서 안주인이 신발을 가져다주었고, 켈레가 신발을 신으려고 몸을 숙인 순간 집 안에 있던 사람들이 그의 머리에 요강을 쏟아 부었다. 그러자 그는 이상한 소리를 지르며 믿을 수 없을 정도로 빠르게 도망갔다. 켈레가 가져온 많은 물고기는 그대

---

33) 요헬손, 《유카기르어 및 민속 연구 자료》, 서론, p. IV.

로 남아 있었다. 그 물고기는 이웃 마을 사람들까지 반년 동안 먹기에 충분했다. 이 이야기에서 볼 수 있듯이, 켈레는 한편으로는 해로운 귀신이지만, 다른 한편으로는 지극히 물적인 존재로 물고기를 잡아 살아가는 것으로 묘사되고 있다.

또 다른 이야기는 켈레 종족이 어떻게 북빙양 해안에서 살게 되었는가를 말해 주고 있다. 축치족이 그들에 맞서 치열한 전쟁을 벌이자 귀신들은 결국 저항하지 못하고 사람의 눈에 보이지 않게 되었다는 것이다.

나는 고대에 유목을 하기 위해 추코트카 지역에서 떠나간 많은 민족들이 있었다는 전승에 대해 이미 여러 차례 말한 적이 있다. 그 종족들은 에스키모족이 말하는 토르니트(투네크족들)에 해당된다. 축치족이 묘사한 것과 유사한 식인귀들이 에스키모 설화에도 등장한다. 반면, 이주해 나간 종족들은 모든 면에서 일반적인 사람들과 유사한 모습으로 묘사된다.

축치족은 또한 켈레들과는 달리 사람들을 건드리지 않았던 거인족의 존재에 대해서도 말한다. 거인족은 '롤길리트'라고 불린다. 그들에 대한 이야기는 많은 면에서 에스키모들의 거인족 이야기와 유사하다. 거인들은 바다 건너 해안의 천막 모양의 커다란 산에 산다. 그들이 불을 지

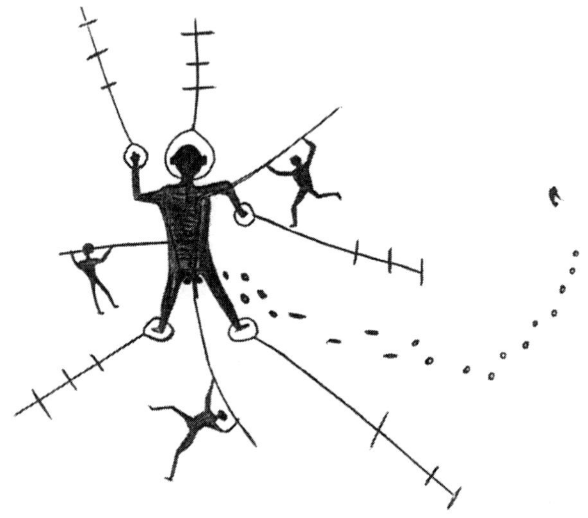

그림 12. 사람들이 죽인 거인을 묘사한 축치족의 그림.

피면 산꼭대기에서 연기가 피어오른다.

한 그림(그림 12)은 '바다코끼리 고기를 뒤집어쓴(코팔하-헬헬린)'이라는 이름의 거인을 묘사하고 있다. 이 거인은 바다 건너로부터 케레크족들에게 왔다. 그는 너무 무거워서 사방에 발자국과 흔적을 남겼다. 언젠가 그가 맨땅 위에서 잠을 잤다. 세 사람이 그를 발견하고 땅에 말뚝을 박고 거기에 묶어 두었다. 그리고 거인을 창으로 찔러 죽였다. 거인의 하얀 뼈를 지금도 페쿨리 산에서 볼 수 있다고 한다.

세 번째 부류의 켈레는 샤먼의 부름에 응하는 귀신들이다. 그들은 종종 '별개의 귀신들(얀라-칼라트)' 또는 '별개의 목소리(얀라-콜레트)'라고 불리기도 한다. 왜냐하면 그들의 목소리는 마치 사방에서 들려오는 듯하기 때문이다. 샤먼은 그 목소리들을 복화술을 사용해 묘사한다. 이 귀신들의 다른 이름은 '엥엥이트'인데, 이에 따라 샤먼도 '엥엥일린(귀신을 가진)'이라고 불린다. '엥엥'이라는 단어는 가루약, 알약을 포함한 모든 치료 수단을 의미하기도 한다. 기독교의 신, 십자가 그리고 성상화 등도 '엥엥'이라고 불린다.

샤먼의 영(보조령)들은 다양한 물적 사물, 즉 늑대, 순록, 바다코끼리, 고래 또는 새, 식물, 얼음덩이, 그리고 솥, 망치, 바늘 또는 바늘꽂이와 같은 생활용품의 모습으로 묘사된다. 변기도 역시 샤먼의 영(보조령)이다. 앞서 벌판에서 똥을 싸는 여우를 보았다는 노인에 대해 말한 바 있다. 그때 여우는 도망갔고, 노인은 여우의 똥을 자신의 보조령으로 삼았다. 또 다른 노인은 굿을 할 때 그의 똥이 보조령 역할을 한다. 때때로 굿을 할 때 생활용품이나 그와 유사한 사물이 청하지 않아도 나타난다고 한다. 그런 사물들은 특이한 모습을 하고 있으며 예쁜 이름을 가지고 있다.

예를 들어, 바늘은 남자로 보이는데 이름이 '이우추우기(가늘고 긴)'다. 여자들이 일할 때 사용하는 자루는 '와커트바-타이오츠긴(안방 샌님)'이라고 불린다. 뿔로 만든 숟가락들은 모든 여자들이 자신을 좋아한다고 자랑하는 무례한 노인의 모습으로 나타난다. 땀과 모든 배설물은 자신의 멋진 검은 옷을 자랑하지만, 다른 귀신들은 그들의 정체를 안다. 샤먼의 보조령들은 작으며, 낯선 사물을 포함한 주변의 모든 것을 두려워한다. 그들은 집이 없어 짐승들처럼 산다고 한다. 그들을 사람이 사는 집으로 데려오는 것은 아주 어려우며, 온다고 해도 혼자 오지 않는다. 그들은 떼를 지어 날아오며 언제든지 떠날 태세를 하고 있다. 그들은 밤에만 찾아온다. 귀를 잘 기울여 보면 북 위를 걸어 다니는 그들의 가벼운 발걸음 소리를 들을 수 있다. 그들은 밤에 돌아다니면서 딱정벌레나 모기와 유사한 소리를 낸다. 그러나 때때로 그들이 큰 소리를 내는 경우도 있다. 그들도 재빨리 자신의 모습을 바꾸는 능력이 있으며, 필요한 경우에는 거대한 크기로 변할 수 있다. 샤먼의 보조령 또는 일반인의 수호령인 담비는 필요한 경우 백곰의 모습으로 변할 수 있다. 조약돌이 산으로 변하기도 한다. 마법의 힘을 가진 나무로 만든 작은 개의 형상도 백곰보다 더 큰 크기로 모습을 바꿀 수 있다. 한편, 샤먼의 보

그림 13. 샤먼의 보조령들을 묘사한 축치족의 그림.

조령은 진짜 귀신들보다 작다. 축치족의 여러 이야기들에서 샤먼의 보조령들이 진짜 귀신들과 싸우는 장면이 자주 등장하는데, 샤먼의 보조령들은 진짜 귀신들보다 약하다.

그림 13은 다양한 샤먼 보조령들을 그린 축치족의 그림을 모사한 것이다. 여기서 a는 사람이 자신의 똥을 천막집 너머로 버리기 위해 삽에 담아 가는 모습으로, 똥은 보조령으로 변한다. b는 사람이 자신의 보조령으로 삼기 위해 지네 형상의 귀신을 부르는 모습이다. c는 귀신이 붉은색과 검은색 샤먼(백샤먼과 흑샤먼) 외투 두 벌을 사람에

게 가져와 고르게 하는 모습으로, 사람은 붉은색 외투를 고른다. d는 사람이 똥을 싸고 있는 여우에게 창을 던지자 여우는 도망가고 여우 똥이 귀신으로 변한 것을 묘사하고 있다.

샤먼의 보조령들은 제멋대로 구는데, 자신들이 보조하는 샤먼에 대해서도 마찬가지다. 샤먼이 복장이나 생활습관, 의례 등에 관련된 모든 것을 제대로 따르지 않는 경우 귀신들은 화를 내며 샤먼에게 벌을 주고, 그래도 따르지 않는 경우에는 그를 죽이기도 한다.

귀신들은 샤먼이 굿을 할 때 주위에 있는 그 누군가가 맘에 들지 않으면 샤먼에게 화를 낸다. 따라서 굿을 보는 사람들은 귀신들에게 방해가 되지 않도록 아주 조심해야 한다.

한편, 샤먼이 정성을 다해 귀신들과의 약속을 이행하면 귀신들은 반드시 그의 부름에 응해야 하며 샤먼의 모든 일에 도움을 주어야 한다. 한 샤먼은 내가 그의 귀신들이 부름에 응할지 의심했더니 "그들은 나의 동족이며, 나 자신의 작은 영혼들이다. 그들은 나를 혼자 내버려 두지 않으며, 송아지가 어미 소를 따라다니듯이 항상 나를 따라다닌다"고 말하기도 했다.

축치족 설화에는 샤먼이 어려움에 처해 귀신들을 부르

면 그들이 나타나 갖가지 어려운 상황에서 그를 구해 준다는 이야기들이 아주 많다. 눈리그렌 마을에 사는 '앙이카'라는 이름의 나이가 든 한 샤먼은 내게 이런 이야기를 했다. 그가 막 수호령을 만들었을 무렵이었는데, 일곱 명의 동료들과 함께 가죽으로 만든 배를 타고 바다로 나갔다. 그들 모두 그보다 나이가 많은 샤먼이었다. 그런데 가죽배에 구멍이 나서 물이 차기 시작했다. 키를 잡고 있던 배주인이 소리쳤다. "잠깐 멈추시오. 물이 샙니다. 누가 해결해 보시오." 그러나 아무도 도움이 되지 않았다. 그때 샤먼 앙이카가 마침 그의 보조령이었던 해초의 정령을 불러서 배의 구멍을 막으라고 명령했다. 그렇게 해서 배가 해변을 향해 갈 수 있었다. 그런데 배가 해안 가까운 곳에 이르렀을 때, 앙이카는 "자, 내가 (배의 구멍을 막는 것을) 충분히 도와드렸습니다. 여러분이 진정한 샤먼이라면 이제부터는 각자 알아서 해결하십시오"라고 소리쳤다. 그러자 해초의 정령이 사라졌고, 배가 가라앉기 시작했다. 앙이카와 배 주인은 헤엄을 쳐서 무사히 해안까지 도달했고, 나머지는 물에 빠져 죽었다.

이 이야기는 내가 체친 마을에서 채록한 이야기와 많은 면에서 유사한데, 그 이야기도 해초 정령의 도움으로 배를 구한 젊은 샤먼에 관한 것이다. 그런데 이 이야기에서는 배에 타고 있는 사람들에게 도전적인 말을 한 젊은 샤먼이 매로 변신해 배 주인만 해안까지 옮겨 주고 나머지는 모두 물에 빠져 죽는다.

샤먼의 보조령들은 보통 서로 싫어한다. 그래서 샤먼 곁에 모여들면 서로를 나쁜 별명으로 부르며 서로 욕을 한다. 그러면 샤먼은 그들을 진정시키고 서로 화해시킨다. 샤먼의 보조령은 숫자가 많다. 두 명의 샤먼이 겨루는 이야기를 보면, 한 샤먼의 보조령들이 천막집을 가득 채울 정도로 많아서 다른 샤먼의 보조령이 그 집으로 들어갈 틈을 찾지 못하는 장면이 나온다.

복을 주는 존재

사람에게 좋은 일을 해주는 초자연적 존재는 앞서 말한 것처럼 '존재들(바이르기트)'이라 불린다. 이 단어의 동사 형태인 '티트바르킨'은 '나는 존재한다', '내가 있다'는 의미다. 명사형 '바이르긴'은 '있음', '본질', '습관'이라는 의미다.

방위

사람에게 좋은 일을 해 주는 다양한 존재들 가운데서 가장 주목할 만한 것은 사람들이 제물을 바치는 대상인

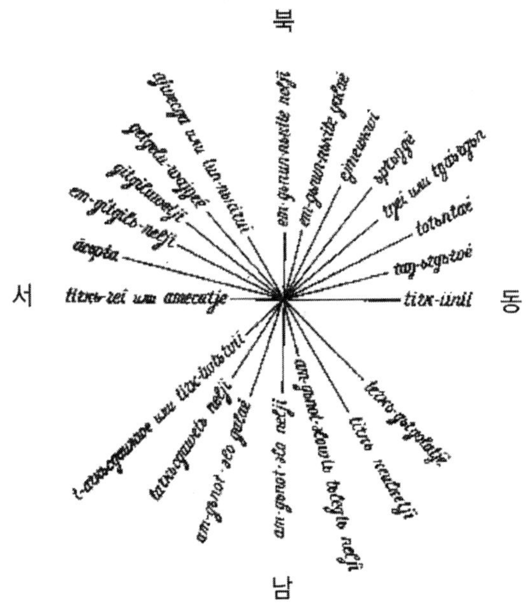

그림 14. 축치족의 방위.

'복을 주는 귀신들'이다. 그들은 사방에 살고 있는데, 그들이 사는 곳의 방위가 태양의 특정 위치와 낮 동안의 시간에 상응하기 때문에 그들은 바로 그 방위로 의인화된다. 축치족은 그림 14에서 볼 수 있듯이 21방위를 구별한다. 그중에서 정오와 자정만 변하지 않고 나머지는 모두 계절에 따라 변화된다. 천정(天頂)과 천저점(天底點)도 변화된다.

제물은 여러 방위에 해당되는 귀신 중 어떤 귀신이 꿈속에 나타나는 등의 방법으로 제물을 요구하는 경우에 그 귀신에게 바쳐진다. 그런 귀신은 '제물을 바치는 대상(타아롱기르기트)'이라고 불린다. 통상 기본적인 방위들이 주목되는데, 그중 가장 중요한 것이 천정이다. 그것은 '정상(카노이르긴)', '가운데 꼭지(기논-카논)', '중간적 존재(기논-바이르긴)'라고 불리기도 한다. 축치족은 정오, 태양 그리고 북극성을 중심으로 나머지 모든 별들이 움직인다는 것을 알고 있으며, 그것들을 '가운데 꼭지'와 동일시한다. 그리고 그 외의 것들 가운데에서는 새벽의 여명(틍아이르긴)을 가장 중시한다. 정오와 새벽을 종종 동일시하기도 한다. 그들은 함께 '방위의 귀신들'을 위한 모든 제물을 받는다.

샤먼들은 새벽 여명을 '여명의 정상(틍에스콴)', '오른쪽 여명(므라-틍아이르긴)', '진정한 여명(리에-틍아이르긴)', '왼쪽 여명(응아치-틍아이르긴)' 등으로 나누기도 한다. 그중 마지막 것은 어둠(우스큐우스)의 형제로 취급된다. 여명의 부인의 이름은 '새벽에 돌아다니는 여자(틍에-체이붕에)'다. 그리고 새벽의 양쪽에 두 개의 산이 서 있다고 여긴다. 그 외에도 작은 노파, 즉 '여명의 정상의 여인(퉁에스쾅에)'이 있다. 그녀는 축치족의 설화에 등장하는 노파들이 사는 것과 동일한 모습의 외딴 집에 산다. 축치족은 '새벽의 여명과 저녁의 황혼은 같은 부인을 둔 친구', 즉 한 여자의 두 남편이라고 말한다. 많은 설화들에 그들과 부인의 공동생활이 아주 자세하게 묘사되어 있다.

설화 가운데 하나에서는 샤먼이 그들의 부인을 빼앗기 위해 그들의 집으로 찾아간다. 그는 눈과 풀로 아가씨를 만들어 자신의 누이라고 하고서 그들의 부인과 교환한다. 그러나 다음 날 아침 눈으로 만든 아가씨는 녹아 있었다. 결국 그들은 신술을 사용한 싸움을 하게 된다. 여러 가지 싸움 끝에 그들은 펄펄 끓는 강에 꽂아 둔 뾰족한 장대를 뛰어넘는 경쟁을 하게 된다. 샤먼은 제 차례를 기다리지 못하고 장대를 향해 뛰어 올랐는데, 바로 그때 반대편에서 경쟁자들도 뛰었다. 그들을 보자마자 샤먼은 그들의 머리를 뛰어넘어 멀리 날아갔다. 그러자 이번에는 귀신들이 샤먼을 사방에서 칼이 솟아나 있는 펄펄 끓는 계곡으로 데려갔다. 샤먼은 그 계곡을 뒤로 뛰어 건넜다.

그리고 이제 샤먼이 힘을 보여 주기 시작했다. 그는 낙엽송 옆에 펄펄 끓는 물이 가득 찬 커다란 솥을 놓아두었다. 거기에는 끝이 뾰족한 장대가 솟아 있었다. 귀신들은 낙엽송에 묶어 둔 밧줄을 잡고 솥 가운데 세워진 끝이 뾰족한 장대 위에 올라섰다가 땅 위로 뛰어내려야 했다. 이런 경쟁이 끝없이 이어졌다. 그러나 샤먼은 초자연적인 경쟁자들을 물리치고 그들의 아내를 빼앗았으며, 그들을 죽여 버렸다.

저녁의 방위들은 '어둠(우스큐우스)'으로 여겨진다. 그들에게는 특별한 경우가 아니면 제물을 바치지 않는다. 축치족은 '여명'을 위한 제물을 바치고는 보통 희생 제물의 피를 사방에 조금씩 뿌린다. 어둠과 자정의 방위는 천저점(天底點, 노타스콰-바이르긴)과 일치한다. '노타스퀴-바이르긴'은 문자 그대로 '땅의 존재'를 의미하며, 이 방위에 바치는 제물은 종종 땅에 바치는 제물로 여겨진다.

태양과 달

태양은 보통 독립적인 존재(바이르긴)로 기술된다. 그리고 태양은 빛나는 옷을 입고 하늘을 떠돌아다니는 사람으로 표상된다. 그는 개 또는 순록을 타고 다닌다. 많은 설화에서 그의 순록은 뿔이 구리로 되어 있다. 그는 자신의 빛줄기 가운데 하나를 타고 땅으로 내려와 한 아가씨를 부인으로 맞이하고 하늘로 데려갔다. 그는 사람들에게 하얀 순록 무리를 선물로 주었다. 갈색과 회색 순록은 모피동물을 내주는 땅의 경계, 땅이 하늘과 맞닿는 그곳에서 나왔다. 그곳에는 땅에 커다란 구멍이 나 있고 그 구멍에서 순록들이 끊임없이 나오며, 늑대들이 그 순록들을 쫓아다닌다. 땅 위의 순록의 숫자는 그렇게 해서 계속 늘어난다.

저녁마다 태양은 '주위를 맴도는 여인(카브라-응응아)'이라는 이름을 가진 아내에게 간다. 그녀는 좀 덜 알려져 있기는 하지만 '즐거운 여인(코르기-응아)'이라고 불리기도 한다. 그런 이름을 가지게 된 것은 그녀가 아들을 낳고서 남편에게 "기뻐하세요. 아들을 낳았어요"라고 말했기 때문이라고 한다. 한편, 태양의 아들은 곧 여름이 끝날 무렵 밤에 툰드라에서는 때때로 통곡하는 '나무 지팡이 여인(운피-응에)'에게 납치되었다. 이에 태양 종족은 잃어버린 아들을 찾기 위해 땅으로 내려왔지만, '나무 지팡이 여인'이 자신의 마법지팡이로 모든 흔적을 다 지워 버려 찾을 수가 없었다. 그녀가 '나무 지팡이 여인'이라고 불리는 것도 그 때문이다. 이 이야기는 아주 오래된 이야기의 한 부분이다.

달도 사람이며, 충분히 이해가 가는 이유로 태양과 반대되는 위치를 차지한다. 달은 켈레들의 태양이라고 불린다. 지하 세계의 태양은 지상의 달과 같다. 샤먼들은 사악한 마법이나 주문을 위해 달의 힘을 빌린다. 달을 너무 오래 쳐다보는 사람들은 이성을 잃거나 끌려가 사라질 위험이 있다고 한다. 달은 올가미를 가지고 있어서 그것을 던져 사람을 잡아갈 수 있다. 그렇게 달은 남자아이 또는 여자아이 또는 둘 다를 끌고 갔다(이야기 각본에 따라 다양하다). 그래서 달을 보면 그들이 보인다. 또 다른 이야기에 따르면, 달이 양어머니의 말을 듣지 않는 남자아이를 잡아갔다고 한다. 그리고 달이 올가미를 가지고 있기 때문에 그에게 가죽 조각을 제물로 바친다. 한편, 달도 아가씨를 납치하려 했으나 성공하지 못했다. 그것은 마지막 순간에 아가씨가 달의 손을 묶어 버렸고, 아가씨에게 간청해 간신히 풀려났기 때문이다.

어떤 이야기에서는 '앗티기트키'라는 샤먼이 사촌형제와 함께 바다로 향했다. 그들은 넓은 바다에서 물 위에 다리를 꼬고 앉아 수중 세계로 통하는 문을 지키고 있는 작은 노인을 발견했다. 그들은 노인에게 늙어서 눈이 먼 암캐를 제물로 바치겠다고 약속하고서 수중 세계로 들어가는 것을 허락받았다. 그들은 물속으로 들어가서 긴 바늘 끝에 붙어 있는 이상한 세계를 발견했다. 그들은 모기로 변신해 날아올라 바늘귀를 통해서 그 세계로 들어갔다. 그리고 거기서 그들은 다시 사람으로 변했다.

그 세계의 지배자는 땅(누테누트)인데, 커다란 철로 된

집에 태양, 달, 하늘, 바다, 여명, 어둠, 우주 등의 손님들과 함께 있다. 이 손님들은 그의 예쁜 딸에게 청혼하기 위해 온 것이다. 그런데 그들의 손은 상처로 뒤덮여 있다. 집주인이 누구든 음식을 집으려고 손을 뻗으면 긴 칼로 내려치기 때문이다. 그러나 손님들 모두 강력한 샤먼들이라서 상처를 입은 즉시 입김을 불면 상처가 치료된다. '앗티기트키'도 그들과 같이 앉아 모자를 무릎 위에 두고 있다. 그가 공기를 휙 들이마시자 순간 모자에 고기가 가득 찼고, '누테누트'는 그가 그렇게 하는 것을 막을 수 없었다.

식사가 끝난 뒤, 신랑감들은 나무를 하러 갔다. 거대한 나무기둥이 바다 한가운데 서 있었다. 신랑감들 중 누군가가 나무에 올라 도끼로 가지를 찍으면, 그 나무에 사는 귀신이 그를 바다로 휙 던져 버렸다. 그러나 그들은 모두 강력한 샤먼이기에 모두 무사히 해변으로 갈 수 있었다. '앗티기트키'와 그의 사촌형제는 고기를 가지고 나무로 갔다. 그리고 귀신이 고기를 먹고 있는 동안 집채만 한 크기의 나무를 베어 냈다. 그 후 침실에서 샤먼 능력 경쟁이 시작된다. 등잔불이 꺼진다. 태양은 강력한 열을 내어 주변의 모든 것을 태워 버린다. 바다는 파도를 일으켜 모든 것을 삼켜 버린다. 달은 뒤집힌 바위들을 산산이 부수어 그것으로 적들을 공격한다. 여명은 모든 것을 집어삼킬 듯한 백곰 두 마리를 풀어 놓는다. 어둠은 검은 곰들을 풀어 놓는다. 우주는 극광을 번쩍이며 모든 것을 얼어붙게 만든다. 모두 이렇게 능력을 과시했지만, 두 명의 인간은 아무런 피해를 입지 않았다. 왜냐하면 그들은 먼저 지렁이로, 그다음 담비로, 또 그다음에는 할미새로 변신해 모든 위험을 피했기 때문이다. 이제 '앗티기트키'가 능력을 보여 주기 시작한다. 그는 지팡이를 들어 경쟁자들의 몸을 차례로 건드린다. 그러자 모두 몸의 절반이 타 버려 쭈그러들거나 약해졌다. 그들은 겁을 먹고 사라져 버렸고, '앗티기트키'는 부인을 얻는다.

별과 별자리

별과 별자리도 '존재(바이르기트)'에 해당된다. 축치어로 일루칼린 또는 일루크-엥에르(움직이지 않는 별) 또는 알퀘프-엥에르(못처럼 박힌 별) 또는 운프-엥에르(말뚝처럼 박힌 별)라고 불리는 북극성은 가장 크게 주목된다. 북극성은 마치 말이나 순록을 매어 두는 기둥처럼 다른 모든 별들을 매어 두어 주변을 맴돌게 하는 기둥으로 여겨진다. 북극성의 집은 천정(天頂)에 위치하고 있다. 그리고 그 아래에는 구멍이 있는데, 그것을 통해 한 세계에서 다른 세계로 나갈 수 있다. 그리고 바로 이 구멍을 통해 북극성이 하늘과 지하의 모든 세계들에서도 보이는 것이다. 한편, 다른 성좌들은 각 세계마다 다르다. 북극성의 집은 다른 무엇보다 더 높은 곳에 위치하고 있다. 그 집은 얼음 비슷한 물질로 만들어져 있다. 집의 꼭대기에는 등대 별이 불을 밝히고 있다.

북극성 다음으로 중요한 별이 대각성(大角星)과 직녀성인데, 그들은 '머리들(레웃티)'이라고 불린다. 대각성은 앞머리(야놀라우트), 직녀성은 뒷머리(야알라우트)다. 그들은 형제, 친척 또는 사촌형제로 여겨진다. 축치족은 밤에 툰드라를 지나면서 북극성과 이 두 별의 배열을 보고 방향을 찾아낸다. 앞머리 대각성은 종종 별들의 우두머리 또는 별들의 통솔자라고 불리기도 한다.

축치인들은 독수리자리에서 알타이르(견우성)와 타라제드를 '페힛틴'이라 부르며 특별한 별자리로 취급한다. 이 별자리는 새해의 빛을 가져오는 별자리로 취급되는데, 그것이 동짓날에 지평선에 나타나기 때문이다. 순록 축치족과 많은 해안 축치족 가족들이 이날 페힛틴 별자리에 제물을 바친다. 나는 콜리마에서도 아나디르에서도, 축치족이 페힛틴을 종족의 시조로 여기는데 그들 모두 죽은 뒤에 하늘로 올라갔다는 말을 들었다. 그러나 안타깝게도 그에 관한 보다 상세한 자료는 얻지 못했다.

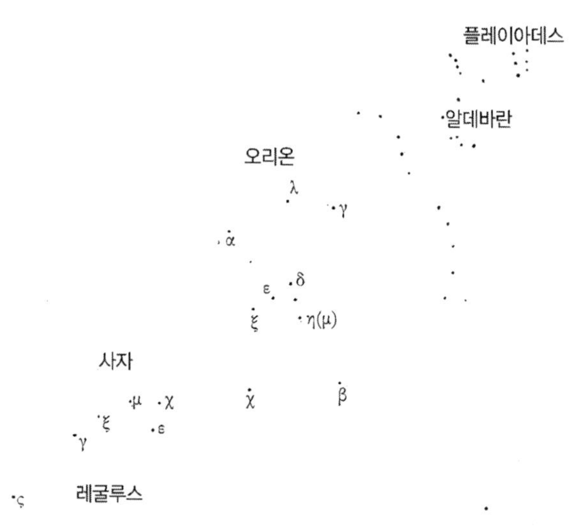

그림 15. 축치족의 성좌.

그 외에 축치족이 알고 있는 별이나 별자리들은 존재, 즉 '바이르기트'로 여겨지지 않는다. 그런 것들 가운데 기본적인 것은 다음과 같다. 오리온자리는 '곱사등'이라는 의미의 룰텐닌이라 불린다. 그는 활을 쏘는 사냥꾼으로 곱사등이다. 그의 이름은 '구부러진'이라는 의미의 형용사 '니룰타퀸'과 같은 어근에서 발생했다. 오리온자리는 그의 머리이며, α와 γ 별은 어깨이고 χ와 β는 다리다. 오리온의 벨트는 '곱사등'의 굽은 허리다. 그리고 벨트 아래의 커다란 별 두 개는 '곱사등'의 성기로 취급된다.

사자자리는 '벳차-응에우트(서 있는 여자)'로 불린다. 그 이름은 보통 의식을 거행할 때 추는 춤에 참여하는 여자들을 부르는 이름으로도 사용된다. '서 있는 여자'는 오리온의 부인이며, 맨바닥에서 잠을 자는 것으로 여겨진다. 그녀가 오리온과 플레이아데스(성단) 사이를 의심해 마름질판으로 오리온을 때려 그의 등이 굽게 되었다. 그런 싸움이 있은 후 오리온은 그녀를 쫓아냈고, 그녀는 하늘 중간에서 잠을 자게 되었다. 사자자리는 일곱 개의 별로 구성되어 있다. 별 ε은 그녀의 머리, 별 η는 그녀의 뒤통수이고 레굴루스(사자자리에서 가장 큰 별)는 그녀의 무릎, 별 ε과 η 사이의 작은 별은 그녀가 머리에 베는 베개다. 다른 별들은 그녀의 몸의 윤곽이다.

플레이아데스는 '응아우스콰좀킨(여인들의 무리)'이라 불린다. 그것은 남편을 기다리는 여섯 명의 젊은 여자들이다. '곱사등' 오리온은 아내와 싸운 후 그들 가운데 한 명과 결혼하고자 했으나, 그 여자들은 그의 성기가 너무 크다는 것을 알고 그를 쫓아냈다. 그래서 '곱사등'은 그 여자들을 향해 활을 쏘았지만, 그녀들은 몸을 돌려 도망갔다.

알데바란은 오리온의 화살로 촉이 구리로 되어 있으

카펠라

β α

ε

그림 16. 축치족의 성좌.

며, 축치어로도 첼로-마킴(구리 화살)이라 불린다. 나무로 된 화살대의 끝은 알데바란에서 멀지 않은 쌍둥이 별이다. 화살은 도망치는 여자들에게까지 도달하지 못하고 이끼가 낀 소택지에 떨어졌다. '곱사등'의 활은 오리온자리 앞쪽에 위치한 별들이다. 그 별들의 배치 형상이 활을 연상시킨다. 콜리마의 축치족은 '도망치는 여자들'은 수많은 작은 별들로 이루어진 그물망의 보호를 받으며 서 있다고 말한다. 그리고 '구리 화살'은 그물망에 걸렸다고 말한다.

위에서 제시한 축치족의 세 개의 별자리가 그림 15에 제시되었다. '곱사등'이 어깨를 펴고 다리를 넓게 벌린 채서 있다. 그는 두 번째 화살을 쏠 준비를 하고 있다.

마부자리의 별 α(카펠라)는 두 마리의 순록이 끄는 인간의 썰매(ε)에 묶여 있는 수컷 순록이다. 별 네 개는 '추뭉아-늘레테틸린(수컷 순록을 모는)'이라 불리며, 그 별자리의 β는 순록 썰매를 탔던 다른 사람이 잃어버린 모피 목도리인데, 그 사람이 막 그것을 찾으러 돌아오고 있다. 그 썰매 옆쪽에는 예비용 수컷 순록(δ)이 매여 있다. 그리고 여우가 반대편에서 그 목도리를 향해 오고 있다.

큰곰자리는 하나의 별자리가 아니다. 그중 여섯 개 별은 투석기로 돌을 쏘고 있는 사람들이며, 따라서 별자리 이름도 '위요트킹아울리트(투석기를 사용하는 사람들)'다. 쌍둥이 별로 알려진 일곱 번째 별은 순록의 뿔 한 쌍을 갉아먹고 있는 붉은 여우다.

쌍둥이자리의 카스토르와 폴룩스는 순록을 탄 두 명의 사냥꾼에게 쫓기고 있는 두 마리의 큰 사슴이다. 두 명의 사냥꾼 별은 살쾡이자리의 γ와 χ, λ와 μ다. 사냥꾼 가운데 한 명의 썰매에는 개가 묶여 있다.[34] 이 별자리들의 배치는 그림 17에 제시했다. 코로나 보레알리스(북쪽왕관)는

34) 두 명의 사냥꾼은 '사슴 사냥꾼(구프카-벨레르킬렐리트)'이라 불린다. 개가 없이 다니는 사냥꾼을 종종 '쥐 타고 가기'라고 부른다.

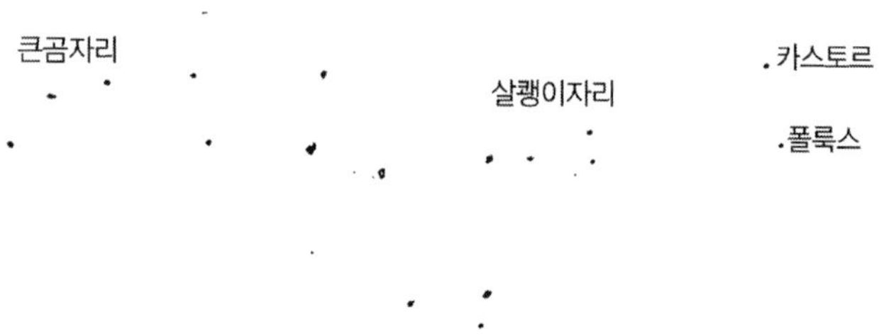

큰곰자리

.카스토르

살쾡이자리

.폴룩스

그림 17. 축치족의 성좌.

백곰의 발이다.

돌고래자리는 물개이며, 별 ξ는 물개의 머리이고 나머지 네 개의 별은 발이다.

은하수는 치게이-베엠, 즉 모래의 강이라 불리는데, 서쪽으로 흐르며 중간에 많은 섬이 있다고 여긴다.

카시오페이아자리의 커다란 별 다섯 개는 강 중간에서 있는 수컷 순록이라고 여긴다.

기본적으로 이 모든 별자리들의 이름은 노르드크비스트의 저서에도 제시되어 있다.[35] 표기 방법이 다를 뿐이다. 그는 카시오페이아자리를 '멜로탐킨'이라고 표기했는데, 모음조화 규칙에 따라 단어의 어근 모음을 수정하면

35) 《베가 탐사의 과학적 관찰》, p. 397.

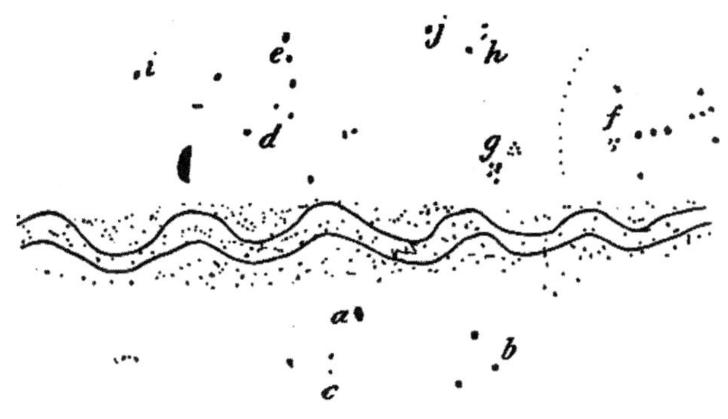

그림 18. 별이 가득 찬 하늘을 묘사한 축치족의 그림.

'밀루템킨(토끼 무리)'으로 표기해야 한다. 그러나 나는 카시오페이아자리를 순록과 관련지어 말하는 것은 들어 보았어도 토끼와 관련지어 말하는 것은 들어 보지 못했다.

'페힛틴(독수리자리의 알타이라와 타라제드)' 근처의 작은 별 두 개는 암컷 순록(벵켄루)과 그 새끼로 여겨진다. 그들은 제물로 바쳐지기 위해 '페힛틴'에게로 가는 중이다.

축치족의 그림(그림 18)은 별이 가득 찬 하늘을 묘사하고 있다. 모래의 강은 하늘을 가로지르고 있다. 그리고 그 아래(a)에는 북극성이 가운데에 있다. 북극성 아래에는

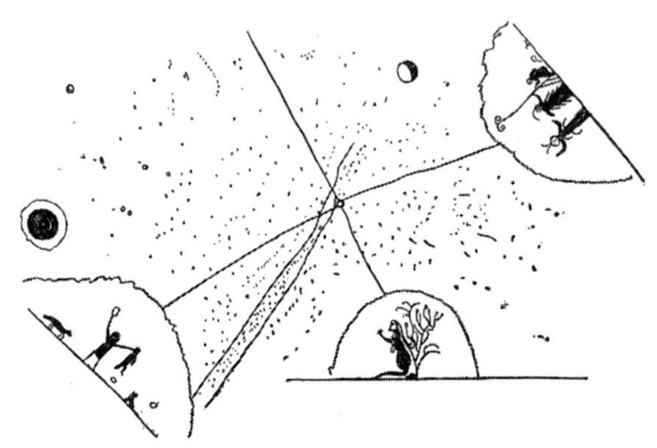

그림 19. 천상과 지상을 묘사한 축치족의 그림.

오른쪽(b)에 큰사슴(쌍둥이자리)이 있고 왼쪽(c)에는 사냥꾼(살쾡이자리)이 있다. 모래의 강 위쪽 왼쪽(d)에는 여덟 개의 별로 이루어진 큰곰자리가 있고, 수직으로 위쪽(e)에는 페힛틴(독수리자리)을 구성하는 세 개의 별이 있다.[36] 그리고 그 오른쪽에는 오리온자리(f)와 플레이아데스(g)가 있다. 그리고 좀 더 위에 북쪽왕관(h)이 있다. 별 i와 j는 머리다. 달은 1/4 지점에 묘사되어 있다.

하늘을 묘사한 또 다른 그림(그림 19)에서도 북극성은

---

36) 그림을 그린 축치인은 페힛틴을 두 개의 별이 아닌 세 개의 별로 그린 이유를 설명하지 못했다. 단순한 실수인 것으로 보인다.

중앙에 배치되어 있다. 북극성으로부터 기본 4방위로 네 개의 선이 그어져 있다. '여명', '바람', '어둠'은 각자의 세계를 가지며, 그것들은 커다란 산의 모습으로 묘사되어 있다. '여명'(왼쪽 아래)은 머리 주위에 빛이 나는 모습으로 그려져 있다. 그는 왼손에 제물이 담긴 통을 들고 있고 오른손에는 제물에 대한 답례로 주려고 하는 여우를 들고 있다. 그의 왼편에는 다른 여우가 그에게 다가가고 있고, 오른편에는 인간이 제물로 바친 개가 있다. 개는 앉아서 그를 쳐다보고 있다. 왼쪽의 여우와 오른쪽의 개도 교환을 위한 것이다. 그리고 또 두 개의 제물을 담는 통이 바닥에 놓여 있다. '여명'의 반대편(오른쪽 위)에는 바다의 신을 위한 축제를 지내는 '저녁'과 그의 가족이 묘사되어 있다. 그들은 의례를 위해 머리를 장식하고 있다. 중간에는 커다란 지팡이가 꽂혀 있다. '어둠'은 오른쪽 아래에 가지가 무성한 나무에서 나오는 사람의 형상으로 묘사되어 있다. 그리고 태양과 새로 생겨난 달이 서로 반대편에 묘사되어 있다. 별자리들 가운데에서는 오리온자리와 플레이아데스, 은하수 등의 윤곽을 구별할 수 있다. 왼쪽 상단의 구석의 큰 별은 금성이다.

그림 20에서는 세 개의 동심원으로 3계를 묘사하고 있다. 우리가 사는 세계는 중간 원이다. 천계의 중심에는 북

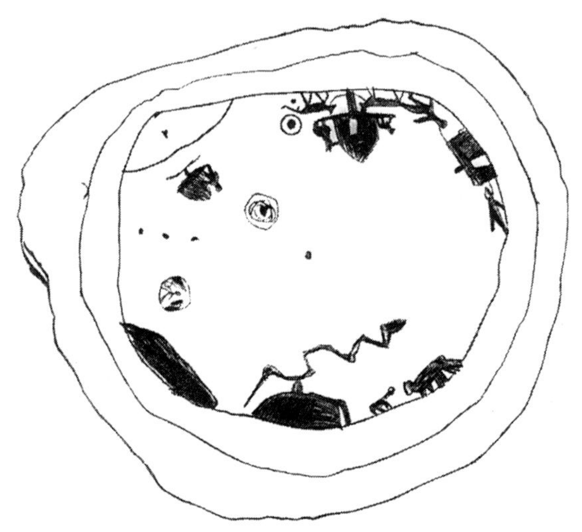

그림 20. 세계를 묘사한 축치족의 그림.

극성이 배치되어 있다. 그 왼편에는 태양과 달이 있다. 달은 손에 올가미를 들고 있는 사람의 모습으로 그려져 있으며, 그의 곁에는 두 명의 포로가 있다. 태양과 달 사이에는 페힛틴 별자리가 그려져 있다. 그리고 달 아래에는 '어둠'이 검은 산의 모습으로 그려져 있다. 그 산 아래에는 켈레들이 사는 땅굴집이 그려져 있고, 켈레 둘이 네발로 서 있다. 땅굴집 위에는 커다랗고 구불구불한 벌레가 그려져 있으며, 그 꼬리에는 긴 침이 달려 있다. '왼쪽 여명'의 집은 나지막한 나무집인데, 그 양쪽에 식인귀 둘이 묶여 있다. '오른쪽 여명', 즉 '진정한 여명'의 집은 뾰족한 말뚝 위에 고정된 나무판 위에 서 있다. 그 집의 사방에는 개가 각각 한 마리씩 묶여 있다. 그림 20의 왼편에 해당되는 '오른쪽 여명'의 영지 내에는 '여명의 정상의 여인(틍에스쾅에)'이 역시 말뚝 위에 고정되어 있는 작은 집에 살고 있다. 그리고 그녀의 발밑에 금성이 있다.

그림 21a는 손에 올가미를 들고 있는 달의 모습이다. 그의 옆에는 잡혀 온 여자아이가 서 있다. 달은 자신의 힘을 이용한 사악한 마법으로 다른 사람들을 해친 두 명의 샤먼에게 크게 화가 나 있다. 그래서 그는 그 두 명의 샤먼의 머리와 손을 보이지 않는 밧줄로 묶어 놓았다(그림 21 b, c). 달의 부인은 얼굴의 반에 검댕이 칠해진 모습으로 그려져 있다(그림 21 d).

코랴크어로 모든 종류의 켈레는 '칼라', '칼라크', '카마크' 또는 '응인비트', '응엔베티층인'이라고 불린다. '카마크'라는 단어는 축치어에서는 '병을 옮기는 귀신'이라는 뜻으로 사용되며, 러시아어-축치어 방언에서는 '죽음', '사망'이라는 의미로 사용된다. 유카기르족의 설화에도 켈레와 유사한 존재가 등장하는데, 그들은 '이상한 노인'이

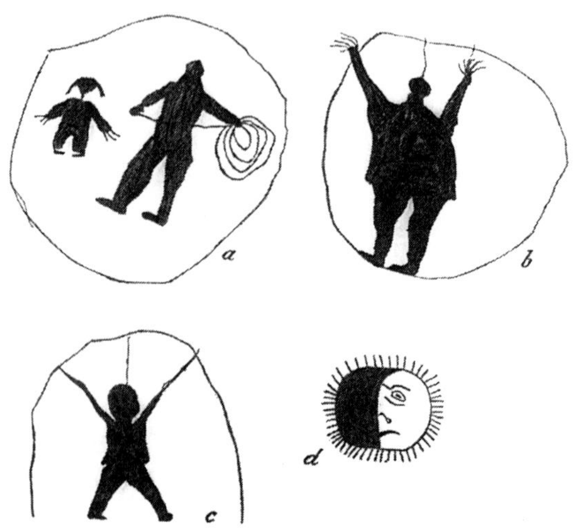

그림 21. 축치족의 그림.

a: 올가미를 든 달, b, c: 포로로 잡힌 샤먼들, d: 달의 부인.

라고 불린다.

아시아 에스키모들은 켈레와 같은 귀신을 '토르니라크'(복수형은 '토르니라트')라고 부르는데, 이 말은 아메리카 에스키모어의 '토르나크'와 동일한 어근에서 발생된 것으로 보인다. 그리고 아시아 에스키모들은 두 번째 부류의 켈레들을 '미라흐파크'라고 부른다. 그들은 해안 어디엔가 살고 있지만, 그곳이 어디인지는 찾을 수 없다고 한다. 다만 눈 위에서 그들의 발자국을 자주 볼 수 있는데, 발자국은 엄청나게 크지만 보폭은 사람에 비해 그리 넓지 않다고 한다.

에스키모들은 '렉켕'이라는 명칭을 축치족으로부터 차용했으며, 에스키모어로는 '락카'가 되는데, 그것은 축치어의 두 번째 어근형과 동일하다.

'존재'라는 의미의 축치어 '바이르긴'은 북서 코랴크 방언에서는 '바히응인'으로 발음된다. 에스키모어로는 '키야르나라크'인데, 동사 '키야르-나-쿵아(나는 존재한다, 내가 있다)'에서 파생된 것이다. 축치어 '틍아이르긴(새벽 여명)'은 코랴크어로는 '틍아히틍인'이 된다. '피츠부친'은 코랴크어로도 동일하며, 캄차달어에서는 '필라흐추츠'로 알려져 있다. 스텔레르와 크라세닌니코프는 그것을 '빌루카이'라고 불렀다.[37]

코랴크족의 많은 별 이름이 축치족의 별 이름과 동일하다. 북극성은 '못처럼 박힌 별(알카프-앙아이, 요헬손에 따르면 아츠카프-앙아이[38])'이라고 불린다. '룰텐닌'

37) 크라세닌니코프, 《캄차카 지역 기록》, 제2권(1786), p. 75.

38) 요헬손, 《코랴크족》, p. 123. 요헬손의 표기와 나의 표기가 다른 것은 우리 각자가 채록한 지역의 방언 차이에 기인하는 것으로 설명할 수 있다. 나는 캄차카 북부 태평양 연안의 카멘스크 마을 및 그 마을의 남

은 여러 가지 방언에서 '활을 비껴 매고 있는'이라는 의미의 '룰테예트', '율타야트', '룰테옐린' 또는 '월바키-르-임틸린' 등으로 불린다. 그는 다양한 설화에 등장한다. 요헬손의 자료에서도 '활을 비껴 매고 있는'이라는 뜻의 '울베이이니틸란'이라는 이름을 발견할 수 있는데, 축치어로는 '월바키-르-엠텔린'이며 역시 축치 설화에 등장하고 있다. 알데바란은 '치치로흐마(구리 화살)'라고 불린다. 이 이름은 다양한 방언에서 상응하는 음성변화를 겪은 이름으로 등장한다.

'페힛틴'은 '파힛틴'이라 불린다. 요헬손에 따르면, 페게텐(멈추어진 숨)은 곧 아침 별의 이름이다. 나는 이 단어의 어근은 알아낼 수 없었다. 오리온의 벨트는 '킬루-에난베낭(킬루의 모루)'이라 불린다. '킬루'는 신화적 존재로, 큰까마귀의 질녀다.[39] 북쪽왕관은 '킬루-플라킬힌(킬루의 장화)'이라 불린다. '응아위스콰팀킨(여인들의 무리)'이라는 이름은 다양한 지역에서 플레이아데스와 카시오

동부에서 채록했다. 요헬손은 카멘스크 마을에서도 채록했지만, 주로 그 마을 서부의 이트칸, 파렌 등 타이고노스 반도에서 유목을 하는 코랴크족 마을에서 채록했다. 동부 코랴크족의 방언에서는 음성 j가 r 또는 t로 전이된다.

39) 요헬손, 《코랴크족》, p. 116.

페이아를 칭하는 이름으로 사용된다. 은하수는 역시 모래의 강(체하이-바얀) 또는 혼탁한 강(아루-베옘) 또는 흙탕물 강(야-베옘)이라 불린다.

큰곰자리는 보통 '일바-키(야생 수컷 순록)'이라 불리는데, 요헬손에 따르면 '엘웨키엥'이라고도 불린다. 다른 지역에서는 플레이아데스를 '카트마츠', '케르미스(작은 체)'라고 부르며, 요헬손의 자료에 따르면 '케트메트'라고도 부른다. 그리고 많은 지역에서 플레이아데스를 뛰어난 사냥꾼 '룰테예트'가 노리고 있는 순록의 무리라고 여긴다. 아이완 에스키모족의 거의 모든 별과 별자리들의 이름은 축치어 의역이다. 예를 들어, 축치어의 '레웃티(머리들)'는 '나스쿠트'라 하는데, 동일한 의미다. 그리고 플레이아데스를 '아르나라예이트'라고 부르는데, 역시 '여자들의 무리'라는 뜻이다.

축치족은 혜성을 '연기를 내는 별'이라 부른다. '연기를 내는' 이라는 수식어는 혜성에 어떤 존재가 살고 있고 그들이 음식을 조리하고 있다고 여기는 축치족의 관념을 보여 준다. 행성들은 하늘에서 정확한 원을 그리며 이동하지 않는다는 점에서 '기울어져 움직이는 별들'이라고 부른다. 그들 가운데 금성은 '그토-틀라프'라는 특별한 이름이 있다.

이 이름의 앞부분은 '커다란', '강한'이라는 의미다. 그런데 뒷부분에 대해서 축치족은 설명을 하지 못하는데, 그것은 아마 코랴크어 '렐라피찬(별)'에 상응하는 것으로 보이며, 이 단어는 동사 '렐라페킨(보다)'에서 발생한 것으로 문자 그대로 '보고 있는'이라는 뜻이다. 그렇게 볼 때, 축치족의 금성 명칭은 '큰 별', '큰 눈'이라는 뜻이 된다. 축치족은 새벽별로서의 금성은 '케르그-앙알링인(빛나는 별)'이라 부른다. 또한 금성이 다양한 시간대에 다양한 빛을 내기에 '무크-아비린렌(다양한 옷을 입은)'이라고도 부른다. 유성은 하늘에서 썰매를 타고 내려오는 별로 여겨진다. 코랴크족은 유성이 하늘 나라의 가난한 자들에게 선물을 가져가는 것이라고 여긴다. 육지에서 바다로 날아가는 유성은 순록의 고기를, 반대 방향으로 날아가는 유성은 고래의 비계를 가져다주는 것이다. 아시아 에스키모들은 유성은 설사가 난 것이라고 말한다.[40] 그리고 축치족은 월식에 대해 켈레가 달을 삼키려 하는 것이라고 말한다.

40) 넬슨은 알래스카 에스키모들이 유성을 별의 똥이라고 부른다고 기록했다. 넬슨, 《베링 해협의 에스키모》(1899), p. 449.

기타 '존재들'

특징이 불분명한 존재들로 '트-에난-텀긴(창조주)', '기르골-바이르긴(지고의 존재)', '응아르기넨(세계)'(문자적 의미는 '바깥의'), '야이바츠-바이르긴(자애로운 존재)', '야그타츠-바이르긴(생명을 주는 존재)', '킨타-바이르긴(복을 주는 존재)' 등이 있다. 이들은 이름만 있다. 이들의 본질은 극히 모호하며, 서로 자유롭게 교체된다. 이들 가운데 '트-에난-텀긴'은 주로 창세 전설에 등장하며, '기르골-바이르긴'과 '응아르기넨'은 기도와 주문에 자주 등장한다.

이 모든 존재들은 강력하고 공정하며 인간에게 우호적이지만, 모호하고 특별히 하는 일이 없는 존재들이다. 이들은 자연의 창조력이 불명확하고 모호하게 의인화된 것들이다. 천정(天頂), 정오, 여명은 종종 위의 창조주와 동일시된다. 정교 세례를 받은 원주민들은 기독교의 신과 이 존재들의 위상이 같은 것으로 여긴다. 창조주의 이름은 '엥엥'이다.[41] 축치족은 창조주는 제물을 받지 않는다

---

41) '트-에난-텀긴'은 문자 그대로 '사물의 창조를 촉발한'이라는 뜻이며, 동사 '텀가-아르킨'은 '발생하다'라는 의미이고 '트-에난'은 두 개의 접두사가 이어진 것이다. 이것은 '트-에난-아캴렝응잉(병을 일으키는, 두려운 것)'에서도 볼 수 있으며, 동사 '아캴링에에르킨'은 '두려워

그림 22. 까마귀 모습의 '복을 주는 존재'를 묘사한 축치족의 그림.

고 여긴다. 필요가 없다고 보기 때문이다. 한편, 지고의 존재, 자애로운 존재, 생명을 주는 존재, 복을 주는 존재는 제물을 받지만, 그들에 대한 헌제는 연중 의례 주기에 포함되지 않는다. 그러나 여명, 천정, 정오에게 바치는 제물이 동시에 그들에게도 간다고 여기기도 한다.

그림 22는 내가 수집한 그림들 가운데서도 흥미로운 것인데, '복을 주는 존재'가 까마귀의 모습으로 그려져 있다. 그는 물개를 사냥하고 있는 사람을 쳐다보며 사냥감을 조금 나누어 달라고 청하고 있다.

순록 축치족은 순록 떼의 복을 관장하는 '존재(쿼렌 바이르긴)'도 인정한다. 이 이름은 창조주 또는 '자애로운 존

하다'라는 의미다.

재'라는 이름으로 대체될 수도 있다. 또한 그 '존재'는 순록을 유목하는 모든 집에서 순록 떼 수호자인 나무 형상 또는 부적으로 모셔 두고 있는 것을 볼 수 있다.

이 이름들 가운데 몇 가지는 코랴크족도 사용하고 있다. 코랴크족의 '테난토뭉이'도 창조주를 칭하지만, 이 이름은 종종 가장 중요한 신인 큰까마귀 '큐이퀸나큐'[42]와 동일시된다. 반면, 축치족의 설화에서 큰까마귀(코랴크족의 큐이퀸나큐에 상응하는 쿠우르킬)는 그리 높은 지위를 차지하지 못하며, 종종 창조주와 대립하기도 한다.[43] 텔켑 스텝 지역에서 채록한 축치족 설화에서는 큰까마귀의 의미가 훨씬 더 큰데, 그것은 코랴크족의 영향 때문인 것으로 보인다. 다른 지역에서는 큰까마귀의 아들딸들에 대한 이야기는 별로 알려져 있지 않은데, 이 지역에서는 수많은 이야기에 그들이 등장하며, 이름도 코랴크족의 설

42) 이 이름의 발음은 지역마다 심한 차이를 보인다(보고라스, 《북동아시아의 민속: 북서아메리카와의 비교, 미국 인류학자》, vol. IV, 1902, p. 637 참조). 여기서는 카멘스크 마을의 발음대로 표기했다. 그곳에서는 '큐이퀸나큐'로 발음하기도 한다. 축치족의 경우 그 이름을 콜리마 지역에서는 '쿠르킬'이라고 발음하며, 태평양 연안에서는 '쿠우르킬'이라고 발음한다(같은 책, p. 28 참조).

43) 보고라스, 《미국 인류학자》, vol. IV, p. 640 참조.

화에서와 유사하다. 예를 들어, '에멤큐트'는 순록 유목민의 시조로 여겨진다. 그는 나뭇가지 더미를 발로 차서 순록을 창조했으며, 사람들에게 순록을 키우는 방법을 가르쳐 주었다. 다른 이야기에 따르면, 그는 순록 유목민의 딸을 아내로 맞이했으며, 그래서 순록 유목민들도 '바이르기-마탈리-람킨(존재의 속성을 나누어 가진 자들)'이라 불린다. 코랴크족의 '지고의 존재' 또는 '지고의 주인'은 축치족의 '지고의 존재'에 상응하는 것이다.

'바다의 존재들'은 순록 축치족에게는 잘 알려져 있지 않다. 그들은 해안 축치족에게만 잘 알려져 있다. 해안 축치족은 그들에게 정기적으로 제물을 바친다. 순록 축치족들 가운데서 조상이 해안 축치족이었던 사람들은 '바다의 존재들'에게 제물을 바치기도 한다.

축치족은 에스키모족에게 전형적인 강력한 노파에 대해서도 알고 있다. 그 노파는 바다 밑바닥에 살며, 모든 바다 동물을 지배한다. 축치족은 그녀를 '바다코끼리의 어머니'라고 부르며 입에 두 개의 바다코끼리 이빨이 나 있다고 여긴다. 그런데 얼마 전에 그 이빨 가운데 하나가 부러졌다. 그래서 노파는 화가 나서 인간에게 보내 주는 바다 동물의 수를 줄여 버렸다. 남은 이빨 하나가 더 부러지는 날이면, 바다 동물이 완전히 사라지게 될 것이다. 원주민이 작은 나무판에 물개의 피로 그린 그림에서 그 노파는 이빨이 하나 부러져 있는 커다란 바다코끼리로 묘사되고 있다. 또 다른 그림에서는 '순록 존재'가 인간에게 보내 주는 순록의 수를 줄였다는 표시로 한 눈을 감고 있는 것으로 묘사되고 있다. 그가 다른 한 눈마저 감게 되면, 모든 순록이 죽게 된다고 여긴다.

한 샤먼 이야기에는 대양 한가운데 있는 섬에 값진 모피를 두르고 앉아 있는 강력한 여인이 묘사되고 있다. '바다코끼리 어머니'가 바로 이 여인, 즉 에스키모족의 세드나와 동일한 것인지는 정확히 알 수 없다. 몇몇 축치족 설화에는 아버지가 배 밖으로 던져 버린 아가씨가 등장한다. 아가씨는 뱃전을 붙잡으려 애를 쓰지만, 아버지가 노로 그녀의 손가락을 잘라 버린다. 그러자 그녀는 바다코끼리에게 호소해 바닷속으로 들어가 버린다.

바다코끼리 이빨을 가진 '바다 귀신'에 관한 관념도 존재한다. 그 귀신은 밤마다 바다에서 나와 사람들의 집으로 가 사냥을 한다. 그림 23에 묘사된 것이 그 귀신이다. 그는 바닷가의 커다란 집으로 들어가려 하지만, 개들이 지키고 있다. 한편, 축치족은 이 귀신에게는 정기적으로 제물을 바치지 않는다. 바다코끼리는 종종 해안 축치족뿐 아니라 순록 축치족 샤먼들의 보조령이 되기도 한다. '바

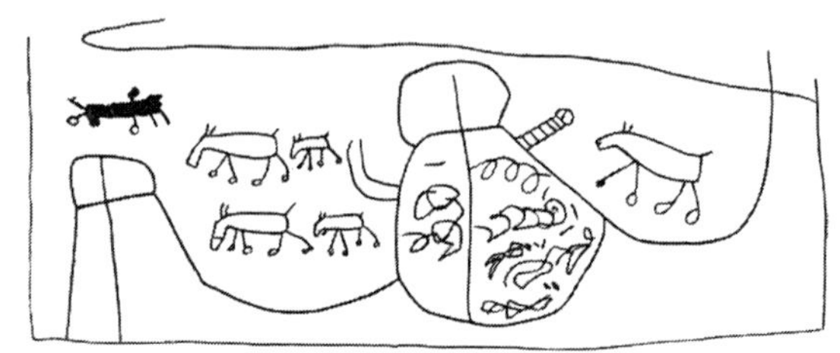

그림 23. 축치족의 집으로 들어가려는 바다코끼리 모양의 귀신을 쫓아내는 개들을 묘사한 축치족의 그림.

다 존재들'의 우두머리는 '케레트쿤'과 그의 아내 '칭에이-응에우'다. 그들은 바다 밑바닥 또는 바닷속에 떠다니는 커다란 집에 산다. 그들의 키는 사람보다 크며 얼굴은 검고, 바다코끼리의 내장으로 만든 길고 하얀 옷을 입고 있다. 이 옷 때문에 그들은 종종 '페루텐(바다코끼리 내장을 입고 있는)'이라고 불린다. '케레트쿤'은 바다코끼리를 비롯한 모든 바다 동물을 지배한다. 바다코끼리들이 해안 가까이로 가면 바다에서 이상한 소리가 나서 그들을 다시 바다로 불러들인다. 그 소리는 '케레트쿤'의 목소리다. '케레트쿤'은 아주 사나우며, 바다에 빠져 죽은 사람들의 시신을 먹는다. 그는 종종 사람들이 타고 다니는 배를 빼앗아 사용하기도 한다. 다른 한편으로, 그는 '존재들' 가운데

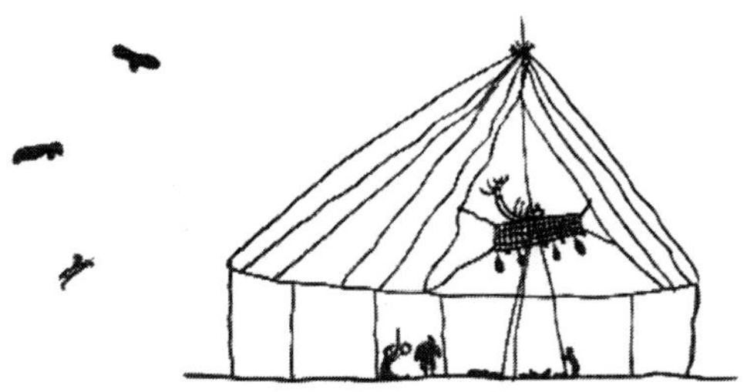

그림 24. 가을 의례를 묘사한 축치족의 그림.

하나로서 사람들을 켈레들로부터 보호하는 데 큰 역할을 한다. 한 가지 주문에서는 그의 집을 '켈레들을 막아 주는 곳'이라고 칭한다. 그의 집 문은 커다란 아가리다. 그곳으로 들어가는 모든 켈레는 잡아먹히고 똥으로 배출된다. 그러면 그 켈레는 똥 귀신이 된다. 그리고 '케레트쿤'의 아내가 천막집을 흔들면 마치 모기들이 떨어지는 것처럼 하늘에서 켈레들이 떨어진다. 그러면 그녀는 그것들을 잡아 바다에 빠트려 죽인다.

해안 축치족과 아시아 에스키모들의 가을 축제는 대부분 '케레트쿤'을 위한 것이다. 사람들은 그를 모방해 하얗

그림 25. 언 바다 위에서 만난 여자 귀신을
묘사한 축치족의 그림.

고 긴 옷을 입고 특정한 형태의 머리띠를 두른다. 그림 24에 천막에서 이루어지는 의례가 묘사되어 있다. 관습에 따라 특별한 형태의 그물이 위에 걸려 있다. 그리고 그 그물에는 다양한 형상이 그려진 노들이 달려 있다. 그리고 거기에 램프와 더불어 순록의 뿔 한 쌍도 매달려 있다. 그리고 바닥에는 제물용 음식이 가득 담긴 접시 세 개와 두 개의 커다란 램프가 놓여 있다. '케레트쿤'과 그의 아내의 형상은 오른쪽 위 구석에 그려져 있다. 그들의 얼굴은 검으며 하얀 옷을 입고 특별한 머리띠를 두르고 있다. '케레트쿤'은 지팡이와 장식된 노를 들고 있다. 그의 아내는 제물용 음식이 담긴 접시를 들고 있다. 천막 안에 있는 사람들도 똑같은 옷을 입고 머리띠를 두르고 있다. 그들 가운데 한 명은 북을 치고 있으며, 여자들은 춤을 추고 있다. 또 다른 남자는 램프 주위를 돌며 춤을 춘다. 그림 왼쪽에서는 날아다니는 샤먼의 '영'들이 보인다. 그것은 '새의 영', '여우의 영' 그리고 특별한 존재, 즉 사람들이 잃어버린 손 두 개의 영이 합쳐져 형성된 것이다. 이 영의 의미는 아래에서 설명하겠다.

그림 25에는 '바다의 존재'에 소속된 여자 귀신이 그려져 있다. 이 그림을 그린 사람은 전에 언 바다 위에서 그런 귀신을 본 적이 있다고 했다. 그가 본 대로 그린 것이다. 그의 말에 따르면, 그 여자 귀신이 술 장식이 달린 긴 외투 자락을 얼음 위에 끌며 자기 쪽으로 뛰어왔다는 것이다. 그녀는 한 손에는 지팡이를 들고 다른 한 손에는 빈 접시를 들고 있었다. 그녀는 항상 동물의 비계를 달라고 소리친다고 한다.

많은 아시아 에스키모들도 '케레트쿤'과 그의 아내에게 제물을 바친다. 그들은 '케레트쿤'을 '카차크'라고 부른다.

상응하는 음성변화를 볼 때, 그것은 아마도 동일한 이름인 것으로 보인다.

에스키모족과 축치족 가운데 어떤 종족이 그런 바다 귀신에 관한 관념을 만들어 낸 것인지는 말하기 어렵다. 태평양 연안의 에스키모들은 축치족이 훨씬 더 자주 '케레트쿤'에게 제물을 바친다고 말한다. 그러나 그것도 확실하지 않다. 한편, 해안 축치족의 종교적 관념은 순록 축치족의 종교적 관념과 밀접한 연관성을 가지는데, 순록 축치족은 '케레트쿤'을 순수 축치족의 신격으로 보지 않으며, 주로 에스키모를 비롯한 바닷가 사람들의 신이라고 주장한다. 태평양 연안의 에스키모들은 그들이 '눌리라하크(커다란 여자)'라고 부르는 바다 밑바닥에 사는 노파에게 제물을 바친다. 그녀에게는 의례 때만 사용하는 또 다른 이름이 있다는데, 나는 그것은 알아보지 못했다.

'집 귀신들(야라-바이르기트)'은 휘장 또는 천막의 귀신들로, 천막집에 사는 사람들로부터 어느 정도 독립적이다. 그들은 사람들이 수 세대를 거치는 동안 살아 있지만, 천막집 자체가 무너지면 그들도 죽는다. 순록 축치족들이 자주 그렇게 하듯이, 사람들이 천막집을 버려두고 떠나면 '집 귀신들'은 극히 흉악한 '땅 귀신'으로 변한다. 축치족은 언젠가 사람과 연관되었던 모든 것은 그 관계가 끊어지면 사악하고 해로운 것으로 변한다고 생각한다.

'집 귀신들'은 움직임이 없다는 의미의 어근들로부터 파생된 이름을 가진다. 그들은 보통 짝을 지어 살며 자식을 두는데, 사람과 마찬가지로 병이 들기도 하고 죽기도 한다. 예를 들어, 아나디르 지역의 한 샤먼은 그의 집 귀신의 이름이 '올바이르긴(움직이지 않는)'이었고 귀신의 아내 이름은 '벳차-응에우트(서 있는 여자)'였다고 한다. 둘 다 젊었고 3년 전에 아들을 낳았는데, 샤먼이 직접 다음과 같은 방법으로 그 아들을 죽였다고 했다. 어느 날 밤에 그 샤먼은 천막 바깥에서 발자국 소리를 들었다. 샤먼은 그것이 켈레라고 생각하고 침실 휘장을 들어 올리고 요강을 들어 오줌을 끼얹었다. 그것이 켈레를 쫓아내는 좋은 방법이기 때문이었다. 그런데 가냘픈 아이의 신음소리가 들렸고, 샤먼은 자신의 집 귀신들에게 뭔가 좋지 않은 일이 일어났다는 것을 알게 되었다. 그런데 다음 날 아침, 며칠째 앓고 있던 샤먼의 아들이 갑자기 죽었다. 그렇게 해서 샤먼 자신도 그의 집 귀신도 자식을 잃게 되었다. 그 집 귀신은 상실감을 달래기 위해 축치족이 하는 것처럼 다른 귀신과 부인 교환을 했을 지도 모른다. '집 귀신들'의 아내들은 이리저리 돌아다니는 귀신인 '렉켕'을 정부로 삼기도 한다.

그림 26. 천정의 영의 보조령을 묘사한 축치족의 그림.

콜리마 지역의 다른 사람은 자신의 '집 귀신'의 이름이 '월바-라울(덤벼드는 남자)'이고 그의 부인 이름은 '울베-응에우트(덤벼드는 여자)'였다고 말했다.

집 귀신들은 천막집의 어두운 구석에 산다. 그들은 밤이 되면 기어 나와 침대의 구석에 앉는다. 그들은 모든 제물의 일부를 받는다. 집 주인이 그들의 몫을 침대 휘장 근처 땅에 놓아둔다.

그런 '존재'들 가운데 몇몇은 보조령이라는 의미의 '비욜리트'라고 불린다.

예를 들어, 창조주 또는 '천정의 영'은 보조령이 있는데, 그들의 머리는 까마귀 머리라고 한다. 그것은 아마도 까마귀에 관한 신화와 연관된 것으로 보인다. 보조령은 천정에게 바치는 제물의 일부를 받는다. 그는 부리를 가졌기 때문에 까마귀 부리라는 뜻의 '발비-야크'라고 불린다. 그림 26 a에서 얼굴에 까마귀 부리가 그려진 모습으로 묘사되어 있다. 그 옆의 그림은 나무판에 철심으로 새긴 그림인데, 까마귀 머리에 까마귀 발, 날개 하나가 그려져 있다.

다양한 주문에서 언급되는 까마귀는 다름 아닌 '발비-야크', 즉 창조주 또는 천정의 보조령이다. 샤먼들의 말에 따르면, 그는 까마귀의 모습으로 북극성에서 가까운 하늘나라에 산다고 한다. 그 나라에는 까마귀들의 주식인 각종 벌레들이 가득하다. 까마귀는 환자를 치료하는 샤먼의 부름을 받고 날아와 새가 벌레를 쪼아 먹듯이 병을 쪼아 먹는다. 한 샤먼은 바로 이 까마귀와 이 땅에 빛을 가져다준 위대한 큰까마귀를 엄격하게 구분한다. 그는 큰까마귀가 창조 때에만 사람들 앞에 나타났다가 천둥으로 변신해 보이지 않게 된 매우 강력한 까마귀라고 말했다.

'케레트쿤'도 보조령이 있는데, 그의 이름은 알아내지 못했다. 사람들이 항상 그를 그저 케레트쿤의 '보조령'이라고만 부르는 것으로 보아 그는 이름이 없는 것 같다. 그는 케레트쿤의 배들이 만들어지는 것을 감시한다. 그에게

그림 27. 보조령의 모습.

도 특별한 의례와 제물을 바친다. 그에 대해서는 아래에서 좀 더 자세하게 말하겠다.

많은 켈레들과 여타 귀신들도 자신의 보조령을 가진다. 어떤 그림에는 자신의 주인을 위해 무릎으로 기어 사냥감에 다가가는 보조령의 모습이 묘사되어 있기도 하다.

보조령이라는 뜻의 '비욜린'이라는 이름은 다양한 귀신들에게 도움을 청하는 주문에 자주 등장한다. 주문을 외는 사람은 "나는 너를 보조령으로 삼고 싶다. 내가 너 아닌 누구를 보조령으로 삼겠는가? 네가 가장 좋다"고 말한다. 이 때문에 많은 귀신들, 보조령들, 수호령들 그리고 그들의 형상 또는 호신부들도 '비욜린'이라고 부른다. 그림 27에는 아니디르 지역 축치인 '티우릴쿠트'의 보조령 모습이 묘사되어 있다. 얼굴 모습은 사람과 같다. 이 형상은 점치는 데 사용되는 돌과 마찬가지로 점을 칠 때 사용되는데, 이 형상이 흔들리는 것을 보고 미래를 점친다고 한다. 이것의 소유주는 이 보조령이 바다코끼리를 사냥할 때 도와준다고 말했다. 또 그는 이 보조령은 하늘 나라에 살며, 이름은 '테그레트(아래로 내려오는)'라고 말했다.

바람의 체계

바람도 '존재'에 속하며, 많은 바람들이 주문의 대상이 된다. 해안 축치는 종종 "모든 방위를 위한 제물을 가져왔다"고 말하는 대신 "모든 바람들을 위한 제물을 가져왔다"고 말하기도 한다.

바람의 우두머리는 '퀘랄힌'이다. 콜리마 지방에서 그것은 서풍이며, 추코트카 반도에서는 남서풍이다. 그리고

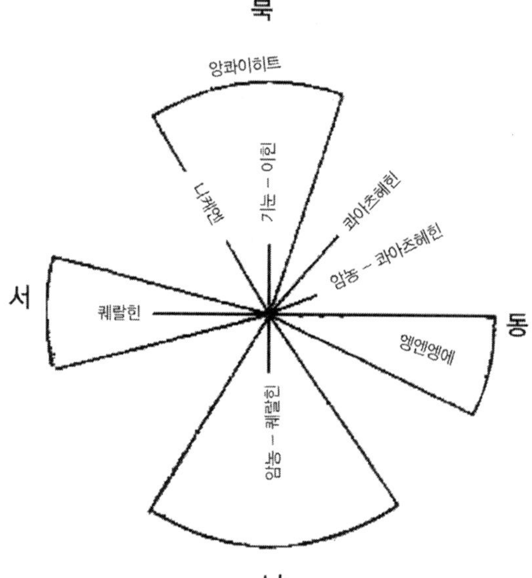

그림 28. 콜리마 지방의 바람.
앙콰이히트 : 해풍,
기눈-이힌 : 광야에서 부는 바람,
엥엔엥에 또는 엠눙-이힌 : 땅을 타고 부는 바람,
암농-퀘랄힌 : 땅에서 불어오는 바람.

두 경우 모두 그것은 해당 지역의 가장 강한 바람이다.

콜리마 지방의 바람은 그림 28에, 추코트카 반도의 바

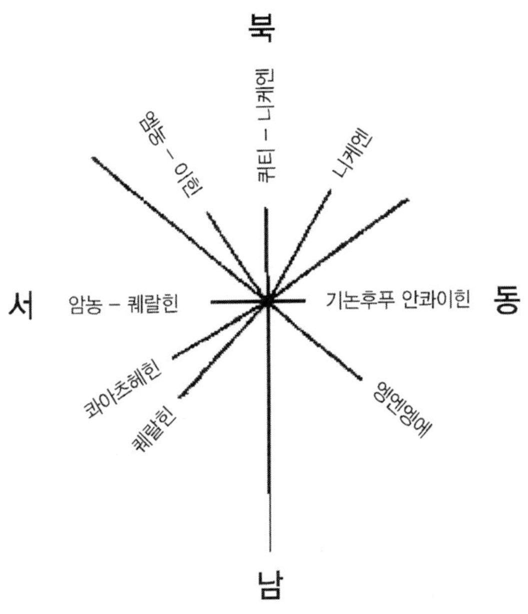

그림 29. 추코트카 반도의 바람.
퀴티-니케엔 : 찬바람,
기논후푸 안콰이힌 : 바닷바람.

람은 그림 29에 열거했다.

그림 30은 아나디르 강 어귀의 바람 체계를 보여 준다. 이것은 축치족의 그림이다. 이 그림은 추코트카 반도의 바람 체계와 다름이 없지만, 그림을 그린 사람이 각 바람

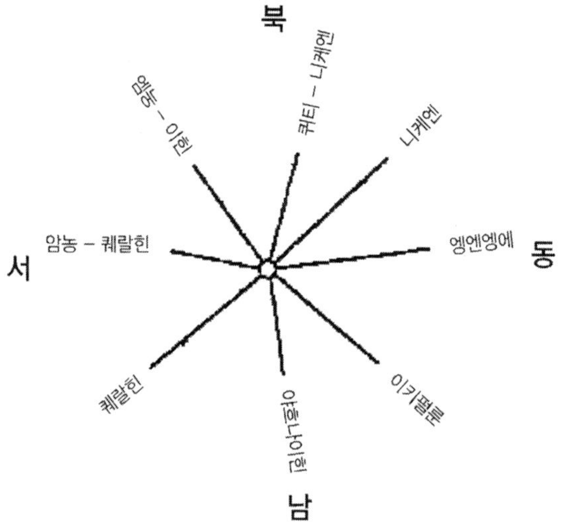

그림 30. 아나디르 강 어귀의 바람.
야흐나이힌 : 맞바람.

의 개략적인 방향만 그린 것이다. 추코트카 반도 바람들의 방향이 보다 정확히 그려져 있는데, 그것은 대부분의 해안 축치족과 에스키모족이 나침반을 사용할 줄 알기 때문이다. 그들은 여름과 겨울에 어로를 나갈 때 항상 미국인 포경선 선원들로부터 얻은 나침반을 지니고 다닌다.

콜리마 지방의 바람 체계와 추코트카 반도 바람 체계의 본질적인 차이는 육지와 바다의 배치 구조가 서로 다른 데서 기인하는 것으로 설명될 수 있다. 북빙양의 해풍(앙콰이히트)은 북쪽에서 불어오고 태평양의 해풍은 동쪽에서 불어온다. 콜리마 강 어귀의 '퀘랄힌'이라는 바람은 드넓은 툰드라에서, 즉 서쪽에서 불어오는데, 태평양 연안의 차플린 갑 근처의 '퀘랄힌'도 툰드라에서 불어오지만 남서풍이다. 콜리마 강 어귀 해안을 따라 부는 북동풍인 '콰아츠헤힌'은 차플린 갑 근처 태평양 해안에서는 남서풍이다.

내가 바이케-난 마을에서 채록한 코랴크족의 바람 명칭은 기본적으로 해안 축치족의 바람 명칭과 동일하다. 축치족의 '퀘랄힌'에 해당되는 '퀘얄힌'도 남서풍이며, '엥엔엥에'도 남동풍이다. 그러나 '엠페이킨'은 콜리마 지방의 '얀와이힌'에 해당되는 것으로 보인다. 그것은 두 가지가 공히 북동풍이기 때문이다.

앞에 언급한 코랴크족 마을에서 들은 다른 바람들의 이름은 다음과 같다. 히스홀란(위쪽의—강 상류에서 부는): 동풍, 에우텔란(안쪽 아래의): 남풍. 이와 같은 의미의 바람 명칭을 러시아 전역의 러시아인도, 시베리아 북동부의 러시아화된 다양한 원주민족들도 사용하고 있다.

축치족은 북극의 바람 체계에서 '퀘랄힌'과 '엥엔엥에'는 남편과 아내라고 한다. 그러나 그들은 만나고 싶어도 만날 수 없고 서로 스쳐 지나갈 뿐이라고 한다. 또 다른 사람들은 그 반대로, 즉 서로 부딪치면서 순간적으로 서로 욕지거리를 하고 지나간다고 한다.

찬바람은 땅끝에 사는 거인이 일으키는 바람이다. 그는 그곳에서 고래 뼈로 만든 커다란 삽으로 눈을 퍼 올려 찬바람을 일으킨다. 또한 바람의 주인인 노파가 자신의 집에서 눈을 털어 내어 찬바람이 일어난다고 말하기도 한다.

천둥은 천둥 새가 날아갈 때, 또는 물개 가죽을 깔고 노는 아가씨들이 너무 크게 떠들 때 일어난다. 비는 그 아가씨들 가운데 한 명의 오줌이다. 설화에서는 외눈박이 남자가 자신의 외눈박이 누이의 발을 잡고 끌고 가는 것이 번개라고 설명한다. 그녀는 무호모르를 먹고 취해 있다. 그녀의 뒤통수가 하늘 마루에 부딪히는 소리가 천둥이고 그녀의 오줌이 비라고 설명한다. 흑요석은 공 모양 또는 꺼끌꺼끌하게 만든 화살과 창끝 모양의 천둥 돌이 하늘에서 떨어진 것이라고 여긴다. 하늘에서 떨어진 돌화살촉이라는 관념은 아시아 내륙에 전형적인 것이라서, 축치족이 그것을 퉁구스족 또는 러시아화된 다른 원주민족으로부터 차용한 것일 수 있다.

취하게 만드는 버섯인 무호모르는 '귀신'에도 '존재'에

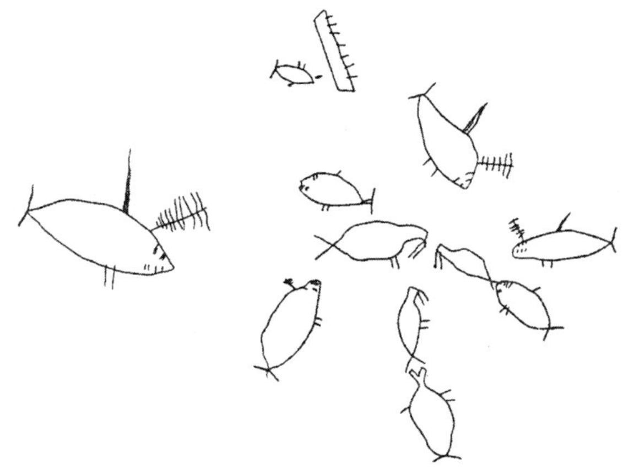

그림 31. 물개를 사냥하는 범고래의 모습을 묘사한 축치족의 그림.

도 속하지 않는다. 그것은 별도의 종족을 구성한다. 그들은 아주 강하며, 땅속에서 나와서 커다란 나무둥치를 머리 위로 들어 올릴 수도 있고 바위를 산산조각 낼 수도 있다. 그들은 그것에 취한 사람들에게는 아주 이상한 모습으로 나타난다.

그림 1에는 무호모르에게 홀린 사람이 가는 길이 묘사되어 있다. 그는 자신을 순록이라고 생각했다가 이후에는 '잠겼다가' 다시 돌아오는 등 이상한 상태를 보인다. 그림에서 그의 길은 몽롱한 상태에서 그에게 보인 모든 사람들

과 짐승들을 연결하고 있다.[44)]

괴물

'귀신' 그리고 '존재'와 더불어 괴물들에 대해서도 알아보겠다. 괴물 가운데 가장 중요한 위치를 차지하는 것이 돌고래-제비, 즉 범고래다. 이것은 다름 아닌 바다의 요물이다. 그들은 '잉이프치키트', 문자 그대로 '코가 큰 새'라고 불린다. 그 이름을 설명할 자료는 찾을 수 없다. 이 괴물은 여름에는 범고래 모습을 하고, 겨울에는 해안으로 올라와 늑대로 변해 축치족의 순록을 사냥한다. 이런 관념에 따라 늑대도 초자연적인 힘을 가진 것으로 여겨진다.

범고래는 바다에 있을 때는 마치 바다 동물 사냥꾼들이 무리를 지어 배를 타고 다니듯이 여덟 마리씩 무리를 지어 다닌다. 그들은 바다코끼리나 고래 등 모든 거대한 바다 동물을 사냥한다. 그림 31에는 범고래들의 사냥 장면이 묘사되어 있다. 범고래들이 몇 마리의 바다코끼리들을 포위하고 있다. 왼쪽의 가장 큰 범고래가 '주인'인데 바다코끼리 사냥을 지켜보고 있다. 그림 위쪽에는 한 범고

44) 샤먼의 꿈 등 귀신의 세계와 접촉이 이루어지는 경우를 '안응아아르킨(잠기다)'이라는 단어로 표현한다.

래가 가죽배를 타고 지나가는 사람들에게 담배를 달라고 청하는 모습이 묘사되어 있다.

범고래는 북동아시아 해안의 여러 민족들의 신화에서 중요한 역할을 한다. 나는 블라디보스토크에서 범고래가 해신(海神)의 보조자로 등장하는 니브흐족의 설화를 들은 적도 있다. 범고래들은 일반 고래를 습격해 살점을 물어뜯어 해신에게 바친다고 한다. 그들은 또한 산란을 위해 강으로 올라가는 바닷물고기들을 해신이 볼 수 있도록 몰아간다고 한다. 아시아 에스키모들은 담배를 주면 범고래들을 이동하게 할 수 있다고 여긴다. 그리고 누군가가 범고래를 죽이면 그는 반드시 빠른 시일 내에 끔찍한 죽음을 맞게 된다고 믿는다.[45] 범고래의 이빨은 두통 그리고 특히 치통을 막아 주는 데 효과적인 수단으로 취급된다.

크라셰닌니코프[46]는 캄차달족과 코랴크족은 범고래를 만나면 제물을 바쳐 그의 노여움을 피한다고 했다. 그러나 지금 캄차달족은 그런 것에 대해 알지 못한다.

콜리마 지방의 '렉켕'은 태평양 연안의 '렉켕'과 본질적

45) 세인트로렌스 섬에서 선교를 마치고 가족과 함께 귀환하던 중 배가 침몰해 사망한 선교사 캠벨의 죽음을 두고, 원주민들은 그가 그 전해에 범고래를 죽였기 때문이라고 설명한다.

46) 《캄차카 지역 기록》 1(1786), p. 30.

그림 32. 흉포한 백곰 '코차트코'를 사냥하는 모습을
묘사한 축치족의 그림.

으로 다르다. 전자는 곰의 모습을 한 괴물인데 귀가 아주 커서 옆으로 날아가는 모기의 날개 소리 같은 아주 작은 소리도 들을 수 있다.

콜리마 지방 축치족의 설화 가운데 하나에는 켈레의 집 입구에 묶여 있는 두 마리의 '렉켕'이 등장한다. 그 지방의 주문에서 '렉켕'의 커다란 귀로 침대 휘장을 만들어 악귀들로부터 보호를 받을 것이라는 문구가 있기도 하다.

'코차트코'는 몸통이 딱딱한 뼈로 되어 있는 거대한 백곰이다(그림 32). 때때로 그는 다리가 여덟 개인 것으로 묘사되기도 한다. 그는 보통 백곰에 비해 훨씬 더 힘이 세고 사납다. '미르그-움키'(문자 그대로 '대머리 백곰')는 흉포한 식인 곰이다. 그는 날씨가 좋지 않은 밤에 얼음판 위에 엎드려서 네발을 흔들어 지나가는 사람들의 주목을 끈다. 그리고 마치 길을 잃은 나그네처럼 우는 소리를 낸다. 그런 모습을 보고 지나가던 사람이 그 괴물에게 다가가면 그 순간 그 사람을 잡아 찢어 죽인다.

흑곰은 보통 사람과 한 핏줄, 즉 곰 가죽을 뒤집어쓴 사람으로 여겨진다. 어둑어둑한 곳에서는 곰이 사람처럼 보이기도 한다. 또 곰은 멀리서도 사람의 의중을 읽을 수 있는 샤먼으로 여겨지며, 따라서 곰에 대해서는 욕을 하지 않는다. 곰이 욕을 한 사람을 잡아 혹독한 대가를 치르게 할 수 있기 때문이다. 그리고 곰을 잡기 위해 덫을 놓아서도 안 되며, 곰에게 해로운 그 어떤 일을 꾸며서도 안 된다.

흑곰에 대한 이러한 관념은 축치족 고유의 것이 아니다. 그런 관념은 흑곰을 가장 신성한 동물로 숭배하는 라무트족[47]이나 유카기르족으로부터 차용된 것으로 보는 게 맞을 것이다. 북부 라무트족은 곰이 라무트족의 조상인 영웅 '토르간라'의 형이라고 말한다. 그리고 그들은 곰을 샤먼이자 마법사로 여기며, 곰을 사냥할 때는 그의 분

---

47) (옮긴이 주) 에벤족.

노를 잠재우기 위한 각종 의례를 행한다.

콜리마 지방의 러시아화된 유카기르족은 곰에 대해서 말할 때 곰을 '할아버지', '노인' 또는 그냥 줄여서 '그'라고 칭한다. 러시아 농부들과 카자크인들도 곰을 두려워한다. 축치족의 흑곰에 대한 설화에서는 그런 영향을 강하게 느낄 수 있다.

흑곰에 대한 모호한 관념에서 발생한 아메리카 에스키모족의 '아그들라크'와 유사한 초자연적인 동물에 관한 관념은 축치족에게는 형성될 여지가 없었다. 그것은 축치족이 숲에서 아주 가까운 곳에서 살면서 툰드라 남쪽 지역에까지 나타나는 곰을 종종 보았기 때문일 것이다. 반면, 아메리카 에스키모족들은 숲에서 먼 북쪽 지역에 살고 있기 때문에 흑곰을 볼 기회가 없었다.

한편, 북해 연안에 사는 축치족은 백곰을 자주 사냥했음에도 불구하고 백곰에 대한 신화적 관념을 가지고 있다. 그래서 축치족의 거대한 백곰 '코차트코'에 대한 관념은 에스키모족의 '아그들라크'에 대한 관념과 어느 정도 상응한다. 여기서 축치족의 아주 흥미로운 관념 한 가지를 소개한다. 축치족은 사람의 얼굴을 하고 온화한 관습을 가진 백곰 종족이 아메리카 해안 어디엔가 살고 있다고 생각한다. 백곰 가죽을 입고 사는 아메리카 에스키모족이 바로 그 종족임이 분명하다. 이렇게 축치족과 에스키모족의 관념이 다르다는 점은 그들의 기원이 서로 다르다는 점을 말해 주며, 또한 그것은 축치족이 에스키모족만큼 전형적인 극지 종족이 아니라는 결론에 이르게 해 준다.

매머드는 순록의 켈레라고 여겨진다. 매머드는 땅속에 살며 그곳의 좁은 통로를 통해 다닌다. 뿔에 대체되는 매머드의 커다란 어금니는 어깨나 코에서 자라난다고 여긴다. 만일 사람이 땅속에서 솟아나온 매머드의 어금니를 보게 되면 그 즉시 그것을 잘라 내거나 적어도 그 끝을 부러뜨려야 한다. 곧바로 다시 땅속으로 사라지기 때문이다. 설화에는 호숫가 땅속에서 솟아나온 매머드 어금니 두 개를 본 사람에 대한 이야기가 있다. 그가 매머드 어금니들을 보고 있는데 그것이 꿈틀대기 시작했다. 그는 크게 놀라 걸음아 나 살려라 도망쳤다. 그 일이 있은 지 얼마 지나지 않아 그는 제정신을 잃고 곧 죽어 버렸다.

또 다른 이야기도 있다. 몇 명의 축치족이 땅 속에서 솟아난 매머드 어금니 한 쌍을 발견했다. 그래서 그들은 북을 치며 주문을 외기 시작했다. 그러자 매머드 어금니에 살이 돋아났다. 사람들은 그 고기를 베어 먹었다. 그런데 사람들이 그 고기를 다 베어 집으로 가져가 저장해 두고 다음날 와 보면 다시 고기가 돋아나 있었다. 그 고기의 양이 얼마나 많았던지 그들은 겨우내 그것을 먹고 지낼 수 있었다. 이 이야기는 틀림없이 먹을 수 있을 정도로 양호한 상태의 매머드 내장이 발견된 사실에 토대를 두고 있는 것이다. 이미 18세기에 오비 강 유역에서 그런 상태의 매머드가 발견되었고, 그보다 훨씬 후에 콜리마 지방에서도 발견된 바 있다.

이런 믿음과 관련해서 오래전부터 매머드 뼈를 함부로 다루는 것은 금기였다. 지금까지도 매머드의 어금니를 발견한 사람은 매머드의 영에게 제물을 바쳐 그 값을 치러야 한다고 여긴다. 따라서 매머드 뼈가 비싼 값에 거래됨에도 불구하고 축치족 사이에는 매머드 뼈와 관련된 일이 그리 널리 퍼져 있지 않다.

축치족과 이웃해 사는 종족들도 매머드를 악령에 속한 것으로 여긴다. 나는 1897년에 볼쇼이 아뉴이 강변 파티스텐노에 마을에서 멀지 않은 오래전에 버려진 창고에서 샤먼의 무복과 북 몇 개를 발견한 적이 있다. 그 지역에는 당시에 이미 완전히 러시아화된 유카기르족과 야쿠트족 혼혈인들이 소수 살고 있었다. 북들과 함께 칼끝으로 각종 그림을 새겨 놓은 자작나무 판도 발견했다. 그 나무판은 가로로 긴 직사각형 형태로 중간에 금이 그어져 있었다. 그리고 절반은 붉은 황토가 칠해져 낮을 의미하고, 나머지 절반에는 흑연으로 검게 칠해져 밤을 나타내고 있었다. 보는 사람 입장에서는 오른쪽이 붉은색이 칠해진 쪽이고 왼쪽이 검은색이 칠해진 쪽이었다. 중간 경계에는 두 개의 홈이 파여 있었는데, 마을 노인들의 설명에 따르면, 그곳에 은 조각을 박아 두었었다고 한다. 붉은색 쪽에는 동물, 새, 식물들이 그려져 있었고, 그들 앞에 순록을 탄 사람 모습이 그려져 있었다. 검은색 쪽에는 개와 말이 그려져 있었고 그들 앞에는 매머드와 더불어 그 등 위에 양 손에 새를 움켜쥐고 있는 이상한 형상이 그려져 있었다. 나는 그 나무판을 페테르부르크의 과학아카데미 소속 민족지학 박물관에 기증했는데, 그곳에서 분실되었다. 그 나무판을 찍어 둔 사진을 보고 그린 그림 33에서 알 수 있듯이, 양손에 새를 쥐고 있는 형상의 윤곽이 지그재그형이다. 마을 사람들의 설명에 따르면, 그 형상은 콜리마 지역 유카기르족의 설화에 자주 등장하는 철로 된 이빨을 가진 존재를 묘사한 것이라고 한다. 이와 더불어 그 나무판은 샤먼들이 귀신을 부르는 데 사용했던 것이라는 말도 들었다. 나무판의 붉은색 쪽은 백샤먼을 의미하며 질병 치료에 사용되었고, 검은색 쪽은 흑샤먼을 의미하며 저주 등에 사용되었다고 한다.

순록을 타고 있는 사람과 더불어 모든 동물, 새, 식물이

그림 33. 매머드가 그려진 샤먼의 나무판.

백샤먼을 의미하고, 매머드와 더불어 가축인 개와 말이 악과 암흑을 상징하는 데 사용되었다는 점이 흥미롭다. 아마 이것을 통해 순록 유목 종족들과 개를 타고 다니거나 어업을 하는 종족들과의 차이를 강조하려 했던 것일 수 있다. 그림 속의 매머드는 목이 짧고 등을 따라 짧은 빗금이 쳐져 있으며, 긴 꼬리는 끝이 갈라져 있고 긴 어금니는 심하게 구부러져 있다. 원주민들은 그것을 입에서 나온 뿔로 여긴다. 한편, 코끼리와 같은 코는 그림에는 그려져 있지 않다.

앞에서 긴 뱀처럼 묘사된 하늘의 벌레에 대해 기술한 바 있다. 그림 20의 벌레는 꼬리가 뾰족하다. 또 다른 '거대한 벌레'가 바다 속에 살고 있다. 그 벌레는 고래를 몸으로 감아 죽일 수 있을 정도로 힘이 세다. 그 외에 설화에는 세 번째 거대한 벌레가 등장한다. 그 벌레는 켈레에게 복종하며 사는데, 켈레는 그 벌레를 보내 자신의 집에서 도망친 아가씨들을 잡아 오게 한다. 이 벌레는 어찌나 긴지 그 꼬리가 켈레의 침상에 있으면서도 머리는 도망친 아가씨들을 추적해 집으로 데려올 정도다. 재빠른 괴물 '켈릴후'에 대해서도 앞에 언급한 바 있다.

북빙양 해변의 바위 절벽에는 모습이 담비와 비슷한 거대한 괴물이 산다. 몸집이 어찌나 큰지 그가 바다로 들어가면 발이 깊은 바다 밑바닥에 닿는다. 그 괴물은 때때로 바위에서 나와 사람이 사는 마을을 덮쳐 사람들을 해친다. 이것은 분명 필요한 경우 백곰으로 변신하는 보조령 담비에 관한 관념과 연관된 것으로 보인다.

'거대한 천둥새'는 종종 초자연적인 큰까마귀와 동일시되지만, 본질적으로 천둥새는 강력한 힘을 가진 거대한 독수리다. 한 설화에서는 그런 거대한 암독수리가 좋은 날씨와 나쁜 날씨의 여주인으로 등장한다. 언젠가 땅 위에 사는 사람 두 명이 그 암독수리를 찾아왔다. 그들은 하늘을 깨끗하게 청소해 달라고 부탁했고, 암독수리는 거대한 구리 긁개로 하늘을 청소하기 시작했다. 그런데 두 사람 중 한 명이 틈을 통해 암독수리의 맨다리를 훔쳐보았다. 이에 화가 난 암독수리는 두 사람을 땅으로 던져 버렸다. 독수리를 죽이는 것은 금기시되는데, 독수리를 죽이면 날씨가 나빠지거나 기근이 닥치기 때문이다.

아시아 에스키모족도 '천둥새'는 '거대한 독수리'라고 주장한다. 독수리는 죽어도 심장은 영원히 멈추지 않는데, 독수리가 죽으면 지고의 존재가 그 심장을 하늘에 매달아 놓는다. 그런데 하늘에 매달려 있는 독수리의 심장은 계속해서 뛰며, 그로 인해 천둥이 친다는 것이다. 이렇게 천둥이 치게 되면, 독수리는 다시 살아난다. 코랴크족의 신앙에 따르면, 죽은 사람의 영혼도 지고의 존재가 자신의 집에 힘줄로 만든 끈으로 매달아 두었다가 후에 다시 땅으로 돌려보내 새로운 삶을 살게 한다.[48]

또 다른 '거대한 새'로 '바다 중간의 새'인 '기논-갈레'가 있다. 이 새는 먼 바다에 산다. 이 새는 어찌나 큰지 파도를 타고 떠다니다가 긴 목을 빼어 고래 잡는 배를 그냥 삼킬 수 있는데, 그런 경우 배는 새의 식도를 타고 아무런 손상 없이 항문을 통해 빠져나온다. 이 새의 여러 특징을 통해 그것이 앨버트로스라고 추정할 수 있다. 나는 언젠가 폭풍 때문에 표류했던 물개 사냥꾼들이 하늘을 날아가는 그 새를 보았다고 말하는 것을 들은 적이 있다. 그 새의 날개는 태양을 가릴 정도로 컸다고 한다. 새의 켈레는 죽은

48) 요헬손, 《코랴크족》, p. 26.

사람의 영혼에 대한 축치족의 관념을 기술할 때 별도로 언급하도록 하겠다.

태평양 연안에서 '꼬치고기'[49]는 '투이케투이'라고 불린다. 콜리마 지역에서는 그 명칭이 툰드라 지역 호수에 서식하는 '거대한 물고기'[50]라는 뜻이다. 이 물고기가 식인 물고기로서 호수에서 헤엄치는 사람을 끌고 들어가 먹어 버린다고 여긴다. 언젠가 호수에 낚시하러 온 남자아이를 꼬치고기가 잡아먹었다. 그래서 그의 아버지는 자식의 복수를 하기 위해 네 대의 썰매에 순록 고기를 담고 튼튼한 두 겹의 가죽 줄로 그것들을 서로 묶어 호수 밑바닥으로 던졌다. 꼬치고기가 그 미끼에 달려들어 먹다가 이빨이 썰매에 끼어 버렸다. 결국 몇 사람이 힘을 합쳐 그 물고기를 호수 밖으로 끄집어냈다.

북동 아시아의 다른 종족들 사이에도 알려지지 않은 툰드라 호수들에 살고 있는 그 거대한 꼬치고기에 대한 동일한 관념이 존재한다. 예를 들어, 러시아화된 유카기르족은 어떤 사람이 호수에 쳐 놓은 그물을 살펴보러 나무로

49) (옮긴이 주) Esox lucius, 대형 민물고기.

50) 콜리마 지방에서는 꼬치고기를 '무는 물고기'라는 뜻의 '유우트쿠-느넨'이라고 부른다.

만든 쪽배를 타고 호수로 들어갔다가 물속에서 쳐다보고 있는 커다란 두 눈을 보았다고 한다. 그 커다란 두 눈 간의 거리가 노 두 개의 길이와 맞먹는 정도였는데, 그것이 바로 물속에 움직이지 않고 가만히 있는 거대한 꼬치고기였다는 것이다.

축치족의 주문에서는 '캉아올힌'이라는 또 다른 '거대한 물고기'가 언급된다. 이 이름은 어린 수컷 순록을 의미하지만, 거대한 '캉아욜힌'은 '세상이 창조될 때부터 있었던' 물고기라고 여겨진다. 그것은 바다 한가운데에서 움직이지 않고 가만히 있으며, 그것의 몸은 섬이 되었고 그의 등에서는 이끼가 자라난다고 한다. 구대륙의 설화에 등장하는 거대한 고래를 연상시키는 이야기다.

'바아멘'은 북동 시베리아의 북빙양 연해와 태평양 연해에 사는 트리톤의 일종이다. 나는 그것을 본 적이 없지만, 여러 종족으로부터 그것에 대한 이야기를 여러 번 들었다. 아나디르 강 어귀에서 입수한 뿔로 만들어진 그것의 형상(그림 34)을 보면 사람의 얼굴을 하고 있다. 이 트리톤과 관련한 많은 믿음이 있다. 축치족은 그것이 곧 죽을 사람의 눈에만 보인다고 한다. 잡힌 트리톤은 반드시 조각을 내야 하는데, 그것을 보거나 잡은 사람은 그 조각들에서 피가 나오면 안심해도 좋지만, 만일 피가 나오지

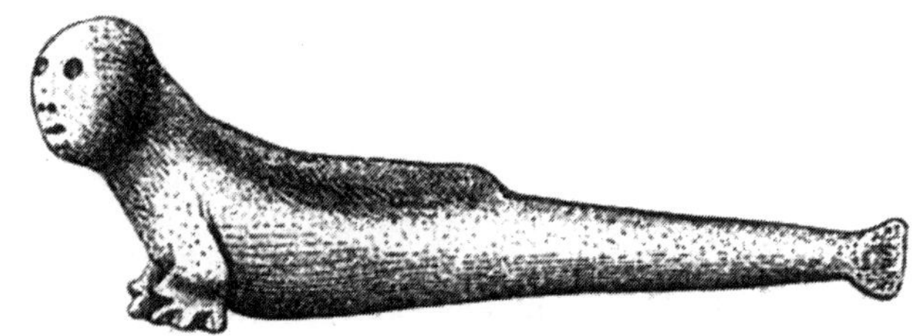

그림 34. 트리톤의 모습.

않는다면 죽음을 피할 수 없다고 한다. 러시아화된 유카기르족도 동일한 믿음을 가지고 있다. 스텔레르에 따르면, 캄차달족은 도마뱀을 보면 그 자리에서 즉시 그것을 죽여야 하며, 그렇지 못할 경우에는 그해에 죽게 된다는 관념이 있다고 한다.

'산 메아리(엔미-타앙)'는 산속에 산다. 그의 몸은 돌로 되어 있으며, 눈과 입은 가슴에 붙어 있다. 이 '산 메아리'는 산을 넘어가는 젊고 재빠른 아가씨의 모습으로 묘사되기도 한다. 어떤 설화에서는 그녀가 어떤 남자에게 시집을 가는데, 그 남자의 전처가 질투심에서 그녀를 죽이게 된다. '숲 메아리(옷티-타앙)'는 포플러나무 숲 속에서 산다. 그의 몸은 나무로 되어 있고 손과 발이 없어 나무둥치와 같은 모습이다.

'흑곰'은 남편이 다른 여자와 결혼하면서 버려진 여인

이다. 그녀는 남편과 남편의 새 여자를 죽여 복수한다. 그리고 높은 절벽에서 뛰어내려 돌에 부딪쳐 죽어 양이 된다. 그리고 그녀의 땋은 머리는 뿔이 되었다.

축치족이 '타퀴-응에우트(빛나는 여인)'라고 부르는 검은 딱정벌레도 세 번째의 불행한 여인이다. 남편이 그녀를 버리자 그녀는 오래된 바다 얼음 조각을 녹인 물을 남편의 귀에 부어 넣어 살해한다. 다른 설화에서는 '검은 딱정벌레' 여인이 태양의 젊은 아내와 싸워 이기고 산 채로 그녀의 가죽을 벗겨 자기가 입는다. 그러나 태양이 그 사실을 알게 되어 그녀를 불에 태워 죽인다. 그 후 그녀는 딱정벌레 모습으로 땅 위에 환생해 사람들의 죽음에 대해 예언한다. 또한 그녀는 전염병을 만들어 주위에 퍼뜨리기도 한다.

'거미 여인(쿠르구-응에우트)'은 하늘에서 가늘고 긴 거미줄을 타고 땅으로 내려온다.

나비는 바람에 날린 가을 낙엽에서 생겨났다. 모기는 창조주가 일을 마치고 손바닥을 털 때 떨어진 먼지에서 생겨났다.

창세 신앙

축치족의 창세 관념에 따르면, 층층이 쌓인 몇 개의 세계가 존재하며, 이 땅은 곧 아래층의 하늘이 된다. 세계의 수는 다섯, 일곱 또는 아홉 개다. 이 세계들은 이 땅을 중심으로 상하 동일한 숫자이며, 각 상하층은 대칭을 이룬다.

한 샤먼에 대한 재미있는 이야기에서는 이 땅을 포함한 네 개의 커다란 세계가 등장한다. 그중 한 세계에는 켈레들이 살며, 그다음 세계에 인간이 산다. 이 두 세계의 위와 아래 세계에는 이 땅 위에서와 동일한 숫자의 동물, 새, 물고기 등의 생명체가 살고 있다.

다른 이야기들에 따르면, 아래 세계에는 이미 두 번 죽어 이 땅에 더 이상 환생할 수 없는 사람들이 살고 있다. 그런 세계들에는 태양이 두 개에서 여덟 개가 있다. 그리고 이 땅 위가 여름이면 그곳은 겨울로, 계절이 정반대다.

코랴크족의 믿음에 따르면, 귀신들이 사는 아래 세계는 이 세계가 낮일 때 밤이 된다.[51] 아무르주의 울치족도 죽은 자들의 세계가 겨울이면 우리 세계는 여름이고, 그곳이 낮이면 우리는 밤이라고 믿는다. 그리고 우리 세계에서 사냥이 잘 되지 않는 때에 죽은 자들의 세계에는 그 반대로 사냥감이 넘쳐 난다고 한다.[52]

---

51) 요헬손, 《코랴크족》, p. 27.

이 세계들은 서로 그리 멀지 않다. 한 샤먼에 대한 이야기에서는 경쟁자에 의해 집어던져진 샤먼이 순식간에 두 개의 세계를 통과해 날아가는 모습이 등장한다. 그는 첫 번째 세계는 머리로 뚫고 지나갔고 두 번째 세계는 발로 뚫고 지나가 결국 떠다니는 딱딱한 구름 세계에 도달한다. 또 다른 이야기에서는 마법사가 젊은이의 정신을 빼앗고 그를 먼저 침상에서 던져 버리고 이어서 외부 천막에서 던져 버린다. 침상이 있는 곳과 외부 천막이 있는 곳이 곧 두 개의 세계다.

한편, 한 샤먼이 하늘로 올라가 수년간 떠돌아다니다가 백발의 샤먼을 만났는데, 그 노인 샤먼이 말하기를 자신이 젊었을 때 땅으로 내려가기 시작했는데 이제 중간쯤 와서 그를 만난 것이라고 했다는 내용의 이야기도 있다.

이 모든 세계들은 북극성 아래 위치하는 하나의 통로로 이어져 있다. 샤먼들과 귀신들은 이 통로를 통해서 한 세계에서 다른 세계로 드나든다. 많은 설화의 주인공들도 독수리를 타고, 또는 천둥새의 도움으로 이 통로를 통해 날아다닌다. 상층 세계로 가는 또 다른 방법은 해가 뜨는 방향으로 걸어가는 것이다. 오랫동안의 힘겨운 여정을 거

---

52) 슈렌크(C. Schrenck), 《아무르 지역의 사람들, 하반기》, p. 762.

치면 결국 하늘에 도달하게 된다. 한 설화의 주인공은 상층 세계로 가는 데 바늘과 실을 사용한다. 그는 바늘을 마치 창처럼 하늘로 던지며, 바늘이 하늘에 꽂히면 마치 밧줄을 타듯이 거기에 매인 실을 타고 올라간다. 또한 무지개나 햇살을 타고 상층 세계로 올라갈 수도 있다. 죽은 자들은 장례용 모닥불의 연기를 타고 그곳으로 올라간다.

구름은 공중에 떠 있는 땅이나 마찬가지의 것으로, 하늘로 올라가는 길에 거기서 쉴 수 있다. 많은 설화들에 상층 세계로 여행하는 자들이 구름 땅에 가져간 천막을 치고 밤을 보낸 뒤에 아침이 되면 다시 길을 나서는 장면이 등장한다. 한편, 많은 설화들에서 구름 땅에 상층 세계의 종족이 거주하는 것으로 묘사되는 것으로 보아 상층의 천상 세계에 관한 관념과 구름 땅에 관한 관념이 혼합되어 있는 것으로 볼 수 있다.

상층 세계에 사는 사람들은 '상층 세계 종족(기르고르-람킨)' 또는 '여명의 종족(틍아이르기-람킨)'이라고 불린다. 그들은 이 땅 위의 인간과 동일하게 살고 있다. 상층 세계 종족은 인간을 '하층 세계 종족(이우티르-렘킨)'이라고 부른다. 한편, 많은 설화들에서 상층 세계 종족 대신 '지고의 존재' 또는 '여명'이나 '창조주', '북극성', '천정', '정오'라고 불리는 강력한 단일 존재에 대해 말하기도 한다.

이 '존재'는 적들에게 피해를 입거나 쫓기는 사람이 호소하면 보호해 주거나 도움을 준다. 또한 그 '존재'는 그렇게 호소하는 사람들을 환대해 주며, 많은 선물과 음식을 주어 돌려보낸다. 그리고 그의 집 주위에는 몇 개의 구멍이 있는데, 그는 그 구멍들을 통해 이 땅 위에서 일어나는 모든 일을 관찰한다. 또 한 설화에는 상층 세계에 온 여인이 그 구멍을 통해 땅을 내려다본 이야기가 등장한다. 그녀는 땅을 내려다보며 집을 그리워하면서 눈물을 흘렸는데, 그 눈물이 구멍을 통해 땅 위로 떨어졌다. 그때 땅 위의 천막집 근처에서 가죽을 다듬고 있던 여인들은 비가 온다고 생각하고 각자 집으로 들어갔다.

위에 열거한 것들과 더불어 또 다른 세계들이 있다. 나침반의 각 방위에 해당되는 세계들이 그것이다. 그리고 물속에도 특별한 세계가 있고, 다른 세계들보다 더 높은 곳에 별도로 존재하는 새의 영에 속한 세계도 있다. 한 설화에서는 주인공과 친구들이 소용돌이를 통해 하층 세계로 들어간다. '앗티기트키'에 관한 이야기에서는 바다를 떠다니던 두 형제가 수중 세계로 들어가기도 한다.

많은 별자리들도 특별한 종족이 사는 별도의 세계 또는 지고의 존재가 거주하면서 수많은 순록 떼를 유목하는 곳으로 여겨진다. 예를 들어, 각 별자리의 중심이 되는 별에는 나름의 종족이 거주한다. 별자리 '페힛틴'의 '히토-라프' 별에는 셀 수 없이 많은 순록의 무리가 살고 있다. 그런데 '페힛틴'의 순록들은 뿔이 없다. 또 '페힛틴' 별은 이 땅 위에 목동 가운데 한 명과 순록 떼를 보내 사람들이 불행해지게 할 수도 있다. 그 순록들은 총으로 죽일 수도 없으며, 사람들이 방목하는 순록들 근처에 있어서 사실상 사냥을 할 수도 없다. 게다가 그 순록들은 이 땅의 순록들을 유인해 '페힛틴' 별로 데려갈 수도 있다. 새벽과 저녁의 금성에 관한 이야기나 땅 위 동물들의 주인인 '피츠부친'에 관한 설화들에는 그런 이야기가 많이 나온다.

우리 세계의 하늘은 사방의 지평선에 의해 받쳐지고 있다고 여겨진다. 각 지평선은 닿을 수 있는 '하늘의 가장자리'라는 의미의 '예-프케트-타긴'이라고 불린다. 하늘 바위의 네 귀퉁이는 마치 들어 올려 여닫는 문처럼 땅의 네 귀퉁이에 얹혀 있다. 축치족은 철새들이 매번 제 나라로 이동할 때마다 이 바위틈을 지나가야 한다고 여겨 바위틈 사이의 통로를 '새들이 도달하는 가장자리'라는 의미의 '갈하-프케트-타긴'이라고 부른다. 그런데 이 하늘 바위와 땅 바위가 너무 빨리 열리고 닫히기 때문에 철새 무리의 뒤쪽에서 날아가는 새들은 그 틈을 통과하지 못하고 바위틈에 끼어 버린다. 그리고 이 바위들이 움직이면 마치

대장간의 풀무처럼 바람이 일어나 지평선의 사방에서 불어오게 된다. 한편, 이 바위들의 주변에는 바위틈에 끼어 죽은 새들의 피가 두꺼운 층을 이루고 있고 새들의 깃털이 마치 눈처럼 덮여 있다. 이 움직이는 통로는 세상이 창조되었을 때부터 존재한다. 많은 설화에서 사람은 '새들이 도달하는 가장자리' 바위와 땅의 바위가 서로 마찰해 생긴 조각들로 만들어진 것으로 여겨진다. 야생 순록을 포함한 모든 동물들의 발생지인 모피동물 왕국은 하늘 가장자리 저편에 있다.

영혼

영혼은 '우비리트'라고 불리며, 드물게는 '우벡키르긴'이라고도 불린다. 이 두 가지 말은 '몸통'이라는 의미의 '우빅'이라는 어근에서 발생된 것이 틀림없다. 따라서 '우벡키르긴'은 '몸에 속한'이라는 뜻이 된다. '테트케융'은 '살아 있는 존재의 생명력'을 의미한다. 이는 곧 심장과 폐다. 영혼은 동물과 식물에게 있다. 식물의 영혼은 작으며, 단지 몇 가지 주문에서만 언급된다.

축치족의 신앙에 따르면, 사람에게는 몸 전체를 관장하는 하나의 영혼 이외에도 몇 개의 부분적인 영혼들이 있다. 손과 발 등 신체 기관들의 특별한 영혼들이 있다. 이 영혼들은 우연히 상실될 수 있는데, 그런 경우 해당되는 신체 기관은 병이 들거나 전혀 못쓰게 된다.[53)]

축치족은 코끝이 항상 얼어 있는 사람을 '영혼이 짧은(우비리트킬린)' 사람이라고 부른다. 즉, 그의 생명력 일부가 항상 몸을 떠나 있다고 표현하는 것이다. 한편, 신체 기관들의 영혼이 상실되는 경우, 그것은 잃어버린 그 자리에 머물러 있다. 샤먼은 그런 영혼들을 불러들여 자신의 보조령(얀라-칼라트)으로 삼는다. 그들의 크기는 매우 작으며, 움직일 때마다 벌이나 딱정벌레 같은 소리를 낸다.

사람의 주된 영혼 또는 기타 영혼들을 켈레에게 빼앗길 수 있는데, 그런 경우 사람은 병이 들거나 죽게 된다.

샤먼은 바로 그런 잃어버린 영혼을 찾아 돌려줄 수 있다. 샤먼이 찾아낸 영혼은 종종 검은 딱정벌레의 모습을 하고 있다. 그런데 그런 영혼을 환자의 몸에 집어넣을 때, 그 영혼은 안으로 뚫고 들어갈 자리를 찾느라 환자의 머리

---

53) 그린란드 동부 에스키모족에게도 유사한 신앙이 있다. 그들의 관념에서도 사람에게는 여러 개의 영혼이 있다. 그중 가장 큰 영혼은 후두 또는 몸의 왼쪽에 살고 있는데, 그것은 참새 크기만 한 사람이다. 다른 영혼들은 신체의 다른 부분에 살고 있으며, 크기는 손가락 관절만 하다. 만일 그 어떤 영혼이 빠져나가면, 상응하는 신체 기관은 못쓰게 된다[홈(Holm), 《그린란드에 대한 메시지》, X, p. 112).

윗부분에 상처를 낸다. 결국 샤먼이 환자의 두개골을 열고 딱정벌레를 제자리에 넣어 준다. 딱정벌레는 입으로도 겨드랑이로도 항문으로도, 손가락이나 발가락으로도 들어갈 수 있다.

만일 샤먼이 잃어버린 영혼을 찾지 못하는 경우, 샤먼은 자신이 모시는 귀신의 일부를 해당되는 영혼으로 변화시켜 환자에게 넣어 줄 수도 있고 또 잃어버린 영혼을 대신해서 자신의 보조령 가운데 하나를 넣어 줄 수도 있다.[54] 한편, 사람의 영혼을 잡아간 켈레는 그것을 자신의 세계로 끌고 가서 발을 묶어 놓거나 사지를 각각 꽁꽁 묶고 그것을 등잔 근처에 두거나 또는 다양한 사물을 보관하는 곳에 넣어 둔다. '피부병 샤먼'에 관한 설화에서는 암컷 새 귀신이 남자아이의 영혼을 집으로 데려와서 쇠줄로 묶어 등잔 근처에 두고 가장 좋은 고기와 비계를 먹여 주는 장면이 나온다. 아이의 영혼을 보다 맛있게 만들어 잡아먹기 위한 것이었다.

다른 설화에서는 켈레가 잡아 온 영혼에게 등잔을 지키고 있다가 심지를 바로잡게 시키거나 영혼을 등잔 심지

---

54) 그린란드 에스키모족에게도 동일한 관념이 있다[프리드쇼프 난센(Fridtjof Nansen), 《에스키모의 삶》, p. 298 참조].

를 조절하는 손잡이로 사용하는 장면이 등장한다.

영혼은 때리거나 칼로 찌르거나 총을 쏘아 훼손시킬 수 있다. 나는 남편이 부인의 머리를 때려 죽인 경우를 알고 있다. 부인은 이틀 후에 죽었다. 그러자 친척들은 고인의 장기를 통해 점을 치는 의식을 치렀고, 그녀의 장기가 하나도 훼손되지 않았지만 남편이 그녀를 때려 그녀의 영혼 가운데 하나를 손상시킨 것이라고 주장했다. 켈레도 영혼들을 가지고 있으며, 각 영혼은 소실될 수도 있고 샤먼에게 빼앗길 수도 있다.

죽은 자들의 세계

죽은 자들이 머무는 다양한 지역이 있다. 죽은 자들은 그곳에서 이 땅 위에서 살던 것과 동일한 삶을 산다. 죽은 자들은 종종 상층 세계의 사람들 또는 지하 세계의 사람들과 동일시되기도 한다. 죽은 자들은 이 땅에서 찾아간 손님에게 '우리는 땅 위에 살았던 사람들'이라고 말한다. 이승에서 죽는 아이들은 그곳에서 태어나며, 그곳에서 태어나는 아이들은 이승에서는 죽는다. 한 설화에 상층 세계로 간 한 청년이 등장한다. 그곳에서는 마치 기다리던 손님처럼 그를 따뜻하게 맞이한다. 그리고 시간이 좀 지나자 주인은 그에게 결혼할 것을 제안한다. 청년은 동의했다. 그러자 주인은 땅에 난 구멍을 막아 두었던 마개를 뽑았고, 그 구멍을 통해 하층 세계가 마치 손바닥 위에 있는 것처럼 자세히 보였다. 다섯 명의 아가씨가 호숫가에서 놀고 있었다. 주인은 낚시 바늘을 그중 하나의 배꼽에 걸어 잡아 올렸다. 그러나 그녀의 영혼만 딸려 올라왔고, 육체는 아래에 그대로 있었다. 그녀의 친구들은 그녀가 갑자기 죽은 데 놀라서 울기 시작했다. 잡혀 올라온 아가씨는 청년과 결혼했고, 그들은 하늘 주인의 집에서 일정 기간 함께 살았다. 마침내 주인은 그들이 떠나도록 허락하고 직접 그들을 땅 위로 내려 주었다.

죽은 자가 하늘로 올라가는 또 다른 길은 장례용 모닥불의 연기다. 바로 이를 위해 시체를 화장한다. 한 설화에서 샤먼이 자신을 죽여 화장하도록 명령한다. 그리고 모닥불의 연기와 함께 상층 세계로 올라간다. 그런데 갑자기 그가 회오리를 타고 돌아온다. 잠시 시간을 두고 순록들의 고삐를 조이기 위해서였다. 가벼운 썰매를 타고 가다가 자칫 잘못하면 다른 세계로 가 버려 다시는 돌아올 수 없기 때문이었다.

북극광은 갑작스럽게, 특히 살해를 당해 죽은 사람들이 거주하는 곳이다. 북극광의 하얀 점은 전염병으로 죽은 사람들이고, 붉은 점은 칼에 찔려 죽은 사람들, 검은 점은 신경질환을 일으키는 귀신에 의해 죽은 사람들이다. 북극광의 빛깔이 변하는 것은 죽은 사람들이 바다코끼리 머리로 공놀이를 하면서 계속해서 이리저리 움직이기 때문이다.

바다코끼리 머리는 이리저리 날아다니면서 자기를 잡으려고 손을 내미는 사람들을 찌르려고 한다.

자신을 밧줄로 목을 졸라 죽이도록 했던 사람들[55]은 객석 가운데 가장 좋은 자리를 차지한다. 그들은 원하면 공놀이에 참여할 수 있지만, 공놀이를 꺼린다. 그것은 목에 묶인 밧줄이 땅에 끌려 뛰어다니는 데 방해가 되기 때문이다.

아무르주 길랴크족[56]의 신앙에 따르면, 전염병으로 죽은 사람의 영혼과 자살한 사람의 영혼은 곧바로 하늘로 올라가지만, 자연사를 한 사람들의 영혼은 이 땅 위에 남게 되거나 또는 지하 세계로 간다고 한다.[57]

그림 35에는 북극광이 묘사되어 있다. 두 개의 교차선

---

55) (옮긴이 주) 축치족에게는 나이가 들어 공동 경제활동에 참여할 수 없게 되면 자식들이나 친척들에게 자신을 창으로 찌르거나 밧줄로 목을 졸라 죽여 달라고 부탁해 생을 마감하는 관습이 있었다.

56) (옮긴이 주) 니브흐족.

57) 슈렌크, 《아무르 지역 여행과 연구》, v. III, p. 650.

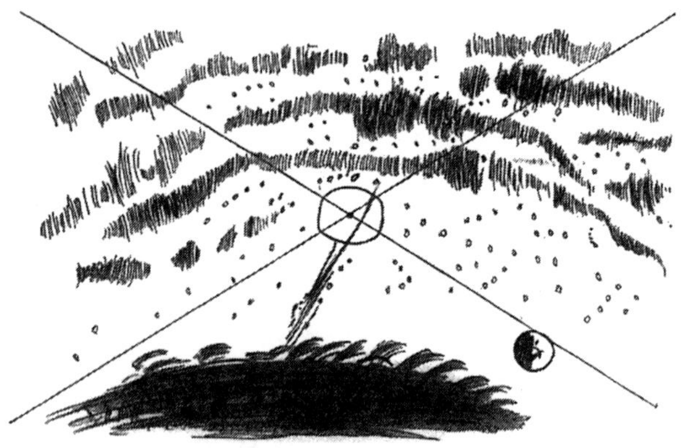

그림 35. 북극광을 묘사한 축치족의 그림.

이 하늘을 4등분하고 있다. 중앙은 천정이다. 그 주위에 원이 둘러져 있는데, 그것은 천정의 집을 의미한다. '여명'이 지배하는 곳은 아래 좌측 부분이다. 그림 아랫부분에는 암흑의 세계가 펼쳐져 있다. 하늘에는 별이 펼쳐져 있다. 북극광은 일련의 평행한 빗금들로 묘사되어 있다.

맨 윗줄에는 보통의 죽음으로 죽은 사람들(리이-빌리트)이 살고 있다.

두 번째 줄은 좀 더 짙고 밝다. 거기에는 '귀신에 의해 죽은 사람들(켈레-빌리트)'이 살고 있다.

세 번째 줄은 좀 더 얇다. 거기에는 '목 졸려 죽은 사람들(일히필리트)'이 살고 있다. 달에서 멀지 않은 암흑의 왕국에는 사술을 부리다가 맞아 죽은 흑샤먼 등 몽둥이에 맞아 죽은 사람들이 살고 있다.

'여명'의 지배 영역에는 날카로운 무기에 찔려 죽은 사람들, 특히 자신이 원해서 그렇게 죽은 '피를 흘리며 죽은 사람들(몰리잉이트)'이 살고 있다.

남편 없이 죽은 여자들은 그들만의 특별한 세계로 간다. 그들은 그곳에서 올가미와 그물로 '모래의 강'을 건너는 순록들을 잡아 살아간다. 그들의 세계는 하늘의 아랫부분에 위치하며, 위쪽 세계들에 비해 별 의미를 가지지 못한다.

죽은 자들의 일부가 상층 세계로 가기는 하지만, 죽은 자들이 보통 머무는 곳은 지하 세계다. 그들의 세계는 매우 넓으며 길이 아주 복잡해 새로 들어간 사람들은 길을 잃는다. 그림 36은 죽은 자들의 세계에 나 있는 길을 묘사하고 있는데, 이 그림을 그린 사람이 혼절한 상태에서 본 것을 그린 것이다. 둥근 점들은 구멍인데, 새로 오는 사람들은 바로 그 구멍을 통해 들어온다. 그 구멍들 가운데 가장 작은 것은 목이 졸려 죽은 사람들이 들어오는 구멍이다.

죽은 자들의 세계로 새로 들어오는 자는 반드시 먼저

그림 36. 죽은 자들의 세계의 복잡하게 꼬인 길을 묘사한
축치족의 그림.

특별한 개의 세계를 거쳐야 한다. 살아생전에 개를 박대하고 때린 사람은 지하의 그 개의 세계에서 개들의 공격을 받고 심하게 물리게 된다.[58]

58) 코랴크족에게도 동일한 믿음이 있다(요헬손, 《코랴크족》, p. 103

죽은 자들의 세계로 새로 들어오는 사람은 조상과 친척들의 안내를 받는다. 그렇지 않으면 길을 잃게 된다. 그때 죽은 자들의 세계의 다른 사람들도 새로 들어온 사람을 보러 나오며 그가 무엇을 가져왔는지 살펴본다. 그렇기 때문에 죽은 자는 타인의 순록을 장례용 순록으로 받아 와서는 안 되며, 타인의 화롯가에서 만든 옷을 받아 와서도 안 되고, 훔친 것이나 그 어떤 불법적인 것도 받아 와서는 안 된다. 지하 세계에서는 그런 모든 물건은 압수되어 원래의 주인에게 돌려준다. 자신의 순록이 없는 가난한 사람은 부인이 지어 준 옷을 입고 보따리와 지팡이만 가지고 지하 세계로 걸어서 온다.

죽은 자들의 집은 이음매가 없는 커다란 둥근 천막으로 마치 침방울과 같은 모습이다. 그들의 순록은 셀 수 없이 많은데, 제물로 바쳐진 순록이나 고기를 먹기 위해 잡은 순록 또는 사냥으로 죽은 야생 순록들로 구성되어 있다. 죽은 자들 가운데 많은 수가 바다코끼리가 풍부한 바닷가에서 어업을 하며 살아간다. 죽은 자들과 바다코끼리들은 재미있는 놀이를 한다. 바다코끼리들이 물속에서 뛰어 올랐다가 다시 들어가는데, 죽은 자들은 그 순간을 노

참조).

려 총을 쏜다. 총에 맞은 바다코끼리는 해안으로 끌어내 고기를 다 먹고 뼈는 다시 바다에 던져 넣는다. 그러면 그 뼈는 다시 바다코끼리로 살아난다.

저승 세계의 죽은 자들의 생활에 관한 많은 믿음은 모순적이다. 예를 들어, 사람의 영혼을 잡아먹는 켈레의 습격으로 사람이 죽는다는 주장은 저승에서 죽은 사람들이 영위하는 생활 모습과 부합되지 않는다. 나는 이런 모순이 죽음에 대한 축치족의 이중적인 접근 때문이라고 생각한다.

친척이 죽으면 축치족은 슬픔에 사로잡혀 곧바로 살인자를 찾게 된다. 그것이 사람이든 귀신이든 가까운 사람의 죽음에 대해 책임질 자를 찾아내야만 하는 것이다. 그러나 시간이 좀 지나 슬픔이 가시면, 그들은 죽음에 대한 귀신의 역할을 잊어버리고 저승에서의 죽은 자들의 생활을 다양한 색채로 그리게 된다.

또 하나 모순적으로 보이는 것이, 죽은 자들이 산 자들의 생업의 성공 여부에 영향을 준다고 믿는 점이다. 일련의 관념에 따르면, 죽은 자들은 후손들이 잘되도록 돌봐주는 존재다. 그래서 집을 지켜 주는 호신부 매듭에는 조상 숭배와 관련된 것들이 포함되어 있다.

그리고 여행자는 우연히 그 어떤 묘지를 지나게 되면

죽은 자의 가호를 기원하며 반드시 고깃덩이나 담배를 놓고 간다.

축치족 사이에 더 널리 퍼진 관념에 따르면, 죽은 자는 죽은 후에 사람에게 해를 끼치고 모든 좋지 않은 일을 만들어 내는 귀신이 된다. 켈레라고 불리는 귀신들도 바로 그런 수많은 종류의 악귀에 해당된다.

들판에 누워 있는 시체는 벌떡 일어나서 혼자 다니는 여행자를 따라다닐 수 있다. 또한 죽은 자들은 자신이 살던 곳으로 돌아와서 살아남은 사람들에게 해를 끼칠 수 있다. 이에 관한 좀 더 자세한 사항은 아래에서 기술하도록 하겠다.

제4장 샤머니즘

가족 샤먼

축치족의 샤머니즘은 앞에서 언급했던 것처럼 대부분 가족 명절과 연관된다. 각 가정에는 한 개 또는 몇 개의 북이 있으며, 가족 성원 모두가 그 북을 치고 다양한 노래를 부르면서 샤먼 의례를 행한다. 그리고 그런 경우 가족 중 적어도 한 사람은 샤먼의 방법을 사용해서 귀신과의 접촉을 시도한다. 이를 위해 그는 큰 고함을 지르며 북을 치면서 자신을 트랜스 상태로 몰고 가는데, 그런 상태가 곧 그의 몸에 귀신이 들어왔다는 증거가 된다. 그는 보다 확실하게 샤먼이 하는 것처럼 제자리에서 펄쩍펄쩍 뛰기도 하고 이리저리 뛰어다니기도 하고 알 수 없는 소리를 지르거나 말을 하는데, 그것은 귀신의 목소리나 말로 취급된다. 때때로 그는 예언을 하기도 하는데, 사람들은 거기에는 특별히 주목하지 않는다. 이런 행위는 잔치가 진행되는 외부 천막에서 낮에 이루어진다. 실제 샤먼의 의례는 그와는 반대로 침상이 있는 내부 천막에서 한밤중에 이루어지며, 다양한 이유에 따라 갑작스럽게 이루어진다. 한편, 일반적인 의례가 있는 날도 초저녁의 샤먼 의례로 마무리되는 것이 보통이다.

축치족의 경우 서너 명 중 한 명은 샤먼 의례를 치를 수 있다고 여긴다. 축치족 성인 남자는 겨울밤에는 보통 북을 치고 노래를 하며 즐긴다고 한다. 이때 그는 침상 내부에 불을 켜 놓거나 또는 어둠 속에 앉아 있다. 그런 놀이에서 실제 샤먼 행위로의 전이는 거의 부지불식간에 이루어진다. 따라서 축치족 남자는 샤먼의 성향이 있고 기능도 갖추고 있어 모두 샤먼이 될 수 있다고 말할 수 있다.

가족 샤먼은 본질적으로 아주 단순하고 원시적이며, 개인 샤먼 발달에 시기적으로 앞선 것임이 분명하다. 개인 샤먼은 가족 샤먼을 기반으로 발생했다. 가족 샤먼은 코랴크족과 아시아 에스키모족에게도 존재하며, 캄차달족과 유카기르족에게도 존재했음이 틀림없다.

코랴크족은 가정마다 나름의 북을 가지고 있다.[59] 명절 때마다 반드시 노래에 맞추어 그 북을 친다. 그런 관습은 고대 캄차달족에게도 있었다.[60] 유카기르족의 각 가정에도 북이 있었다.

59) 요헬손,《코랴크족》, p. 54.

60) 크라세닌니코프(v. II, p. 81)는 모든 여자, 특히 노파와 여장 남자를 샤먼이자 꿈 해몽가로 여겼다(스텔레르, p. 277 참조).

나는 오몰론과 아뉴이 강 양안을 여행할 때 폐허가 된 낡은 마을에서 수많은 북을 발견한 적이 있다. 그 마을 사람들은 1810년대에 야생 순록이 모두 사라져 굶어 죽었다고 한다. 콜리마 지역 원주민 출신으로 러시아화된 여행 동료는 북이 왜 그렇게 많은지 설명하지 못했으며, 그 사람들 모두 틀림없이 샤먼이었을 것인데 왜 신이 그들 모두를 데려갔는지 놀랍다는 말만 되풀이했다. 한편, 그 북들은 축치족이 사용하는 것과 같은 가족 북인 것이 틀림없었다.

위에서 언급한 공통점 이외에, 우리는 주변 민족들의 샤머니즘이 축치족의 샤머니즘에 직접적인 영향을 주었는지 확신할 만한 자료가 없다. 축치족은 타 종족의 샤먼도 축치족 샤먼과 똑같이 존중했다. 축치족이 거주하는 영토 서쪽의 순록 축치족들은 퉁구스족 샤먼에게 도움을 청하기도 하며, 몇몇 축치족은 멀리 퉁구스족을 찾아가 커다란 북을 빌려 명절 때 사용하기도 한다.

케레크족의 나이 든 여자들은 모두 마법에 아주 능하다고 여겨지는데, 그런 특성이 설화에도 등장한다. 알래스카 해안 근처의 아메리카 에스키모족 샤먼들도 해안 축치족과 아시아 에스키모족의 존중을 받는다. 한 설화에는 아메리카 에스키모 샤먼과 아시아 에스키모 샤먼 간의 경쟁 장면이 묘사되어 있기도 하다. 그 경쟁은 아메리카 에스키모 샤먼의 완승으로 끝난다. 그리고 아시아 에스키모 샤먼은 술수와 속임수를 쓴 데 대해 혹독한 벌을 받는다.

타 종족의 샤머니즘이 축치족 샤머니즘에 직접적인 영향을 주었다는 점은 그들의 샤먼 의상에서 나타난다. 이 점에 대해서는 이 장의 끝부분에서 기술하겠다.

샤먼의 입무

현재 축치족을 제외하고 위에 언급한 모든 종족들의 가족 샤먼은 그 의미를 상실했다. 가족 샤먼이 개인 샤먼으로 교체되는 경향이 관찰된다. 축치족은 그런 샤먼을 '귀신을 가진'이라는 의미의 '엥엥일리트'라고 부른다.

샤먼의 능력은 남자도 여자도 가질 수 있다. 그리고 여자들이 더 자주 샤먼의 능력을 가지지만, 여자 샤먼의 힘은 남자 샤먼의 힘에 비해 더 작다고 여겨진다. 그것은 보통 출산이 샤먼 능력을 크게 훼손시키기 때문인 것으로 설명되며, 따라서 대단한 샤먼 능력을 가진 젊은 여자도 출산 후에 그 능력을 대부분을 잃는다고 여긴다. 그런 젊은 여자는 수 년 후 아이를 돌보는 기간이 끝나면 그 능력을 다시 회복할 수 있다. 또한 사람이든 동물이든 출산 시에 사용된 물건은 여자의 샤먼 능력을 감소시킬 뿐 아니라 그 물건에 손을 댄 남자의 샤먼 능력도 감소시킨다. 예를 들어, 출산 시 깔개로 사용된 풀은 '귀신을 얻은(엥엥이트빌린)', 즉 입문한 지 얼마 되지 않은 청년 샤먼의 능력을 파괴한다. 그런 풀을 트랜스 상태일 때의 청년 샤먼의 이마에 스치기만 해도 그는 평범한 사람의 인생으로 '되돌아오게 된다'. '텔핑아'라는 한 여자 샤먼은 내게 자신이 보는 샤먼의 환영(엥엥엘리네 로오트)에 대해 이야기하면서 하소연했는데, 그녀가 위대한 샤먼이 될 능력이 있는 것을 알아챈 그녀의 시어머니가 그녀에게 개의 후산물을 마시게 했고, 그래서 샤먼 능력이 감소되고 개의 영혼이 자기 몸에 들어왔다고 했다.

여자 샤먼은 등급이 낮은 만큼 남자에 비해 샤먼이 되는 데 걸리는 시간과 고통이 더 적다. 한편, 여자 샤먼도 갖가지 샤먼의 기술을 최고도로 성취할 수 있지만, 복화술만은 최고도에 도달할 수 없다고 한다.

준비 기간

축치족의 주장에 따르면, 샤먼이 되도록 부름을 받는 것은 대부분 어린 나이에서 청년기로 넘어가는 사춘기에 느껴지기 시작한다고 한다. 알려진 바대로, 이 시기에는 아주 빠른 속도로 성장이 이루어지며, 남녀 모두 감수성이 예민해지고 사고도 불안정해진다. 인생에서 사춘기는 예기치 못한 다양한 변화로 가득 차 있어 샤먼의 속성이 발현되는 데 최적의 조건이 된다는 점은 쉽게 이해할 수 있다. 누구보다도 신경이 예민하고 감정이 쉽게 격앙되는 사람들이 샤먼이 된다. 내가 만나 본 모든 축치족 샤먼들은 다양한 이유로 매우 쉽게 흥분하는 사람들이었다. 그리고 많은 샤먼들이 거의 히스테리컬한 사람들이었고, 그 중 몇몇은 문자 그대로 반쯤 정신이 이상한 사람들이었다. 그들이 사람들을 현혹시키는 방법을 보면 정신병자의 광기 어린 행동 같다.

축치족은 샤먼의 능력을 받을 사람은 아주 어린 나이에 구별할 수 있다고 한다. 그런 아이들은 대화할 때 말하는 사람을 보는 것이 아니라 그 사람 머리 위의 그 무엇을 본다. 축치족은 샤먼의 시선은 보통 사람의 시선과 다르다고 말한다. 샤먼의 눈은 아주 반짝반짝 빛나는데, 그래서 샤먼들은 어둠 속에서도 '귀신'들을 볼 수 있다고 한다. 샤먼의 눈빛은 교활한 느낌과 겁먹은 느낌이 섞여 있다. 그렇기 때문에 일반인들 사이에서 쉽게 샤먼을 찾아낼 수 있다.

축치족은 샤먼들이 극도로 흥분한다는 것을 알기 때문에 그들을 '닝이르킬퀸(수줍어하는 미친 사람)'이라고 부른다. 축치족은 그런 표현을 통해 샤먼들이 주변 사람들의 아주 작은 심리 상태 변화도 아주 민감하게 포착할 수 있음을 말한다. 예를 들어 축치족 샤먼은, 특히 샤먼이 된 지 얼마 되지 않은 샤먼일수록, 이방인들 앞에서의 행동을 매우 조심한다. 그리고 큰 힘을 가진 샤먼을 포함한 대부분의 샤먼은 이방인들 앞에서 자신의 능력을 보여 주기를 매우 꺼린다. 아주 집요하게 부탁해야 겨우 보여 줄 정도다. 샤먼은 그가 알지 못하는 이방인들, 그들의 관습, 그들의 북과 자루 속에 숨겨져 있는 호신부들, 그들 주위에 날아다니는 귀신들을 두려워한다. 따라서 샤먼은 조금이라도 자신을 의심하거나 비웃는 것 같으면 즉시 의례를 멈추고 가 버린다.

샤먼이 섬기는 영들은 낯선 사람이나 낯선 목소리가 들리면 날아가 버린다고 여겨져 '날아다니는 것들'로 취급된다. 그리고 샤먼에게 너무 많은 사람들이 찾아오면 그 영들은 나타나기를 꺼리며, 나타나더라도 곧 가 버리려고 한다.

샤먼들의 말에 따르면, 켈레(귀신)들은 야생동물처럼 툰드라에 속해 있다. 따라서 그들도 겁이 많다. 동물 귀신들은 더 겁이 많고 소심하다. 그래서 그들은 샤먼의 부름을 받고 나타나면 거친 숨소리를 내거나 푸륵거리면서 잠시 북소리를 듣고 있다가 곧 가 버린다.

'귀신'의 목소리는 복화술을 통해 묘사된다. 그 점에 대해서는 아래에 기술하도록 하겠다. 병을 일으키는 귀신들, 특히 코감기나 몸살을 일으키는 등 사람에게 작은 해를 끼치는 귀신들도 겁이 많다. 한 설화에서는 용기를 내 사람들을 찾아가려고 몇 번을 시도하지만 매번 겁이 나서 그냥 되돌아오는 소심한 코감기 귀신이 등장한다. 결국 그 귀신은 붙잡히게 되자 너무 겁이 나서 손이 발이 되도록 빌며 놓아 달라고 애걸한다.

축치족은 낯선 냄새 등 모든 익숙하지 않은 물리적 또는 심리적 인상에 대해 매우 민감하다. 그들은 특히 질병에 민감하다. 그래서인지 "축치족은 쉽게 죽는다"는 말을 자주 들을 수 있다. 그들은 심각한 육체적 손상도 잘 견뎌내면서도 문명국에서 건너온 전염병에는 쉽게 감염된다.

그런 민감성 또는 감수성은 북동 시베리아 지역의 다른 원주민들에게서도 발견할 수 있으며, 이 점은 러시아인 이주민들도 마찬가지다. 그들 역시 꿈에서 또는 원주민에게서 들은 이야기 등 일상적이지 않은 것으로부터 받는 심리적 영향에 아주 민감하며, 샤먼이나 관리들의 위협에도 매우 민감하다.

코사크족이나 러시아화된 원주민이 관리들로부터 문

책을 당하고 자살하는 경우가 종종 있었다. 그리고 탐사대를 안내했던 에벤족과 유카기르족 원주민 안내인들이 탐사 중에 길을 잃자 질책을 두려워해 자취 없이 도망쳐 버린 경우도 있었다. 축치족들 사이에서도 자살이 자주 발생한다.

과거에 유카기르족이 너무 소심해서 그 누군가가, 설사 그것이 친척이라고 해도, 갑자기 모욕을 주면 바로 그 자리에서 죽어 버렸다는 유카기르족 청년들의 말을 요헬손이 인용한 것도 바로 그런 감수성, 민감성을 보여 주기 위한 것으로 보인다.[61] 그런데 샤먼들은 그보다 훨씬 더 강한 감수성을 가진다. "샤먼은 보통 사람보다 더 빨리 죽는다"는 표현도 그것을 의미한다. 게다가 샤먼이 자신이 섬기는 귀신의 신비스런 목소리에 따라 그대로 행동하지 않으면, 그것은 샤먼의 죽음을 초래한다. 축치족은 귀신들이 말을 듣지 않는 샤먼에게는 급살을 내려 벌한다고 한다. 샤먼이 귀신들의 명령을 너무 느리게 이행하는 경우에 그런 일이 일어난다. 한편, 샤먼을 '죽음에 대항하는 자'라고도 부르며, 샤먼은 적들에게 굴복한 경우라고 해도 죽이기가 쉽지 않다고 말한다.

---

61) 요헬손, 《유카기르어 및 민속 연구 자료》, 서문, p. VI, XII 참조.

이제 1890년대에 아뉴이 강 유역에서 있었던 살인에 대해 원주민에게 들은 이야기를 소개한다. “그들은 주문으로 그를 잠재웠다. 그리고 그가 잠자고 있는 동안에 그들은 양쪽에서 그를 공격했다. 한 명은 그의 목을 잘랐고, 다른 한 명은 생사의 근원인 심장에 칼을 꽂았다. 그럼에도 불구하고 그는 일어섰다. 그러나 그는 무기가 없었다. 그들 역시 ‘무언가 아는 사람들’이었기에 그에게 주문을 걸어 무기 없이 나오게 했던 것이다. 만일 그가 작은 칼이라도 가지고 있었다면, 아마도 그가 그들을 제압했을지도 모른다. 그런데 그가 (샤먼으로서) 일어서기는 했지만, 이빨과 손톱 이외에 그 무엇으로 그들에 대적할 수 있었을까? 그들은 또다시 그를 칼로 찔렀다. 그러나 상처는 곧바로 아물었고, 그는 전과 다름없는 상태가 되었다. 그래서 그들은 오랫동안 그를 죽일 수 없었다. 결국 그들은 양쪽에서 그를 덮쳐 땅에 쓰러뜨리고 칼로 눈알을 찔러 뽑아내 멀리 던져 버렸다. 그리고 그들은 그의 몸 여기저기를 칼로 찌르고 심장을 꺼내 조각냈다. 그리고 그 조각들을 나누어 여기저기 묻어 버렸다. 한곳에 묻어 놓으면 조각들이 다시 합쳐져 살아날까 두려웠기 때문이다.”

이와 비슷한 이야기를 하나 더 소개하겠다. “한 여자가 불을 피우느라 여념이 없는 이웃집 여자에게 다가가 뒤에서 칼로 찔렀다. 그러나 이웃집 여자는 (샤먼 의례를 행할 때) 제 몸에 칼을 꽂아 넣는 능력을 가진 샤먼이었기에 계속해서 불을 지피고 있었다. 그래서 이웃집 여자를 죽이지는 못하고 손과 발의 힘줄만 잘랐다."

세 번째 이야기는 1884년 콜리마 서부 지역의 천연두 전염과 관련된 것이다. "당시 암체는 딸이 빈 집에 혼자 두고 온 병든 사위 생각을 하기 시작했다. 암체는 우리에게 함께 그를 찾아가 보자고 말했다. 그리고 사위가 샤먼이기 때문에 혼자서 죽음과 맞설 수 있다고 말했다."

샤먼이 되라는 부름은 다양한 방법으로 나타난다. 때로 그것은 귀신들과 접촉하라는 내부의 목소리이기도 하다. 귀신들의 명령은 즉시 이행되어야 한다. 만일 부름을 받은 자가 머뭇거리면, 곧 귀신이 형체를 띠고 나타나 보다 확실하게 명령한다. 앞에서도 언급했던 축치족 '아잉안와트'는 내게 이런 이야기를 했다. 그가 중병을 앓고 나서 그의 영혼이 샤먼이 되기에 적당하게 성숙해졌을 때 귀신들이 나타났지만 특별히 신경 쓰지 않았고 그들의 명령을 이행하지도 않았다. 그러자 한 귀신이 다시 찾아왔다. 그 귀신은 검은색의 마른 귀신이었다. 그는 자신이 '순록 피부병 귀신'이라고 말했다. '아잉안와트'는 자신의 힘이 그 귀신의 힘과 비등할 것같이 느껴져서 그 귀신에게 자신의 집에 남아 친구로 지내자고 제안했다. 그러나 귀신은 잠시 머뭇거리더니 그의 집에 남는 것은 거절했지만, 간절히 원한다면 친구가 될 수는 있다고 말했다. 그리고 또 북치는 샤먼이 되기를 원한다면 3일 밤낮 동안 북을 손에서 놓지 않으면 될 것이라고 말했다. 그러나 '아잉안와트'는 샤먼이 되는 것을 거절했고, 그러자 귀신은 즉시 사라졌다.

샤먼이 되라는 부름은 특정 동물과의 조우, 특이한 형태의 돌 또는 조개껍질 발견 등 다양한 전조로도 나타난다. 그런데 그런 전조들 가운데 그 무엇도 어떤 특별한 것을 포함하고 있는 것은 아니다. 사람이 그것들에 신비한 의미를 부여할 뿐이다. 그것은 호신부를 발견하거나 선택하는 방법을 연상시킨다. 발견된 돌이나 만난 동물은 그것을 본 사람의 수호령이나 보조령이 된다.

젊은 사람들은 보통 샤먼이 되라는 부름에 마지못해 응한다. 특히 그 어떤 특별한 옷을 입으라거나 생활 방식을 바꾸라는 명령이 함께하는 부름에는 더욱 그렇다. 그런 젊은 사람들은 북을 잡고 귀신을 부르기를 거부하며, 두려움에 빠져 호신부를 툰드라에 버리기도 한다.[62]

---

62) 비교: 크라세닌니코프는 한 코랴크족이 강가에서 호신부를 발견했

그렇게 '입무가 예정된 젊은이들(엥엥이트부 리뇨)'의 부모는 성격과 가족의 전통에 따라 다양하게 행동한다. 때때로 샤먼이 되라는 부름에 저항해 자식들에게 귀신을 물리치고 평범한 삶을 살라고 설득한다. 특히 외아들이거나 외동딸인 경우에 그런 일이 자주 발생하는데, 샤먼이 되라는 부름을 받은 이후, 특히 그 직후에는 자식들의 생명이 위험하기도 해서 그들을 잃을까 안타까워 그렇게 하는 것이다. 그러나 부모의 저항은 소용없는 일이다. 귀신들의 부름에 따르는 데서 오는 위험보다 귀신들을 거부하는 데서 오는 위험이 더 크기 때문이다. 그런 부름에 저항하는 젊은 사람들은 곧 병이 들거나 죽기도 한다. 때로는 귀신들이 그들로 하여금 집을 나가 아무런 방해 없이 부름을 따를 수 있는 곳으로 떠나게 만들기도 한다.

한편, 수년간 샤먼 실습을 한 뒤에는 보다 성숙한 나이가 될 때까지 잠시 샤먼 일을 접어 두는 것을 귀신들이 허락하기도 한다. 나는 과거에 대단한 샤먼이었지만 이제는 샤먼 능력을 대부분 잃어버렸다고 주장하는 사람들을 만

지만 가져가는 것을 두려워해서 그대로 두고 와 병이 들었는데, 그 병은 호신부가 노해서 보낸 병이었으며, 그가 다시 그것을 찾아 몸에 지니자 병이 나았다는 이야기를 제시했다[크라세닌니코프, 《캄차카 지역 기록》 제1권(1786), p. 24].

나 본 적이 있다. 그들은 샤먼 능력을 상실하게 된 이유가 질병이나 나이 때문이거나 또는 단순히 시간이 지나면서 샤먼 능력이 약화되었다고 설명한다. 그들 가운데 한 명은 자신이 병이 들었었는데, 그때 손과 발이 굳는 느낌이 들었고 그 후에도 내내 풀리지 않았다고 말했다. 그래서 그는 북을 치는 동안 원하는 대로 몸을 흔들 수 없었다. 또 다른 사람은 자신과 자신이 섬기는 영이 서로에게 싫증이 나서 샤먼 능력을 상실했다고 말했다. 대부분의 경우, 그런 샤먼 능력 상실은 샤먼이 되라는 부름이나 입무를 초래했던 정신질환적 상태가 치료된 결과로 나타나게 된다. 샤먼이 귀신의 영향 아래 놓이게 되면, 그는 반드시 샤먼 일을 해야 하며 자신의 능력을 숨기지 못하게 된다. 그렇지 않은 경우, 그 힘은 피땀으로 흘러나오거나 또는 간질과 비슷한 심한 광기로 나타난다.

위와는 반대로, 자신의 자녀가 샤먼이 되라는 부름을 받기를 원하는 부모도 있다. 보통 자녀도 많고 가축도 많고 천막집도 여러 채 가지고 있는 부모들이 그렇다. 그런 가족은 가족 중 한 사람을 잃는 것을 별로 두려워하지 않기 때문이다. 그런 사람들은 집안에 샤먼이 나서 필요한 경우에 그가 귀신들로부터 집안을 보호해 주기를 원한다.

로소마샤 강 근처에 사는 '테잉에트'라는 샤먼이 내게

말한바, 자신이 샤먼이 되라는 부름을 받았을 때 자신은 거부하고 싶었지만 아버지가 북을 주고 샤먼 수련을 하도록 시켰다고 했다. 그 후 그는 몇 년에 걸쳐 마음이 편치 않았다고 했다. 그러던 어느 명절에는 집에 찾아온 손님들에게 그동안 쌓은 샤먼 능력을 보여 주라는 친척들의 요구를 피해 도망쳤다가 친척들에게 붙잡혀 집으로 되돌아온 적도 있다고 했다.

축치족은 남자가 샤먼이 되기 위한 준비 과정은 힘들고 길게 이어진다고 한다. 샤먼이 되라는 부름은 매우 엄중하지만 불명확한 형태로 나타나 사람을 혼란스럽게 한다. 따라서 그런 부름을 받은 사람은 공포와 당혹감을 느끼고 자신의 능력과 힘에 대해 의심을 가지게 된다. 그러나 그 사람의 의사와는 무관하게 그의 영혼은 반무의식적인 상태에서 이상하고 고통스런 변모 과정을 겪는다. 그런 기간은 몇 달간 때로는 몇 년간 지속되기도 한다. 그렇게 입무 과정을 겪은 젊은이는 일상사에 대한 모든 관심을 잃게 된다. 그는 일도 하지 않고 음식도 조금, 그것도 간신히 먹으며 사람들과의 대화도 피하고 묻는 말에 대답도 하지 않는다. 그리고 대부분의 시간을 자면서 보낸다.

입무 과정을 겪는 동안 침실에만 머물고 밖으로 거의 나오지 않는 경우도 있다. 어떤 사람들은 아무런 무기나 올가미도 없이, 사냥을 하거나 가축을 돌본다는 핑계로 툰드라를 헤매고 다니기도 한다. 그런 사람들은 반드시 따라가 보아야 한다. 툰드라의 맨땅에 누워 사나흘 내내 잠을 자다가 얼어 죽거나 눈에 파묻혀 죽을 수도 있기 때문이다. 그런데 그런 사람들은 그렇게 오랫동안 잠자고 깨어나도 단지 몇 시간 자고 깨어난 것처럼 느끼거나 툰드라의 맨땅에서 잠을 잤다는 것 자체를 기억하지 못한다고 한다. 물론 그런 긴 잠에 대한 이야기는 과장된 것일 수 있다. 한편, 축치족은 병을 앓는 동안에 아주 자주 깊은 잠에 빠지는데, 때로는 그런 잠이 수일간 지속되기도 한다. 그런 깊은 잠은 신체의 생리적 욕구 해소가 필요할 때만 깨게 된다. 그리고 그런 상태는 종종 죽음으로 이어지기도 한다. 예를 들어, 내가 아나디르에 오기 2년 전에 마린스크 요새에 살던 축치족 '리케우히'와 그의 아내가 독감에 걸린 일이 있다. 앞에서 말했던 것처럼, 독감은 아주 빠른 속도로 퍼져 그 지역 전체에 커다란 피해를 주었다. 당시 그의 아내는 죽었고, '리케우히'는 두 달 이상 잠을 잤다. 그동안 가끔 이웃집 여자들이 따뜻한 음식을 가져다주기는 했지만, 그는 주로 마른 물고기만 조금씩 먹었을 뿐이다. 마린스크 요새에 사는 러시아 코사크인들도 '리케우히'가 자신의 병에 대해 한 말을 확인해 주었다. '아잉안와트'도 1884년에 가족 모두 천연두로 죽었고 자신은 2주 동안 깊은 잠에 빠졌었다고 말했다. 바로 그때 그는 귀신들과 접촉했다. 축치족은 그런 긴 잠에 빠져 있는 동안 귀신들이 잠자는 사람의 힘을 유지해 준다고 여긴다.

샤먼이 되라는 부름을 완강하게 거부하는 경우, 입무 과정이 길어져 아주 고통스러워진다. 그런 경우 이마와 관자놀이에 피땀이 난다고 한다. 그런데 샤먼이 되고 난 후에는 의례 준비 과정이 바로 최초 입무 과정의 반복으로 여겨지므로, 샤먼은 몸에서 피가 나거나 피땀이 나게 하는 것이 어려운 일이 아니게 된다. 나도 축치족 샤먼이 의례에 앞서 코피를 흘리는 것을 두 번이나 직접 보았다. 피땀을 흘리는 것은 한 번 보았지만, 그것이 샤먼이 자신의 능력을 믿게 하기 위해서 코에서 나는 피를 관자놀이에 묻혔던 것이 아닌지 의심스럽다. 어쨌든 그 샤먼은 다른 샤먼들과는 달리 의례 시 항상 얼굴에 피땀이 났던 진정한 고대 샤먼들과 비슷한 힘을 가지고 있다는 말을 여러 번 반복했다. 한편, 그는 전형적인 축치족 샤먼으로 매우 불안하고 쉽게 흥분하는 성격이었다.

축치족은 샤먼이 되기 위한 준비 과정을 길고 힘겨운 질병으로 여기며, 입무는 그런 질병이 치료된 것이라고 여긴다. 수년간 심한 신경질환으로 고생하던 젊은이가 결국 샤먼이 되라는 부름을 이해하고 샤먼이 되어 질병을 극복하는 경우가 있다. 물론, 여기에 그 어떤 경계를 긋는 것은 매우 어려운 일이며, 모든 경우들은 결국 하나의 부류로 묶일 수 있다. 축치족은 준비 과정을 '그는 샤먼의 힘을 모으고 있다'는 의미의 표현으로 부른다. 보다 약한 샤먼 또는 여자 샤먼의 경우, 준비 기간은 보다 덜 병적이다. 그들은 샤먼이 되라는 부름을 주로 꿈속에서 받는다.

성인의 경우, 샤먼이 되라는 부름은 그 어떤 커다란 불행이나 위험, 중병, 전염병으로 인한 가까운 사람들의 죽음 등이 발생한 경우에 올 수 있다. 그런 불행을 겪으면, 다른 돌파구가 없으므로, 사람은 귀신에게 도움을 청하게 된다. 그리고 그런 경우에는 오로지 귀신의 도움으로만 바람직한 해결이 가능하다고 여기므로, 그런 인생의 커다란 슬픔을 겪은 사람은 자신 안에 샤먼의 가능성을 품게 된다고 한다. 그리고 그런 사람은 귀신들과의 관계가 원만하지 못하거나 제대로 감사를 표하지 못해 또 다른 불행이 찾아오지 않을까 해서 귀신들과 가까이 지내려 한다.

그것은 위에서 언급한 '아잉안와트'의 경우에도 명백하다. 그는 좋은 의도를 가지고 찾아와 초자연적인 은제 칼로 수술을 해서 갖가지 질병도 치료해 준 귀신들의 명령을 소홀히 여겼다. 그 후 그는 비록 건강해지기는 했지만 더 이상 인생의 행복이나 성공은 찾아오지 않았다. 그는 아무리 노력해도 가축 수를 늘리지 못했다. 몇 년에 걸쳐 노력해 보았지만 아무런 효과를 보지 못한 '아잉안와트'는 가축 떼를 수호신들과 함께 큰아들에게 물려주었다. 그리고 그는 집을 떠나 인생 말년을 떠돌이 야생순록 사냥꾼으로 살았다.

또 다른 재미있는 경우가 있다. 순록 축치족 '응이론'은 짙은 안개 속으로 흩어진 가축을 찾던 중에 샤먼이 되라는 부름을 느꼈다. 그는 수개월 동안 가축을 찾아 헤맸다. 그동안 '응이론'은 극심한 어려움을 겪었다. 그는 먹을 것도 쉴 곳도 없었다. 비가 오면 흠뻑 젖었지만 옷을 말릴 불을 피울 수도 없었다. 그런 상황에서 그는 다양한 동물들을 만났는데, 그것들은 이리저리 뛰어다니며 다양한 방법으로 그를 골려 댔다. 그러던 중 그는 방금 사냥한 순록의 내장을 먹고 있는 늑대를 만났다. 늑대는 그를 가엾게 여겼고, 자신도 배고픔이 어떤 것인지 잘 안다고 말했다. 늑대는 그가 순록의 다리를 잘라 내 골수를 먹는 것을 허락했다. 축치족은 순록의 골수를 날것으로 그냥 먹는다. 그런데 순록의 내장이 '응이론'에게 자신을 건드리지 말라고 부탁하면서, 그 대신에 그의 순록 떼를 돌려보내 주겠다고 약속했다. 그러자 늑대는 순록은 자신에게 잡아먹힐 정도로 엄청 느려 터졌다고 말하면서 죽은 순록의 제안을 비웃었다. 이에 '응이론'은 죽은 순록의 고기를 먹기 시작했고, 늑대는 그에게 잃어버린 순록 떼를 찾아 주겠다고 약속했다. 2주가 지나 '응이론'은 다시 늑대를 만났고, 늑대는 그에게 잃어버린 순록 떼가 어디에 있는지 알려 주었다.

그렇게 해서 잃어버린 순록 떼를 찾은 '응이론'은 즉시 살찐 암순록을 잡아 늑대에게 제물로 바쳤다. 그 후로 '응이론'은 자신을 '수호령을 가진 자'로 여기게 되었다. 그러나 그의 성격을 잘 아는 이웃 사람들은 그의 그런 태도를 매우 미심쩍어했다. 그는 낭비가 심하고 노름을 좋아하며 자신의 순록 떼도 잘 돌보지 않는 사람이었기 때문이다. 그래서 이웃 사람들은 그런 쓸모없는 인간이 '귀신'의 선택을 받았다는 것을 믿으려 하지 않았다. 그러나 '응이론'은 자주 북을 치고 노래를 하며 귀신들과 소통했는데, 그것은 어떤 구체적인 목적이 있어서가 아니라 그저 귀신들과 가까이 지내고 그들을 소홀히 대해 벌을 받는 일이 없도록 하기 위한 것이었다.

내가 아는 또 한 사람에 대해 소개하겠는데, 그의 이름은 '카테크'이고 채플린 갑의 '웅이사크' 마을 출신이다. 그는 성인이 된 뒤 물개 사냥을 나갔다가 위험에 빠졌을 때 귀신들과 접촉하게 되었다고 한다. 그는 내게 다음과 같은 이야기를 해 주었다. 그는 얼음 위 넓게 갈라진 틈 옆에서서 기다리다가 물에서 올라오는 물개를 작살로 찍었다. 그리고 서 있던 곳 주위의 얼음을 작살로 쪼아 깨고 나무 자루를 마치 노처럼 사용해 작살에 맞은 물개 쪽으로 갔다. 배를 가지고 있지 않은 바다 동물 사냥꾼들은 종종 그런 방법으로 이동한다. 그런데 그가 탄 얼음덩이가 사냥한 물개에 거의 다가갔을 때 해변으로부터 강한 바람이 불어와 그가 타고 있던 얼음덩이를 바다 쪽으로 밀어냈다. '카테크'는 위험을 직감하고 허리에 밧줄을 감고 그 양끝을 얼음덩이의 뾰족한 양 끝에 잡아맸다. 그리고 작살을 얼음덩이에 깊이 꽂고 양손으로 꼭 잡고 있었다. 얼음덩이는 거센 파도에 쓸려 점점 더 멀리 바다로 나가고 있었다.

파도는 점점 더 거세져 그는 머리부터 온몸이 완전히 젖었다. 그렇게 몇 시간이 지나자 '카테크'는 그 시련을 자살로 마감하고 싶은 생각이 들어 허리에 차고 있던 칼을 빼 죽으려고 했다. 그런데 갑자기 얼음 아래쪽에서 바다코끼리의 커다란 머리가 쑥 나오더니 "오 카테크, 자살하지 마라. 너는 다시 웅이사크 산을 볼 것이고 너의 어린 아들 쿠와카크도 볼 수 있을 것이다" 하고 말했다. 그리고 바로 그때 카테크는 자신이 서 있는 얼음덩이를 뒤에서 밀고 있는 커다란 빙산을 볼 수 있었다. 보통 빙산은 너무 가팔라서 오를 수가 없다. 그런데 그 빙산은 경사가 완만했고, 카테크는 쉽사리 그 빙산으로 건너갈 수 있었다. 그는 작살을 이용해 사냥한 물개의 내장도 끌어올렸다. 그리고 빙산의 정상으로 올라갔다. 그리고 거기서 커다란 얼음덩이들 사이에 형성된 작은 공간을 발견했다. 임시 거처로 삼을 만한 곳이었다. 거기서 그는 사냥한 물개의 가죽을 벗겨 바닥에 깔았다. 그리고 물에 젖은 옷을 모두 벗어 칼자루를 사용해 비틀어 물기를 모두 짜냈다. 그 빙산에서 지내는 동안 그는 물개의 비계를 먹었으며 물 대신 얼음을 조각내 먹었다. 어느 정도 시간이 지나자 바람의 방향이 바뀌어 빙산이 해변을 향해 움직이기 시작했다. 결국 바다에서 하루 반 정도를 보낸 카테크는 체친 마을에서 멀지 않은 해안으로 올라갈 수 있었다. 그리고 가족이 살고 있는 마을로 돌아가자 그가 죽은 것으로 여겼던 친척들이 모두 모여 죽은 조상들께 물개 비계를 제물로 바쳤다. 헌제가 끝난 뒤 카테크는 그 물개 비계를 바다코끼리 무리 우두머리에게 주도록 했다. 그 후 카테크는 샤먼이 되었다. 그는 사람들 사이에서 적잖이 유명한 샤먼이 되었고, 웅이사크 마을 사람들은 그를 자주 찾게 되었다.

한편, 사람은 일정한 나이까지만 샤먼이 될 수 있다. 그 나이가 지나면 귀신들의 부름을 받는다고 해도 샤먼이 될 수 없다. 위에 언급한 '아잉안와트'가 귀신의 부름을 받았을 때 40이 넘은 나이였다. 그래서 그는 자신의 영혼이 이미 변신의 능력이 없다고 생각했다.

한 코랴크족 설화에는 '큐이퀸나큐'가 갑자기 샤먼이 되고 작은 벌레인 이로 북을 만드는 이야기가 등장한다. 그의 이웃들은 그의 능력을 매우 회의적으로 여겼고, "늙은 큐이퀸나큐가 샤먼이 되었다고? 젊었을 때에는 샤먼이 되라는 부름을 받지 못했는데"라고 말했다.[63]

이 예는 코랴크족 설화에 제시된 것이고 카테크의 경우는 에스키모족과 연관되는 것이지만, 이 예들에 나타나는 모든 것은 축치족에게도 충분히 적용 가능한 것이다. 이 세 종족의 샤머니즘이 아주 많은 공통점을 가지기 때문이다.

축치족의 어린아이에게 어떤 불행한 일이 닥치면 귀신들에게 도움을 청하는 것이 매우 일반적인 것으로 여겨진다. 그리고 만일 귀신들이 그 아이에게 도움을 주면, 그 아이와 귀신들 간에 굳건한 연대가 형성된 것이며 그런 아이는 커서 대 샤먼이 된다고 여긴다.

---

63) 요헬손, 《코랴크족》, p. 291.

'긁는 여자'라는 이름을 가진 한 남자 샤먼은 내게 이런 말을 했다. 그의 아버지가 젊은 시절에 몸이 약하고 병에 자주 걸렸었다. 그리고 순록도 몇 마리밖에 없었는데, 그것마저 언젠가 안개가 짙게 낀 날 러시아인들이 사는 마르코프 마을 근처에서 잃어버렸다. 할 수 없이 아버지는 어머니와 함께 어린아이를 안고 간단한 살림을 챙겨 걸어서 그 마을로 이주했다. 그런데 러시아인들이 음식을 잘 나누어 주지 않아 아버지는 수일 후에 사망했다. 어머니와 어린아이도 오래 굶었지만 죽지 않았고 결국 친척들이 그들을 찾아와 먹을 것을 주고 데려가 살 수 있게 되었다. 그러나 어머니와 그는 그 후에도 몇 년간 아주 힘겹게 살아갔다. 어린아이는 부유한 사람들의 땔감을 썰매에 실어 나르는 일을 했다. 그러나 그 대가로 받는 것은 작은 고기 조각과 순록의 상한 피 뿐이었다. 그렇게 제대로 먹지 못하고 자란 그는 성인이 되어서도 키가 작고 몸도 약해 자주 병을 앓았다. 그러다가 그는 북 치는 연습을 하기 시작했고, 귀신들을 부르게 되었다. 그는 점차 초자연적인 존재(바이르긴)들을 하나씩 보게 되었다. 그는 그렇게 스스로 샤먼이 되었다. 그런데 언제인가 그가 잠을 자고 있는데 '움직이지 않는 별의 존재'가 그에게 찾아와 "강건한 샤먼이 되어라. 그러면 먹을 것이 많이 생길 것이다" 하고 말했다.

그 후 얼마 지나지 않아 그에게 순록 몇 마리가 생겼다. 그리고 성인이 되어서 순록을 많이 소유한 부잣집 딸과 결혼했으며, 장인이 죽자 순록을 모두 물려받았다. 그의 부인이 처갓집의 맏딸이었기 때문이다. 그는 더 이상 불쌍한 고아가 아니었고, 그가 돌보는 순록은 많은 수로 불어났다. 나는 직접 그의 순록 떼를 본 적이 있다. 그 수는 '20에 20'을 넘지 않았다. 그러나 앞에서 말한 것처럼, 당시에 축치족이 셀 수 있는 최대의 수는 20이었다. 그 이상의 수는 세지 못했다.[64]

이제 또 다른 사람에 대해 이야기하겠다. 그의 이름은 '예틸린'이며 원래 북극해 연안 마을 출신인데 수호이 아뉴이 지역의 순록이 많은 부잣집 처녀에게 장가들어 그곳에 살게 된 사람이다. 그의 가족은 그가 어렸을 때 전염병으로 사망했다(인플루엔자로 사망한 것이 틀림없다). 그와 여동생만 살아남았다. 그는 귀신들에게 도움을 청했다. 그러자 귀신들이 찾아와 먹을 것을 주고 "예틸린, 북을

---

64) (옮긴이 주) 보고라스에 따르면 당시의 축치족은 손가락과 발가락을 이용해 원시적인 방법으로 수를 세었다. 따라서 그들이 셀 수 있는 가장 큰 수는 20이었다. 보고라스, 《축치: 제1부 물질문화》(1904), p. 50.

쳐라. 우리가 그것도 도와주겠다" 하고 말했다.

내가 예틸린을 만났을 때 그는 이미 50에 가까운 나이였지만, 어린 시절 이야기를 할 때는 매우 격앙되어 이야기를 멈추고 이리저리 뛰거나 좋아하는 노래를 부르기도 했다. 그는 인근 마을에 잘 알려진 유명한 샤먼이었다. 사람들은 보통 그를 '샤먼치크'라고 불렀는데, 그것은 그가 귀신을 부르는 방법이 특별하고 신기한 재주를 가져 러시아인들이 붙여 준 별명이었다.

경험이 많든 적든 축치족 샤먼이 귀신을 부르는 유일한 방법은 북을 치고 노래하는 것이었다. 앞서 말한 것처럼, 각 가정의 북을 치는 데는 고래 뼈로 만든 북채가 사용된다. 명절 때에는 나무로 만든 북채를 사용한다. 그리고 어떤 북에는 뼈로 만든 북채 두 개가 사용되는데, 그중 하나는 귀신들이 사용하는 것이다. 때때로 귀신들도 북을 치고 싶어 찾아오기도 하기 때문이다.

북을 치는 것은 언뜻 보기에는 아주 쉽고 단순해 보이지만, 커다란 기예가 필요한 일이다. 초심자는 필요한 기능을 익히기까지 아주 오랫동안 연습을 해야 한다. 노래를 하는 것도 마찬가지다. 샤먼 의례는 몇 시간씩 계속되기도 하므로, 샤먼은 그 시간 내내 쉬지 않고 움직여야 한다. 샤먼 의례가 끝나도 샤먼은 피곤한 기색을 보이지 말아야 한다. 사람들은 귀신들이 샤먼의 힘을 북돋아 주거나 샤먼의 몸에 들어가 직접 의례의 대부분을 행한다고 여기기 때문이다. 물론 샤먼이 의례를 수행하는 데 필요한 커다란 인내력과 극도의 흥분 상태에서 평온한 상태로 재빨리 심신의 상태를 정리하는 능력은 장기적인 연습을 통해 습득할 수 있는 것이다. 그리고 실제로 내가 아는 모든 샤먼들은 손동작과 목소리가 제대로 정확히 나오게 될 때까지 1년 내지 2년의 연습이 필요하다고 말했다. 몇몇 샤먼은 그런 준비 기간 내내 침실 밖으로 거의 나오지 않고 하루에도 몇 번씩 지칠 때까지 북 치는 연습을 한다.

내가 들은 샤먼 능력을 키우는 또 다른 방법은 기름진 음식이나 자극적인 음식을 자제하는 것이다. 그런 엄격한 식사 관리는 샤먼이 된 이후에도 매번 의례를 행하기에 앞서 지켜지기도 한다. 의례를 준비하는 기간에 아예 아무런 음식을 먹지 않기도 한다.

축치족 샤먼은 준비 기간 동안 복화술을 비롯한 모든 가능한 기술들을 배운다. 그러나 나는 그것에 대한 자세한 설명은 듣지 못했다. 샤먼들이 모든 기술들은 귀신들에 의해 이루어지는 것이라 주장하며 그 외의 다른 설명 가능성은 모두 부정하기 때문이다.

때로는 나이가 많은 샤먼들이 자신들의 힘을 받은 젊

은 샤먼들을 가르치기도 한다. 힘은 한번 전달되면 되돌리지 못한다. 샤먼은 자신의 힘을 다른 사람에게 주는 만큼 힘을 잃게 되며, 아주 많은 노력을 통해서만 잃어버린 만큼의 힘을 회복할 수 있다. 힘을 전해 줄 때, 나이가 많은 샤먼은 젊은 샤먼의 눈이나 입에 입김을 불어 넣거나 또는 자신을 칼로 찔렀다 빼서 아직 김이 나는 칼끝을 젊은 샤먼의 몸에 찔러 넣는다. 축치족 샤먼은 병을 치료할 때에도 그런 방법을 사용한다.

그런데 내가 아는 샤먼들 대부분은 자신들은 스승이 없었고 자력으로 샤먼의 기예를 터득했다고 말했다. 축치족 민담에도 샤먼의 힘을 전달하는 이야기는 찾아볼 수 없다. 나는 에스키모족 사이에서는 샤먼 기예를 남편 또는 아들로부터 배운 여자 샤먼들을 본 적이 있다. 그것은 에스키모 샤머니즘의 보다 복잡하고 혼란스런 양상과 연관된 것인데, 그것에 관해서는 별도로 기술하겠다.

샤먼의 심리

대부분의 샤먼이 신경증적이고 쉽게 흥분하며 종종 정신병에 가까운 상태를 보인다는 점은 이미 앞에서 말한 바 있다. 그런 상태를 확인시키는 의미에서 몇 가지 사례를 제시해 보겠다.

내가 마린스크 요새에서 만난 텔켑 툰드라 지역 출신으로 '켈레우기(귀신-사람)'라는 이름을 가진 샤먼은 러시아인들 사이에서도 아주 사소한 일로도 소란을 피워 대는 사람으로 유명했다. 언젠가 한번은 그가 러시아 코사크인에게 털이 절반쯤 빠져 버린 낡은 순록 가죽 두 벌을 가져와서 고급 순록 가죽 값을 내고 사라고 집요하게 요구했다. 코사크인이 거절하자 그는 품에서 칼을 꺼내 코사크인에게 달려들었다. 코사크인은 재빨리 피하고 지팡이로 그를 때렸다. 그리고 곧 무리한 요구를 했던 '켈레우기'는 그 장소에서 쫓겨났다.

그 후 내가 그 지역에 도착하자 '켈레우기'는 귀신들이 사는 장소와 귀신들이 사람들에게 오가는 길에 관련된 귀중한 이야기를 해 주겠다고 나를 찾아왔다. 그러나 그의 말은 앞뒤가 맞지 않고 모순되어서 아무런 가치가 없었다. 한편, 그는 내게 자신의 생애에 대해서도 이야기했다. 그는 이미 오래전에 사망한 어떤 대 샤먼의 손자인데, 아직 어렸을 때 "툰드라로 가서 작은 북을 찾아라. 그리고 그것이 좋은지 나쁜지 쳐 보아라"라고 말하는 목소리를 듣고 북을 찾아내 쳐 보았다. 그러자 아나디르 강 양쪽 강변과 툰드라 및 세상 전체가 다 보였다. 그 후 그는 하늘로 올라가 구름 속에 천막을 치고 지냈으며, 그때부터 샤먼이 되었고 곧 할아버지와 비슷한 힘을 가지게 되었다가 나중에는 더 큰 힘을 가지게 되었다고 했다.

이 모든 이야기는 분명 다양한 설화나 주문에서 차용된 것이 틀림없다. 예를 들어, 딱정벌레의 껍질 또는 작은 벌레인 이로 만든 북은 다양한 코랴크족, 축치족 설화에 등장한다. 툰드라에서 그 작은 북을 찾아내면, 북은 그것을 가진 사람에게 샤먼의 능력을 준다. 구름 위의 집에 대한 것도 마찬가지다.

'켈레우기'는 자신이 하는 말이 커다란 가치가 있어 많은 돈을 받을 것이라고 확신하고 팔 만한 물건은 가져오지 않았다. 그는 내가 후덕하게 많은 식품과 상품을 내줄 것이라고 기대했다. 그러나 그런 기대가 충족되지 않자 그는 몇 개월에 걸쳐 다양하게 나를 괴롭혔다. 그는 자신의 지식과 지혜가 무한한 가치가 있는 것이라고 여기는 것 같았다.

'긁는 여자'라는 이름의 남자 샤먼은 그보다 훨씬 더 불안정하고 쉽게 흥분하는 모습을 보였다. 그는 한자리에 오래 앉아 있지 못하고 자주 격심한 몸짓을 하면서 펄쩍펄쩍 뛰었다. 언젠가 그가 나를 찾아와 등 속 어딘가가 아프다고 호소했다. 나는 겨자 패드를 만들어 그의 등에 붙여주었다. 그러자 그는 등이 화끈거리는 것을 참지 못하고 러시아 샤먼의 불이 자기의 등을 갉아먹는다고 소리쳐 댔다. 그래서 겨자 패드를 떼어 주어야 했다. 당시 류머티즘 통증 치료를 받으러 나를 찾아왔던 두 명의 축치족은 겨자 패드가 그저 러시아식 사우나에 앉아 있는 것처럼 따뜻할 뿐이라고 말했었다.

'긁는 여자'라는 이름의 남자 샤먼은 젊은 사람임에도 불구하고 수많은 이웃들과 싸웠다. 그리고 동년배들과도 끊임없이 주먹다짐을 했는데, 항상 그가 두들겨 맞았다. 힘도 없는 데다 싸움도 할 줄 몰랐기 때문이다. 그런데도 그는 술을 조금만 마셔도 완전히 걷잡을 수 없는 사람이 되었다. 언젠가 한번은 그가 우리집에 앉아 귀신에 대한 이야기를 막 시작하려 할 때 이름이 '기예우테힌'이라는 그의 먼 친척이 들어왔다. 그는 이미 취해 있었다. 마린스크 요새 근처 포구에 정박 중인 러시아 선박에서 보드카를 구해 마신 것이 틀림없었다. '기예우테힌'은 자신도 우리 이야기를 듣겠다고 했다. 한편, '긁는 여자'라는 이름의 남자 샤먼은 성격이 다소 소심한 면이 있는 데다가 우리의 대화 주제가 귀신에 대한 자신의 생각을 말하는 것이었으므로, 다른 사람, 특히 동족이 듣는 것을 원하지 않았다. 그래서 다툼이 시작됐다. '기예우테힌'은 그 샤먼이 자기 동네에 나타나면 갈비뼈를 부러뜨려 놓겠다고 위협했다.

이에 대해 샤먼은 인상을 찌푸리며 자신이 거느리는 귀신을 언급했다. 그러자 '기예우테힌'은 자기에게 보드카를 주면 나가겠다고 말했다. 아마 그것이 그가 온 목적이었을 것이다. 한편, 샤먼이 극도로 흥분해서 몸을 떨며 즉시라도 덤벼들 듯한 자세를 보여 나는 그를 진정시켜 집으로 돌려보내려 했다. '기예우테힌'이 보드카를 주기 전에는 죽어도 나갈 수 없다고 버틴 데다 그의 말이 진심인 것으로 보였기 때문에 달리 생각해 볼 겨를이 없었다.[65] 결국 '기예우테힌'은 2온스들이 보드카를 받아 갔다. 그러자 샤먼은 나에게 시비를 걸었다.

그는 "이런, 내가 멍청하지. 다른 사람은 그냥 오기만 해도 값비싼 보드카를 받아 가는데, 난 아무것도 받지 못하니"라고 말했다. 그에게도 보드카를 권하는 것 이외에는 달리 방법이 없었다. 그런데 놀랍게도 그는 잠시 말이 없더니 갑자기 거절했다.

샤먼은 이렇게 설명했다. "이보시오, 난 당신과의 진정한 대화를 원해요. 난 술을 마시면 너무 포악해져요. 내가

---

65) 이 사람의 술에 대한 욕심은 특별했다. 그는 쥐와 작은 새들이 담겨 있는 알코올 병들을 보고 그것도 가져가려 했다. 그것을 먹으면 죽는다고 말했는데도 마찬가지였다. 그는 "쥐 말고 나를 알코올에 담가 주시오. 가장 독한 알코올에 빠져 죽게 해 주시오"라고 말했다.

술을 마시면 우리 마누라는 칼을 모두 치워 버리고 날 감시하지요. 그런데 난 마누라가 곁에 없으면 술 마시는 것이 두려워요." 그러면서 그는 어깨에 난 긴 상처를 보여 주었고, 부인이 없는 틈에 술을 마시고 싸워서 생긴 상처라고 말했다.

이것은 '긁는 여자'라는 이름의 남자 샤먼의 성격을 보여 주는 일례에 지나지 않는다. 한 가지 덧붙이자면, 다음 날 아침에 이미 샤먼은 '기예우테힌'이 했던 협박을 모두 잊어버렸다.

앞에서 언급했던 '예틸린'이라는 이름의 샤먼은 얼굴 근육이 항상 떨렸는데, 축치족 사람들은 부엉이가 사냥감을 먹을 때 머리를 끄덕이는 것에 빗대어 그가 부엉이 귀신에 씐 것이라고 웃으며 말했다.

나는 볼쇼이 아뉴이 지방에서 '키미콰이'라는 이름의 또 다른 샤먼을 만났는데, 그는 3대에 걸쳐 네 명이 자살한 집안 출신으로 그 역시 자살의 유혹에 시달리고 있었다.

앞에서 '텔핑아'라는 여자 샤먼에 대해서도 언급한 바 있다. 그녀는 자신이 3년에 걸쳐 무병을 앓았다고 말했다. 그녀가 무병을 앓는 동안 친척들은 그녀가 자신이나 친척들을 해치지 못하도록 조심했어야 했다고 한다.

또 다른 집안의 샤먼으로 아뉴이 강 지역에서 만난 '코라우헤'가 있다. 그는 체격도 좋고 잘생긴 외모에 침착하게 행동하는 사람이었다. 물론, 그도 거친 말 한마디에도 심하게 흥분했다. 그는 커다란 육체적 힘과 민첩성이 필요한 것임에 틀림없는 샤먼의 기예에도 높은 수준에 도달해 있었다. 그러나 그는 자신을 대 샤먼이라 여기지 않았고, 자신이 귀신들을 대하는 태도도 심각하게 받아들이지 말라고 말했다. 그는 젊은 시절에 매독에 걸려 고생했고, 그 병을 치료하기 위해 귀신들의 도움을 구했다고 설명했다. 그로부터 2년 후 그가 샤먼 기예를 터득했을 때, 귀신들의 도움으로 완전히 건강해졌다고 한다. 그 후 그는 수년에 걸쳐 지속적으로 귀신들과 접촉했고, 이제는 실질적인 대 샤먼에 근접한 상태였다. 그런데 그의 행운이 갑자기 사라졌다. 그의 개 한 마리가 검은 강아지 두 마리를 낳았는데, 그 강아지들이 자라나 뒷발로 앉아 그의 눈을 바라보게 되었고, 그는 그것을 샤먼 일을 그만둘 때가 왔다는 신호로 받아들였다. 그리고 예전의 병이 재발했고, 그의 순록 떼에 발굽이 붙은 새끼가 태어났다. 그러자 더 큰 불행이 찾아올까 두려워한 그는 복잡한 샤먼 기예는 그만두고 전혀 위험하지 않은 기술만 사용했다. 전에 그는 주로 악한 힘과 어둠의 기술을 사용하는 마법사였는데, 병이 재발한 뒤에 자신의 건강에도 해로운 그런 기술을 사용하는 것을 그만두었다.

물론, 샤먼들이 기예를 보여 줄 때 눈속임을 한다는 데에는 의심의 여지가 없다. 샤먼 자신들도 그것을 부정하지 않는다.

'긁는 여자'라는 이름의 남자 샤먼은 "샤먼들이 속임수를 많이 쓰기도 합니다. 어떤 샤먼은 침상의 순록 가죽을 발가락으로 집어 올리고는 귀신이 그렇게 한 것으로 믿게 하기도 하고, 또 어떤 샤먼은 옷깃이나 옷소매로 가리고 말을 하고서는 특별한 곳에서 전해지는 목소리로 믿게 하기도 합니다" 하고 말했다.

그러나 물론 자기 자신은 절대로 속임수를 쓰지 않는다는 것을 맹세할 수 있다고 했다. 그리고 "저를 보세요. 거짓말을 하는 사람은 혀가 꼬입니다. 거침없이 술술 말하는 사람은 진실을 말하고 있는 겁니다"라고 말했다. 물론 그것은 의심스런 논거였지만 나는 부정하지 않았다.

축치족은 많은 경우 샤먼들이 종종 속임수를 쓴다는 것을 잘 알고 있다. 몇몇 축치족은 샤먼들이 쓰는 속임수에 대해 말하는 과정에서 샤먼의 특별한 기술은 실제로 행하는 것이 아니라 관객들이 환상을 보게 하는 것이라고 말했다. 다른 사람들, 특히 내가 자주 만나 이야기를 나눈 채플린 갑 출신의 쿠바르라는 상인은 거의 모든 유명한 샤먼이 재주가 좋은 마술사에 지나지 않는다고 주장했기도 했다. 그는 "나는 샤먼들의 기예를 주의 깊게 살펴보면서 항상 속임수를 발견했습니다. 샤먼이 환자의 배를 가르는 동작을 취할 때 칼의 움직임을 잘 살펴보니 피부에 상처조차 내지 않으며, 흘러나오는 피는 샤먼이 입에서 뱉어 내는 것이었습니다" 하고 말했다.

이런 회의적인 시각은 문명과 접촉한 이후에 형성된 비교적 최근의 현상이다. 그리고 몇몇 샤먼은 의례를 행할 때만이 아니라 일반적인 경우에도 속임수를 쓰기도 한다. '긁는 여자'라는 이름의 샤먼은 빨랫줄에 널어놓은 우리 속옷을 훔치다가 붙잡힌 적도 있다. 우리는 채플린 갑 지역에서도 도둑질을 하는 여자 샤먼을 잡은 적이 있다.

한편, 축치족 샤먼들은 도움이 필요한 사람들에게 조언을 할 때 대단한 지혜와 통찰력을 발휘한다. 샤먼들은 그런 일에는 커다란 주의를 기울이며 자신의 모든 지식과 경험을 총동원한다. 그들은 축치족 귀신들의 조력에 대해 무시하는 태도를 보이지 않는 러시아인 관리나 상인 등 귀한 고객들에 대해서는 특별히 주의를 기울인다. 한번은 샤먼 '긁는 여자'가 의례를 행하는 중에, 아나디르 현감의 보좌관이 앞으로 있을 금년도 제2차 국채 추첨에서 자신이 가진 채권표 중에 당첨되는 것이 있겠느냐고 물어보았다. 그에게 채권표가 무엇인지 설명하기가 쉽지 않았다. 그러나 샤먼은 그것이 무엇인지 이해하자마자 그가 고향에 두고 온 재산이 보인다고 말했다. 또 자신의 휴가증이 어떤 우편선 편으로 올 것인지 물은 코사크 병사에게는 '커다란 배가 우리 지역 모든 사람에게 변화와 기쁨을 가져올 것이다'라고 대답했다. 이런 예는 수도 없이 많은데, 샤먼의 대답은 델피 신탁에 못지않은 것이었다.

그런데 내가 샤먼들에게 어떤 질문을 하면, 그들은 보통 나의 고향은 너무 먼데 켈레들의 다리가 짧아 거기까지 가지 못한다고 대답했다. 그리고 켈레들은 그렇게 먼 지역에 사는 사람들과 관련된 일들에 대해서는 확실하게 답을 주지 않는다고 했다. 샤먼들은 보통 이방인들의 질문에 대해 대답할 때는 그런 조심성을 보인다. 한편, 내륙에 사는 샤먼은 해안 사람들에게 바다 사냥에 대한 조언을 해주지 않는다. 그들이 섬기는 귀신들은 땅 위에서만 돌아다니며 바다를 무서워하기 때문이라고 한다.

샤먼 분류

축치족은 샤먼의 능력을 어느 정도 차이가 나는 세 가지 범주로 나눈다. 그러나 실상 그 세 가지 범주들 간에 명확한 경계를 설정할 수는 없다.

첫 번째 범주에 속하는 것은 '귀신과의 소통(칼라트코우르긴)'이다. 샤먼 의례 관객들이 볼 수 있는 모든 종류의 '귀신과의 소통'이 여기에 해당된다. 이것은 곧 샤먼을 통해, 또는 복화술[66]과 기타 기예를 통해 들을 수 있는 귀신들의 '목소리'인데, 간단히 말해서 샤먼 의례의 주요 내용을 구성하는 부분이다. 앞서 말한 것처럼, 그 모든 행위는 속임수로 여겨진다. 그런 행위를 수행하는 데는 젊은 샤먼이 훨씬 더 적당하며, 나이가 들면서 샤먼들이 그런 행위를 수행하는 능력을 상실하기도 한다고 한다.

두 번째 범주에 해당하는 것은 소위 '들여다보는 것(헤톨라티르긴)'인데, 축치족으로부터 커다란 존중을 받는다. 이 능력을 발휘하는 샤먼은 사람에게 닥칠 위험과 성공을 내다보기 때문이다. 그런 능력을 가진 샤먼은 어떻게 하면 위험을 피할 수 있고, 어떻게 하면 성공할 수 있는지를 조언해 줄 수 있다. 그런 공수는 원하는 결과를 얻기 위해 행하는 샤먼 의례의 세부에 포함된다. 귀신들은 보

66) 복화술은 북방의 다른 민족들의 샤먼 의례에서도 중요한 역할을 한다. 데이비드 크란츠(David Crantz)는 그린란드 에스키모족 샤먼의 복화술에 대해 언급했다[크란츠, 《그린란드 역사》 I(영어 번역본, 1820), p. 195].

통 의례의 후반부에 공수를 내린다. 이 부분은 '마법적'인 부분이라고 부를 수 있다.

한편, 수많은 귀신을 거느리고 있지만 예언이 잘 들어맞지 않는 샤먼들이 있다. 그들의 말은 쓸모가 없으며 해롭기까지 하다. 그래서 그들은 전혀 신뢰를 받지 못한다. 반면, 귀신들과의 긴밀한 접촉은 잘 되지 않지만, 개인적인 능력으로 조언을 해 주는 샤먼들이 있다. 그런 샤먼들이 행하는 의례는 아주 단순하지만 이웃 사람들 사이에서 커다란 존경을 받는다.

예를 들어, 내가 아뉴이 지역에서 만난 '갈무우르긴'이라는 샤먼은 귀신들과의 접촉에 대해서는 말하기를 꺼려 전혀 입 밖에 내지 않았다. 사람들은 그가 '자신의 몸으로만(엠-우비킬린)', 즉 그 어떤 '존재'들의 도움을 받지 않고 샤먼 의례를 행한다고 말했다. 나는 그가 의례를 행하는 것을 한 번 보았다. 그는 먼저 다른 샤먼들과 마찬가지로 북을 치고 노래를 했다. 그러나 몇 분 후 그것을 중단하고 깊은 숨을 내쉬더니 곧 공수를 내리기 시작했다. 그는 그 자리에 있던 많은 사람들의 운명을 예언했다. 한 사람에 대한 예언을 마치면 생각을 모으는 듯 잠시 멈추어 서 있다가 몇 번 무거운 신음 소리를 낸 뒤 다음 사람에 대한 예언을 했다.

세 번째 범주에 해당되는 것은 '주문을 외우는 것(에우간바티르긴)'이다. 여기에는 아주 복잡하고 혼란스러운 샤먼의 행위가 포함된다. 주문과 함께 하는 술법은 축치족 샤먼 마법의 대부분을 구성한다. 주문에 대해서는 별도의 장에서 기술하겠다.

주문에는 두 가지 종류, 즉 축원을 위한 것과 저주를 위한 것이 있다. 축치족은 자신의 능력으로 사람들을 도와주는 호의적인 샤먼과 단지 해롭게 할 능력만 있는 샤먼을 구분한다.

예를 들어, '텔핑아'라는 여자 샤먼은 마치 다른 샤먼에 대해 이야기하는 것처럼 자신에 대해 이렇게 말했다. "그 여자가 무병을 앓고 있을 때 다른 사람의 눈에는 보이지 않는 노파가 찾아왔습니다. 그 노파는 대단한 마법사로 그녀에게 자신이 알고 있는 주문을 하나씩 전수해 주었습니다. 그녀는 꿈속에서 그 선물들이 가진 힘을 보았습니다. 그녀는 몇 가지 주문은 너무 사악해 거절했고, 호의적이고 선한 주문들은 모두 받아들였습니다."

앞에 제시한 그림 13에는 선한 샤먼과 악한 샤먼이 붉은 무복과 검은 무복의 모습으로 묘사되어 있다. '지고의 존재'는 샤먼에게 그중 하나를 고르도록 한다. 그림 33에 묘사된 유카기르 샤먼들이 사용하는 마법의 나무판도 다시 한 번 상기시킨다. 나무판의 절반은 붉은 색으로 나머지 절반은 검은 색으로 칠해져 있어 각각 선한 샤먼과 악한 샤먼을 상징한다.

축치족 샤먼은 위 세 가지 범주의 능력을 다양한 정도로 갖추고 있다. 그들은 접신한 상태에서 귀신들의 힘을 통해 관중들 앞에서 다양한 묘기를 보여 주며 질문에 답하고 필요한 공수를 내린다. 또한 주문을 외우고 다른 마법적인 행위도 수행한다. 또한 샤먼들은 마법을 사용하여 다양한 질병을 치료하는 능력도 가지고 있다.

샤먼 의례에 대한 사례

샤먼들이 자신의 서비스에 대한 비용을 받으며, 가능한 한 더 많이 받으려 한다는 것은 납득할 만한 일이다. 축치족은 보통 공짜로 공수를 받거나 치료를 받으면 효험이 없다고 말한다. 귀신들이 자신들의 힘을 귀하게 여겨 공짜로 나누어 주지 않는다. 그리고 귀신들은 샤먼이 공짜로 도움을 주면 샤먼과 환자에게 심하게 화를 낸다. 샤먼이 우정이나 동정심에서 치료 의례에 대한 대가를 요구하지 않는 경우에도 그에게 상징적인 사례라도 해야지 치료가 효과를 보이게 된다. 그런 경우 보통 샤먼에게 끝부분에 구슬이 달려 있는 동물 힘줄로 만든 노끈을 선물한다.

원칙적으로 샤먼과 그의 귀신들은 항상 의례에 대한

대가를 요구한다. 언젠가 나는 '긁는 여자'라는 남자 샤먼의 의례에 참석한 적이 있다. 의례가 진행되는 중에 이웃집에서 온 여자가 자기가 조만간 아기를 낳게 될 것인지를 물었다. 방금 다른 질문에 대답했던 귀신의 목소리가 "신선한 고기를 주지 않으면 대답하지 않겠다"고 말했다. 이웃집 여자는 순록을 잡겠다고 공손하게 약속했다. 그러자 귀신 목소리는 "두고 보겠다"고 말했다.

물론 사례의 규모는 경우마다 다르다. 고기, 모피, 가죽, 옷, 살아 있는 순록, 음식 등 모든 것이 샤먼 의례에 대한 대가가 될 수 있다. '피부병 샤먼'에 관한 설화에서는 샤먼에게 대규모 순록 무리를 대가로 준다. 물론 실제로는 그런 일이 일어나지 않는다. 오몰론 강 주변의 순록을 유목하는 사람은 자신의 중병을 치료해 준 에벤족 샤먼에게 순록 수컷 세 마리와 가죽 몇 장을 주었다고 말했다. 때로는 샤먼에게 개인적으로 소중한 물건, 예를 들면 자신이 아끼는 순록 고삐를 대가로 지불하기도 한다. 그런 물건은 귀신들에 대한 제물의 성격을 가진다.

한편, 나는 오로지 샤먼 의례로 받는 수입으로만 살아가는 축치족 샤먼은 본 적이 없다. 그들에게 샤먼 의례는 일종의 부업인 셈이다.

샤먼 의례 준비

앞에서 말한 것처럼, 매 샤먼 의례를 준비하는 과정은 젊은 샤먼이 고통스런 무병을 앓으며 겪는 입무 과정과 유사하다. 대부분의 샤먼은 의례가 시작되기 전 아주 심하게 긴장한다. 종종 샤먼이 자신이 너무 약해 접신할 수 없다고 여겨 의례 수행을 거절하기도 한다. 그러다가도 곧 청을 수락하고 매우 조급해하며 도와주는 사람들과 찾아온 관객들을 재촉하기도 한다. 의례를 가능한 한 빨리 시작해서 빨리 끝내고 싶어 하는 것이다.

한편, 샤먼 의례가 정점에 달했을 때, 샤먼의 머리에 찬물을 뿌리면 즉시 접신 상태가 풀어진다고 들었다. 그래서 의례가 너무 길어지거나 샤먼의 트랜스 상태가 위험한 정도에 이르게 되면, 샤먼이 정신을 차릴 수 있도록 사람들이 그에게 물을 뿌린다.

샤먼의 의례 행위 자체는 질병 치료와 같은 것으로 여겨진다. 의례 중에 심한 흥분 상태였던 샤먼은 의례가 끝나면 마치 강한 강심제를 먹은 것처럼 완전히 평온해진다. 대부분의 경우 샤먼은 육체적 피로도 느끼지 않는다. 샤먼들은 내게 "내가 왜 피곤하지요? 나는 아무것도 하지 않았습니다. 모든 것은 귀신들이 한 것입니다"라고 말했다. 그래서 그런지 샤먼들은 은연중에 자신의 능력을 과도하게 높이 평가하며, 겸손한 젊은 샤먼들도 의례 직후에는 자신의 능력과 힘을 과장한다. 그래서 그들의 힘을 믿는다고 하면, 즉시 모든 과정을 포함하는 의례를 다시 한 번 반복할 듯한 자세를 보인다. 어떤 경우에는, 특히 샤먼들이 시합을 하는 경우에는 의례가 하루 이상 지속되기도 한다. 그런 경우 샤먼들보다 관객들이 먼저 지쳐 집으로 돌아간다.

집 안에서의 샤먼 의례

샤먼 의례는 보통 다음과 같은 상황에서 진행된다. 저녁 식사를 마치고 솥과 식기들을 외부 천막으로 내간 뒤, 의례에 참가하고자 하는 주인집 식구들과 손님들은 침상이 있는 내부 천막으로 모인다. 그리고 내부 천막을 밤 동안 단단히 닫아 둔다. 순록 축치족의 내부 천막은 아주 좁아서 모두들 아주 불편한 자세로 앉아 있어야 한다. 해안 축치족의 내부 천막은 훨씬 더 넓어서 의례에 참가한 사람 모두가 편안하고 자유롭게 앉아 귀신들의 목소리를 들을 수 있다. 샤먼은 안쪽 벽 앞 '가장의 자리'에 앉아 있다. 내부 천막이 아주 좁음에도 불구하고 샤먼 주변의 공간은 비워 두어야 한다. 북은 세심하게 점검하고 가죽을 팽팽하게 당겨 둔다. 북의 가죽이 너무 말라 주름이 나 있는 경우에는 오줌으로 적신 다음에 등잔불에 조금 말린다. 샤먼이 그렇게 북을 제대로 준비하는 데 때로 한 시간 정도가 소요되기도 한다. 그리고 샤먼은 자유스럽게 몸을 움직일 수 있도록 모피로 만든 상의를 벗어 허리 위는 맨몸인 상태가 된다. 때로는 다리를 움직이는 데 불편하지 않도록 각반을 벗기도 한다.

과거에 샤먼들은 흥분제를 사용하지 않았다고 하는데, 요즘에는 의례에 앞서 마약과 같은 작용을 하는 생담배를 파이프에 가득 담아 피운다. 이것은 강력한 흥분제로서 생담배를 피우는 습관이 널리 퍼져 있는 퉁구스족 샤먼들로부터 전해진 것이다.

의례 준비가 모두 끝나면 불을 끄고 샤먼이 의례를 시작한다. 먼저 샤먼은 북을 치면서 도입부 노래를 시작하는데 처음에는 아주 잠잠하게 노래한다. 그러다가 점차 더 크게 노래해 나중에는 집안이 야성적인 고함 소리로 가득 차게 된다. 좁은 내부 천막의 벽이 그의 고함 소리에 심하게 흔들릴 정도가 된다. 샤먼은 북채로 북을 계속 치면서 북의 뾰족한 부분을 입까지 들어 올리고 목소리의 방향을 바꾼다. 그렇게 몇 분이 지나면 그 소음에 관객들은 소리가 어디에서 오는지 분별을 할 수 없게 되며, 결국 소리가 한 군데서 나는 것이 아니라 천막 내 이쪽저쪽 다양한 방향에서 들려오는 것으로 느끼게 된다.

샤먼의 노래는 가사가 없다. 모티브도 아주 단순하다. 노래 자체는 하나의 짧은 구문이 계속적으로 반복되는 구조다. 시간이 조금 지나면 샤먼은 노래를 잠시 멈추고 "아흐, 야, 카, 야, 카, 야, 카" 하는 무거운 신음 소리를 커다랗게 내뱉는다. 그 후 샤먼은 다시 노래하는데, 이번에는 숨을 좀 더 많이 들이쉬고 첫 부분의 음을 가능한 한 길게 늘인다.

한편, 좀 더 복잡하지만 어느 정도의 아름다움이 유지되는 후렴구들도 있다. 샤먼은 많은 후렴구들을 의례를 행하는 도중에 지어낸다. 샤먼마다 관객들에게 잘 알려진 몇 가지 후렴구가 있기도 하다.

그래서 의례 중에 샤먼이 그런 후렴구들 가운데 하나를 부르면 관객들은 그가 어떤 샤먼의 후렴구를 부르는지 즉시 알아채기도 한다.

노래를 부르는 데는 특별한 순서가 없다. 샤먼은 원하는 대로 한 가지 노래에서 다른 노래로 넘어갈 수 있다. 종종 한 가지 노래를 끝까지 부르고 나서 다시 처음부터 반복하기도 한다. 도입부의 노래는 약 15분에서 30분까지 이어지며, 그다음에는 켈레가 등장한다.

샤먼은 의례 내내 혼자 노래한다. 관객들 중 그 누구도 샤먼의 노래를 같이 부르지 않는다. 그러나 때때로 관객 중 한 명이 "히크! 히크!" 또는 "히츠! 히츠!"(놀람을 표현하는 감탄사)라고 소리치거나 "콰이보(물론)!" 또는 "에뭉 올리크(옳소)!"라고 소리치기도 한다. 그런 감탄사는 모여 있는 사람들의 전적인 공감을 표현하는 것이다. 축치족은 그런 감탄사를 '오치트커크(대답 소리를 내다)'라는 특별한 명칭으로 부른다. 축치족 샤먼은 그런 공감의 감탄사가 들리지 않으면 자신이 귀신을 부를 능력이 없다고 여긴다. 따라서 입무한 지 얼마 되지 않은 젊은 샤먼은 형제자매에게 그런 공감의 감탄사를 외쳐 달라고 부탁한다. 그런 공감이 자신에게 영향을 주기 때문이다. 몇몇 샤먼은 자신에게 의례를 부탁한 사람들에게 의례 과정의 가장 위험한 순간에 그런 공감의 감탄사를 외치도록 요구하기도 한다. 그렇게 관객들이 감탄사를 외쳐 힘을 북돋워 주는 것은 축치족 이야기꾼들에게도 반드시 필요한 일이다.

아시아 에스키모족의 경우에는 의례를 행하는 집안의 부인과 다른 가족들은 의례가 진행되는 동안 마치 합창을 하듯이 노래를 한다. 그들은 때로는 샤먼의 모티브를 받쳐 주기도 하고 샤먼과 함께 노래를 부르기도 한다. 콜리마 하류 지역의 러시아화된 유카기르족의 경우에는 샤먼의 부인이 공감의 감탄사를 외쳐 남편을 도와주며, 샤먼은 부인을 마치 자신의 보조자처럼 대한다.

귀신 켈레들의 행위는 그들이 샤먼의 몸에 들어간 순간부터 시작된다. 그때부터 북을 치는 것이 점점 강해지고 빨라진다. 그리고 샤먼은 마치 귀신이 내는 듯한 이상한 소리들을 쏟아내기 시작한다. 샤먼은 머리를 이리저리 흔들며 입에서는 마치 추위에 떠는 사람이 내는 듯한 이상한 소리를 낸다. 그리고 히스테릭한 외침 소리를 내거나 변한 목소리로 "오, 토, 토, 토, 토" 또는 "이, 피, 피, 피, 피"와 비슷한 이상한 소리를 길게 중얼댄다. 그런 소리는 켈레들이 내는 전형적인 소리로 여겨진다. 종종 샤먼이 자신의 보조령인 동물이나 새 소리를 내는 경우도 있다. 샤먼이 보조령 없이 제 몸으로만 의례를 하는 경우에는 켈레들이 샤먼의 몸을 통해 북을 치거나 노래를 한다. 그렇게 초자연적인 존재가 몸 안에 들어온 뒤 샤먼의 목소리는 더 날카롭고 험악해지며 부자연스러워진다.

복화술 및 다른 기예

몇몇 샤먼의 경우, 모든 켈레들이 마치 '개별적인 목소리들'처럼 나타난다. 켈레들은 험악하고 부자연스러운 소리나 외침으로 자신을 드러내는데, 이제 그 소리들은 샤먼의 몸 밖에서 나는 것처럼 들리게 된다. 샤먼은 이제 다른 종류의 소리를 내는 단계로 넘어간다. 샤먼은 그런 기예의 수준에서 보통 사람을 훨씬 뛰어넘는다.

축치족의 경우 복화술이 높은 수준으로 발전해 문명국 복화술사들과 경쟁을 한다면 축치족이 승리할 것이라고 확실하게 말할 수 있다. 이런 뛰어난 기예로 인해 샤먼 의례에 참석한 사람들은 각각의 목소리가 집 안 사방에서 한꺼번에 들려오는 듯한 환상을 겪는다. 몇 개의 목소리가 처음에는 마치 먼 데서 들려오는 것처럼 아주 약하고 조용하게 들려온다. 그러다가 마치 가까이 다가오는 듯 점차 더 크고 강하게 들려오며, 마침내 그들이 집 안으로 들어와 이리저리 돌아다니며 소리는 내는 듯 들리게 된다. 또 다른 목소리들은 마치 위에서 내려와 집을 거쳐 땅속으로 들어가 계속 소리를 내는 듯 들린다. 샤먼은 이런 기예를 펼칠 때 동물이나 새의 소리를 흉내 내기도 하고 폭풍 소리를 흉내 내기도 한다.

나는 언젠가 주위 사람들이 메아리라고 부르는 목소리를 들은 적이 있다. 그 목소리는 우리가 내는 소리와 말을, 그것이 영어든 러시아어든 모두 그대로 반복했다. 물론 외국말은 완전히 정확한 발음으로 따라하지는 못했지만, 어쨌든 '귀신'은 예민한 청각을 가져 모르는 외국말 소리도 재빨리 포착했다. 그런데 우리가 박수를 치니까 '귀신'

이 혀를 차는 소리로 따라해서 우리뿐 아니라 원주민들도 웃었다. 나는 귀뚜라미나 모기 '귀신'의 목소리도 들었는데, 그 '목소리'는 그 곤충들이 평소에 내는 소리와 비슷했다.

나는 앞서 언급했던 샤먼 '코라우헤'에게 그의 귀신들더러 내 귀에 대고 말하거나 속삭이게 해 보라고 부탁했다. 나는 완벽한 환청에 사로잡혀 나도 모르게 '귀신'을 잡으려 손을 귀 쪽으로 갖다 대기도 했다. 그 후 샤먼이 '귀신'을 땅속으로 들어가게 하자 '목소리'가 바로 내 발아래에서 들려왔다. 그렇게 여러 가지 목소리들이 들리는 동안 샤먼은 계속해서 북을 쳤는데, 그것은 마치 그가 다른 일을 하는 데 온 힘과 주의를 다 기울이고 있는 것처럼 보여 주기 위한 것 같았다.

나는 그 '각각의 목소리들'을 녹음해 보기로 하고 샤먼 '긁는 여자'에게 내 집에서 의례를 행하도록 부탁했다. 여러 가지 선물을 주고 설득할 수 있었다. 의례는 물론 한밤중에 해야 했으며, 나는 불빛이 없이도 녹음기를 조작할 수 있도록 설치했다. 샤먼은 내게서 약 20보 정도 떨어진 방구석에 앉았다. 불이 모두 꺼지자 '귀신'들이 잠시 머뭇거리더니 샤먼의 청에 따라 방 안으로 들어왔고, 녹음기에 대고 말하는 것에도 동의했다. 녹음된 것을 틀어 보니 멀리서 친 북소리와 녹음기에 대고 말한 '귀신들'의 목소리 사이에 커다란 차이가 느껴졌다.

샤먼 '긁는 여자'는 계속 북을 쳐 자신이 한 자리에 앉아 계속 북을 치고 있다는 것을 내가 들어 알 수 있게 했다. 그는 나에게 귀신들 가운데 몇몇에 특히 주목하라고 했다. 그런 귀신들 가운데 하나가 야생 새끼순록 귀신이었는데, 그가 늑대에게 물려 죽은 암컷 순록 근처에서 찾아낸 것이었다. 새끼순록이 죽은 어미의 젖을 빨려고 하고 있는 것을 발견해 집으로 데려와 자신의 보조령으로 만들었다는 것이다. 그 '귀신'은 새끼순록들이 어미를 찾을 때 내는 전형적인 소리인 짧게 푸륵거리는 소리를 내서 자기가 그 자리에 있음을 알렸다. 다른 '귀신'은 낮게 으르렁대는 소리를 내며 들어왔다. 그것은 암컷 순록을 죽인 늑대였다.

샤먼 '긁는 여자'는 자신이 적에게 해를 끼치거나 복수를 할 때 자신은 바로 그 늑대로 변신하며 적은 순록으로 변신시킨다고 말했다. 그러니 물론 항상 그가 승리한다. 많은 설화들에 샤먼들이 필요한 경우 '귀신'들을 정해진 장소로 보내거나 스스로 자신의 보조령 가운데 하나의 모습으로 변신해 의도나 목적을 달성한다는 이야기가 등장한다.

예를 들어, '사마귀 샤먼'에 관한 설화에는 샤먼 시합을 할 때 한 샤먼이 다른 샤먼에게 "어떤 켈레를 보낼 것인가?" 하고 묻는 장면이 나온다. 이에 대해 "나는 작은 매를 보낸다. 너는?"이라고 되물으며, 이에 대해 "나는 커다란 물오리를 보낸다"고 대답한다. 그리고 그들은 바로 그 동물로 변신하며, 시합이 시작된다.

이와 유사한 소재들을 불행을 당한 사람들에 관한 이야기에서도 찾아볼 수 있다. 그들은 자신의 동물 형상 호신부에게 호소해 그들이 살아나 적과 싸우도록 부탁하거나 또는 스스로 그런 동물로 변신한다.

샤먼 '긁는 여자'가 불러낸 또 다른 귀신은 까마귀였다. 샤먼은 마법 치료 시에 그의 도움을 받았다. 까마귀가 환자가 걸린 병의 모든 배아를 다 잡아먹는다고 여겼기 때문이다. 그다음으로 불러낸 귀신은 쥐였는데, 그것은 땅속 깊은 곳을 돌아다니며 시급한 임무를 재빨리 수행한다고 했다.

그 후 뼈를 빻는 데 사용되는 도구의 일부인 가죽 통 '귀신'이 들어왔다. 이 가죽 통에는 부순 뼈를 담아 둔다. 샤먼 '긁는 여자'는 이 귀신에 대해 이렇게 말했다. 언젠가 그가 야생 순록을 사냥할 때 오른쪽 앞다리를 맞추어 다치게 했는데도 따라잡기가 힘들었다고 한다. 그때 그는 '가죽

통'을 불러내 순록을 따라잡아 머리 위로 올라타도록 했다. 그렇게 해서 그 순록을 쉽고 빠르게 잡을 수 있었다고 한다.

모든 귀신들이 방으로 들어와 특별한 소리를 내어 자신의 존재를 드러낸 후, 그들은 항상 그렇게 하는 것처럼 자신의 숨소리, 즉 노래를 하기 시작했다. 샤먼은 북을 쳤고 귀신들의 목소리로 여겨지는 험악하고 날카로운 목소리로 노래했다. 그런데 그 노래는 아주 짧게 끝났다. 귀신들이 자신들의 숨이 약해지고 있다고 말했다는 것이다. 그 후 귀신들은 말을 하기 시작하거나 파리가 윙윙대는 소리와 비슷한 소리를 내면서 사라졌다. 축치족은 그 소리를 '알아들을 수 없는 말'이라고 부르며, 항상 귀신과 연관시킨다. 그 명칭은 앞에서 말한 샤먼이 '중얼대는 소리'에도 적용된다.

종종 샤먼이 맨 먼저 오는 귀신에게 북소리가 나빠졌다거나 북의 가죽이 찢어졌다고 말하기도 한다. 그러면서 샤먼은 다소 둔탁한 북소리를 낸다. 그러면 귀신은 북이 고쳐지도록 북에 입김을 불어야 한다. 주술적 치료의 경우에 특히 자주 그런 모습이 보인다. 그리고 귀신이 북을 고치면 샤먼은 환자에게 그것이 좋은 징조라고 말해 준다. 만일 귀신이 북을 고치지 못하면 그것은 병의 뒤끝이 좋지 못할 것임을 예언하는 것이다.

동물 귀신들이 내는 소리는 그 동물의 전형적인 소리라는 점을 다시 한 번 반복한다. 바다코끼리와 곰은 으르렁대고, 순록은 푸륵거리며, 늑대는 울부짖고 여우는 캥캥거리며 까마귀는 까륵거린다. 늑대, 여우, 까마귀 귀신은 대화를 할 수 있지만 자신의 고유의 음색을 유지하며 때때로 전형적인 소리를 내느라 말이 중단된다.

대부분의 경우 복화술은 곧 일반적인 말로 바뀌게 된다. 귀신들은 하나씩 순서대로 등장한다. 그들은 샤먼과 대화를 하거나 서로 대화를 하고, 말싸움을 하기도 하고 서로 욕을 하기도 한다. 그러나 동시에 여러 목소리가 말을 하지는 않는다는 것은 두말할 필요도 없다. 귀신들의 아주 활발한 대화도 순서대로 이어지는 일련의 발화로 구성된다. 귀신들은 대화 시에 종종 전혀 의미가 없는 "파피를, 쿠리, 무리" 등과 같은 이상한 말을 하기도 한다. 그러면 샤먼은 해설가 귀신을 부르는데, 그가 관객들이 알아듣지 못하는 이상한 말들을 해석해 준다. 샤먼도 그런 개별적인 목소리들이 하는 말은 알아듣지 못하는 것으로 여겨진다.

축치족과 이웃한 다른 종족들에게도 이와 유사한 관념과 믿음이 존재한다. 콜리마와 아나디르 지역의 러시아인과 러시아화된 원주민들이 그러한데, 그들의 샤먼은 러시아어 이외의 다른 언어는 알지 못한다. 그런데 귀신들은 샤먼의 입을 통해 말할 때도 코랴크어, 야쿠트어, 유카기르어가 뒤섞인 보통 의미를 알 수 없는 방언을 사용한다. 그러면 샤먼은 일정한 시간이 지나 통역을 부르며, 결국 오랜 입씨름 끝에 '개별적인 목소리들'도 러시아어를 아는 '귀신'을 불러오며 그를 통해 자신들의 의사를 관객들에게 전달한다.

축치족 샤먼은 몇 가지 개별 단어와 표현 이외에 나름의 특별한 언어가 없다. 샤먼들은 북을 '아트웨트(보트)'라고 부른다. 그런데 이 명칭은 고대 축치족이 주로 바다 사냥을 했었다는 증거가 될 수 있다. 샤먼의 트랜스 개념은 '안응아아르킨(그가 내려간다)'이라는 단어로 표현된다. 이 명칭은 샤먼이 트랜스 상태에서 다른 세계, 특히 지하세계를 방문할 수 있다는 믿음의 영향으로 발생되었다.

북서 지역 코랴크족의 귀신들은 남동 지역 코랴크족이나 축치족의 말과 비슷한 발음을 한다. 귀신들에게만 속한 몇 가지 단어들이 있다.

아시아 에스키모족의 경우 귀신들은 나름의 언어가 있다. 샤먼들이 내게 그 언어의 많은 단어를 말해 주었는데, 그 대부분이 알래스카에서 그린란드에 이르기까지의 다양한 에스키모족의 귀신들의 언어와 유사했다.

때로 몇 시간씩 이어지기도 하는 샤먼 의례의 단순함을 다양한 종류의 기예가 무마해 준다. 귀신들은 내부 천막 밖에서는 벽을 긁기도 하고 이리저리 뛰어다녀 발소리가 들리기도 한다. 그러나 내부 천막 안에서는 귀신들의 모든 행동이 간신히 들릴 정도로 조용히 이루어진다. 그들이 날아다니며 내는 소리는 모기가 날아다니는 소리와 비슷하고, 그들의 발자국 소리나 북 위에서 뛰어다니는 소리는 간신히 들릴 정도다.

악한 귀신은 종종 바닥에 깔려 있는 가죽을 갑자기 세차게 들어 올려 그 위에 놓여 있던 모든 물건이 사방으로 튀어 날아가기도 한다. 그래서 샤먼 의례에 앞서서 내부 천막의 모든 솥과 음식을 밖으로 내놓는 것이다. 때로는 보이지 않는 손이 천막을 위에서 잡아 세차게 뒤흔들거나 위로 잡아 올려 외부 천막의 불빛이 잠깐 새어 들어오기도 한다. 이것은 물론 내부 천막을 튼튼하게 고정시켜 두지 않는 순록 축치족의 천막에서만 가능한 일이다. 그리고 종종 그 보이지 않는 손이 내부 천막 안으로 눈덩이를 던져 넣거나 찬물이나 오줌을 붓는 일도 있으며, 나무토막이나 돌멩이를 던져 넣어 관객 중 누가 맞는 경우도 있다.

그런 일들이 내가 보는 앞에서도 여러 번 일어났다. 귀신들이 샤먼을 통해 나에게 그들을 무서워하지 않는가 물었는데, 내가 확실하게 대답하지 않았더니 귀신들이 순수하게 물질적인 증거를 통해 그들에 대한 나의 존경심을 키워 보려 했던 것이다. 여기서, 샤먼 의례에 참가한 모든 사람들은 귀신들을 만지려 해서는 안 된다는 금기가 있다는 점을 밝혀 둔다. 귀신들은 그런 금기를 깨려는 사람에 대해서는 가혹하게 보복한다. 그런 경우 귀신들은 그 자리에서 샤먼을 죽이는 벌을 내리든지 어둠 속에서 죄를 범한 사람의 목을 꺾어 놓거나 갈빗대 사이에 칼을 박아 넣기도 한다. 나는 샤먼 의례에 앞서 매번 그런 경고를 들었다. 어떤 경우에는 금기를 깨려는 시도에 대한 경고로 샤먼이 자신 앞에 칼을 놓아두기도 한다.

의례를 행하는 내부 천막은 아주 좁아 샤먼이 어둠 속에서 그런 다양한 환상을 만들어 내는 것을 보고 놀라지 않을 수 없다.

나도 샤먼에게 손을 뻗으면 닿을 정도로 가까이 앉아 샤먼 의례를 본 적이 여러 번 있다. 그러니 커다란 호기심을 억제할 경고는 반드시 필요한 것이었다.

마법적인 공수

샤먼 의례의 후반부는 마법적인 성격을 띤다. 이 부분

에 대한 명확한 표상을 가질 수 있도록 몇 가지 사례를 제시한다.

샤먼 '틸루우기'는 귀신들과 준비 대화를 나눈 뒤에 한 귀신을 불렀는데, 그 귀신은 자신이 집에서 혼자 사는 노처녀 귀신이라고 했다. 그 귀신은 사람들이 자신의 여자 목소리를 듣고 놀리지 않을까 걱정했다. 그러나 곧 여러 가지 신기한 조언과 설명을 하기 시작했다.

그 노처녀 귀신은 의례 참석자들 중 '엔무우기'라는 남자에게, 얼마 전 그가 싸움에서 진 것은 상대방이 사전에 사악한 주문을 외웠기 때문이라고 말하고서 다음에 싸울 때는 그도 동일한 방법을 쓰라고 조언했다.

이 노처녀 귀신은 나의 일행 가운데 한 사람에게도 말을 했다. 그는 뛰어난 사냥꾼이었다. 귀신은 그가 '걸어 다니는 존재', 즉 곰들을 모욕했다고 질책했다. 그가 변명을 하려고 하자 귀신은 약 두 달 전쯤 그가 동료들과 함께 사냥을 나갔던 일을 언급했다. 그들은 겨울잠에서 깬 곰을 사냥하러 갔었다. 축치족의 시각에 따르면, 그런 사냥은 아주 위험한 것이다. 마침내 귀신은 그가 '걸어 다니는 존재'를 모욕했기 때문에 오래 걸어도 지치지 않는 힘을 잃을 수 있다고 말했다. 이에 그는 귀신에게 그런 위험을 어떻게 피할 수 있는가를 물었고, 이에 대해 귀신은 방금 사냥된 곰의 코에서 벗긴 가죽을 구해 그 위에서 감사의 의례를 행해야 한다고 말했다. 그러면 '걸어 다니는 존재'들이 진정된다는 것이었다.

그 후 그 귀신은 관객 중 다른 사람에게 말을 했다. 귀신은 지난 가을에 그 사람이 야생 수컷 순록을 죽이는 것을 보았다고 했다. 그리고 그것이 그 사람의 순록 떼로부터 먼 곳에서 일어난 일이지만 어쨌든 그 순록에게 제물을 바쳐야 한다고 말했다. 그러나 그 사람은 제물을 바치지 않았고,[67] 그래서인지 다음 해 겨울에 불행을 겪었다. 그의 순록 떼를 늑대들이 습격해 가장 살진 수컷 아홉 마리를 죽였다. 그런 불행이 되풀이되는 것을 막기 위해서는 늑대들이 습격한 장소에서 자라는 버드나무의 갈라진 가지를 꺾어 그 자리에서 상응하는 의례를 행해야 한다.

앞에서 언급한 적이 있는 예언자이자 샤먼인 '갈무우르긴'은 내가 있는 자리에서 어떤 유르트 주인에게 다음 해 가을에 그의 집 근처로 많은 야생 순록들이 모여들게 될 것이라고 예언했다. 그때가 되면 암회색 털을 가진 암컷에게 현혹된 수컷 한 마리가 집의 입구 오른쪽에서 발로

---

67) 그는 순록 떼로부터 먼 곳에서 사냥꾼의 노력으로 사냥한 야생 순록에게는 제물을 바치지 않는다는 일반적인 관행을 따른 것이다. 샤먼의 조언은 이행하면 불행이 예방되는 특수한 예언 같은 것이다.

땅을 차며 서 있을 것이라고 말했다. 또 특별한 주문을 외면 반드시 그렇게 될 것이라고 말했다. 그리고 그때 그 수컷을 납작한 마름모꼴의 촉이 달린 화살을 쏘아 잡아야 하며, 그렇게 하면 야생 순록 사냥이 아주 잘될 것이라고 했다.

그 후 샤먼은 잠시 말을 멈추고 생각을 정리하고는 별도의 천막에서 친구와 함께 살고 있는 집주인의 동생에게 말했다. 그 친구는 그의 친척 여자 중 한 사람과 결혼한 상태이며, 그와 친구는 겨울이 오기 전에 헤어질 것이며 그 후에는 서로 쳐다보지도 않게 될 것이라고 예언했다.

샤먼은 또 다른 사람에게는 '악한 존재'들이 그 사람의 집을 건드리지 않을까 무섭다고 말했다. 병을 옮기는 귀신을 말한 것이다. 샤먼은 그 귀신들을 물리치기 위해서는 다가오는 '뿔 축제'에 예방을 위한 특별한 의례를 행해야 한다고 했다. 그 의례는 집 주위 눈 위에 가죽 띠 몇 개를 길게 늘여 놓고 입구 앞에는 작은 돌들을 놓아두는 것이다. 그렇게 하면 가죽 띠가 거대한 강이 되고 돌들이 높고 험한 바위산이 되어 '악한 존재'들이 들어가지 못하게 막아 준다는 것이다.

이런 샤먼의 행위는 한밤중에 내부 천막에서 이루어진다.

기절

샤먼이 실제로 혼절하는 경우도 종종 발생한다. 샤먼들이 북소리에 맞추어 큰소리로 힘차게 노래하다가 갑자기 쓰러져 몸을 움직이지 않고 누워 있는 경우가 있다. 마치 귀신들에게 조언 또는 지시를 받기 위해 샤먼의 영혼이 귀신들의 나라를 찾아간 듯한 모습이다. 축치족 설화에는 샤먼이 그렇게 기절하는 상황을 묘사한 수많은 이야기들이 있다. 그러나 실상, 특히 요즘에는, 그런 일은 매우 드물다. 샤먼들의 기예가 옛날만 못하기 때문이다. 현재 샤먼들은 '안응아아르킨(가라앉다, 내려가다)'라는 단어를 설명할 때도 단지 샤먼이 깊은 트랜스 상태로 내려간다는 전이적인 의미로만 해석한다.

또 축치족 이야기들에서는 샤먼이 주로 치료를 받고 있는 환자의 영혼을 찾기 위해 다른 세계로 '내려간다'고 묘사되어 있다. 현재의 샤먼들은 중요하고 어려운 치료 과정에서 그런 무의식으로의 '하강'을 모방한다. 나는 그렇게 '하강'하는 자리에 두 번이나 참석했었지만 그 어떤 주목할 만한 점을 발견하지 못했다. 그것은 항상 어둠 속에서 시작되었다. 그리고 샤먼이 갑자기 북 치는 것을 중단하면 등잔을 다시 켜고 즉시 샤먼의 얼굴을 천으로 덮었다. 집의 안주인인 샤먼의 부인이 등잔불 아래서 천천히 북을 치기 시작했다. 그렇게 약 15분이 흘렀고, 샤먼은 내내 움직임 없이 누워 있었다. 그러다가 샤먼이 갑자기 일어나서 얼굴을 가린 천을 던져 버리고 부인으로부터 북을 건네받아 의례 초반부처럼 북을 치고 노래를 했다. 그 후 그는 환자에게 병에 관한 조언을 하기 시작했다. 그가 하는 조언은 다름이 아닌 드라마틱한 형식으로 바꾼 주문이었다. 그것에 관해서는 다음 장에 기술하겠다.

외부 천막에서의 샤먼 의례

앞에서 언급한 것처럼, 외부 천막에서의 샤먼 의례는 특별한 날에만 행해지며, 그것도 샤먼이 아닌 그날의 주인공들에 의해 행해진다. 사실, 샤먼의 행위는 일반인들의 샤먼 행위와 별다를 것이 없다. 차이가 있다면 샤먼은 북을 더 빠르고 강하게 치며 노래도 더 복잡하고 다양하다는 것뿐이다.

축치족 샤먼은 결코 대낮에 외부 천막에서 복화술을 사용하지 않는다. 사실 나는 샤먼 두어 명으로부터 외부 천막에서도 '목소리들'을 불러낼 수 있으며, 그런 목소리들과 화로 불빛 아래서 이야기를 나누기도 했다는 말을 들었다. 그러나 그런 주장이 사실과 다르다는 것을 확인할 수 있었다.

이미 사망한 샤먼에 대한 이야기를 들은 적이 있다. 그는 어디에서든지 그런 마술을 보여 줄 수 있었는데, 그 '목소리'들은 항상 그의 무릎 가까운 곳에서 들려왔고 그는 그들과 대화할 때는 항상 고개를 숙이고 있었다고 했다.

화로는 켈레들의 입구로 취급된다. 코랴크족 설화에 따르면, 카마크(악령)는 집안 화롯불을 통해 집으로 들어온다.[68] 그래서 화로 근처에는 켈레들이 나오지 못하도록 돌들을 놓아둔다. 켈레들이 집 안으로 들어오려고 하면 그 돌들이 넘을 수 없는 거대한 산으로 변해 화로 주위를 막는다.

외부 천막에서 의례를 할 때 샤먼이 부른 귀신들은 샤먼의 몸을 통해서만 나타날 수 있는데, 그럴 때는 이상한 소리를 내고 날카로운 고함을 지른다. 이에 대해서는 앞에 이야기한 바 있다. 이런 기념일 의례에서 샤먼은 다양한 동물이나 새의 목소리를 흉내 내며 미친 듯이 발을 구르고 입에 거품을 물고 펄쩍펄쩍 뛴다. 이때 손에 닿는 모든 물건을 부숴 버린다. 켈레가 몸에 들어간 샤먼은 사람 말을 하는 능력을 상실해 몸동작이나 알아들을 수 없는 소리로만 의사를 표현할 수 있다. 샤먼의 몸에 어떤 동물의

---

68) 요헬손, 《코랴크족》, p. 140.

'영'이 들어간 경우, 샤먼은 그 동물의 움직임을 흉내 낸다. 네발로 기기도 하고 꿀꿀거리기도 하고 이빨을 갈기도 한다. 몇몇 샤먼은 두개골과 발톱이 그대로 달려 있는 늑대나 곰의 가죽을 뒤집어쓰기도 한다는 말을 여러 번 들었다.

때때로 샤먼의 몸에 들어간 켈레는 아주 사나워져 일시적으로 그의 지배를 받는 샤먼의 목숨을 빼앗으려 하기도 한다.

나는 로소마샤 강 연안의 순록 축치족 가운데 '아키믈라케(골수가 없는)'라는 사람을 알고 있는데, 그는 자신이 샤먼이라고 주장하지만 이웃들은 그의 주장에 귀를 기울이지 않았다. 어느 명절에 '아키믈라케'가 마치 켈레가 몸에 들어와 그의 목숨을 빼앗으려 하는 것처럼 행동했다. 그는 오랫동안 칼을 찾아다녔다. 그러나 그의 집안 여자들은 명절 때마다 반복되는 그의 습관을 잘 알고 있었기에 집안의 모든 칼과 날카로운 물건을 모두 숨겨 두었다. 언젠가 내가 감사 의례에 참석했는데, 그는 습관대로 칼을 찾아다니기 시작했다. 그는 내게 다가와 칼이 필요하다는 몸짓을 했다. 그때 그의 몸을 지배했던 귀신이 사람의 말을 할 수 없었던 것이다. 당시 나는 허리에 칼을 차고 있었다. 그때 내 곁에 앉아있던 코사크인이 웃으면서 '아키믈라케'에게 나의 칼을 쓰라고 말했다. 그 말을 들은 집안 여자들은 놀라서 소리를 질러 댔다. 코사크인이 웃은 데서 모욕감을 느낀 '아키믈라케'는 바닥에서 양끝이 뾰족한 긴 나무를 집어 들어 한쪽 끝을 자신의 맨살이 드러난 배에 대고 다른 쪽 끝을 내 가슴에 댄 채 몸의 무게를 실어 앞으로 밀었다. 물론, 나무가 부러졌다. 그러나 부러진 나무 반쪽이 내 얼굴로 튀어 왼쪽 눈가에 깊은 상처를 냈다. 다른 반쪽은 '아키믈라케'의 배에 가로로 긴 상처를 냈다. 어떻게 그 나무 끝이 그의 몸으로 들어가지 않았는지 이해할 수 없었다. 이 일은 너무 빨리 일어나 그 누구도 그를 제지하지 못했다.

'아키믈라케'는 담담하게 눈을 한 주먹 집어 들어 그것으로 배의 피를 닦아 내고 다른 집으로 갔다. 약 30분쯤 지나 그의 피에 대한 갈증이 지나간 뒤에 나는 그에게 왜 그랬느냐고 물었다. 그는 아무것도 모른다고 대답했고, 그의 배에 난 피 묻은 상처를 보여 주자 몹시 놀랐다.

이런 사건은 모든 원시적인 종족 샤먼들에게 매우 특징적인 일이다. 여기에는 트랜스와 더불어 엄연한 속임수가 결합되어 있다. 그런 다양한 감정 상태의 결합으로 인해 샤먼은 종종 전혀 예상치 못한 행동을 하게 된다.

'감사 의례'와 많은 다른 의례들이 낮에 외부 천막에서 시작되고 밤에 내부 천막에서의 일반적인 샤먼 의례로 끝난다는 점은 이미 언급한 바 있다.

그런데 그런 의례에 몇 명의 샤먼이 참가하면, 그들 간에는 외부 천막에서뿐 아니라 내부 천막에서도 시합이 이루어진다.

샤먼들은 순서대로 자신의 기예를 보여 준다. 그리고 의례가 끝나면 그들은 집주인으로부터 힘과 능력에 따른 선물을 받는다.

축치족 설화는 샤먼들의 그런 시합이나 두 명의 샤먼 간의 힘겨루기에 관한 이야기들이 가득하다. 그런 시합은 몇 달씩 계속되기도 한다.

그런 시합에 대한 묘사를 러시아화된 원주민의 이야기 속에서도 볼 수 있다. 그런 이야기들은 모두 우화적인 성격을 가진다. 내가 직접 본 샤먼들의 시합은 일반적인 샤먼 의례들과 거의 아무런 차이가 없었다. 차이가 있다면 단지 시합에서는 순서대로 등장하는 몇 명의 샤먼을 볼 수 있다는 것뿐이다.

대낮에 보여 주는 샤먼의 기예

항상 밤에 수행되는 위에 기술된 샤먼 기예와 더불어 샤먼들은 대낮에 침실 또는 외부 천막에서 일련의 다른 기예를 보여 주기도 한다. 대부분의 경우 그런 기예는 아주 어설프다. 그러나 어떤 것들은 문명국의 최고 마술사가 보여 주는 기예에 결코 뒤지지 않는 뛰어난 예술성을 보여 주기도 한다. 그러나 나는 축치족이 고대 샤먼에 못지않은 명성을 지녔다고 전하는 최고 샤먼들은 직접 만나 보지 못했다. 현재 그런 샤먼들은 아주 드물다. 채플린 갑의 웅이사크 마을 출신의 한 에스키모족 샤먼은 주변 지역 전체에서 명성이 자자했다. 그의 이웃들로부터 그의 비범한 힘에 대한 이야기를 들었다. 그는 마치 귀신 같아서 러시아 사람들이 황제를 두려워하는 것처럼 모두들 그를 두려워했다고 말했다. 그러나 안타깝게도 그는 내가 채플린 갑에 도착하기 1년 전에 사망했다. 아마 곤다티는 그를 만나 보았을 가능성이 있는데, 기록에 그에 대해 언급하지 않았다.

나는 그 에스키모족 샤먼의 아내인 '우풍에'를 만나 보았다. 그녀는 자신이 남편의 대단한 능력의 작은 부분밖에 가지지 못했다고 말했지만, 그녀의 여러 가지 기예는 놀랄 정도로 대단했다. 예를 들어 보면, 언젠가 우리가 그녀의 유르트 내 침실에 등불을 켜 놓고 앉아 있었다. 그녀는 잠시 북을 치다가 북을 든 채로 이상한 고함을 치고 야성적인 동작을 하면서 펄쩍펄쩍 뛰었다. 마치 켈레가 그녀의 몸에 들어왔다는 것을 보여 주려는 듯했다.

그 후 그녀는 어른의 주먹만 한 커다랗고 둥그런 돌을 잡아 북 위에 올려놓고 사방에서 입김을 불면서 귀신을 묘사하듯 목쉰 소리로 중얼거렸다. 그녀는 몸짓으로 우리에게 주목하라는 신호를 보냈다. 귀신이 몸에 들어와 잠시 사람의 말을 할 능력을 상실한 것이다. 그녀는 양손으로 돌을 꽉 쥐었다. 그러자 그녀의 손 사이로 작은 돌 조각들이 떨어지기 시작했다. 약 5분간 돌 조각들이 계속해서 떨어졌다. 순록 가죽이 깔려 있는 바닥에는 작은 돌 조각들이 수북하게 쌓였다. 그런데도 손안에 있는 돌은 처음 그대로 매끈하고 온전한 모습이었다.

나는 그녀 가까운 곳에 앉아 그녀의 행동 하나하나를 세심하게 지켜보았다. 그러나 그 돌 조각들이 어디서 온 것인지 이해할 수 없었다. 그녀는 일반적인 여성용 옷을 입고 있었는데 윗부분을 허리까지 감아 내려 상반신은 완전히 노출된 상태였기에 그녀의 몸동작을 자세히 살펴볼 수 있었다. 몇 분 지나서 나는 그녀의 속임수를 밝혀 볼 생각으로 갑자기 다시 한 번 보여 달라고 부탁했다. 그러나 그녀는 즉시 돌을 쥐고 아무 어려움 없이 무수히 많은 작은 돌 조각들을 만들어 냈다. 처음보다 더 많은 돌 조각들이 쌓였다.

그녀의 또 다른 기예는 샤먼들이 마법적 의료에 사용하는 기술이었다. 샤먼들은 환자의 가슴을 칼로 열어젖혀 병의 원인을 찾아 제거하는 모습을 보여 준다. '우풍에'는 자신의 기예를 보여 주기 위해 14세 정도의 아들을 바닥에 눕도록 했다. 그녀는 먼저 잠시 북을 친 뒤에 칼을 잡았다. 왼손의 손가락 두 개로 칼날을 잡아 아들의 복부 상부에 집어넣었다. 그리고 오른손으로 칼의 손잡이를 잡고 왼손 가락으로 칼끝의 방향을 잡아 주면서 아들의 흉곽을 여는 것으로 보였다. 실제로 흉부가 절개된 것으로 보였다. '우풍에'의 손가락 양쪽에서는 붉은 피가 가느다랗게 흘러내려 바닥에 뚝뚝 떨어졌다. 아들은 아무런 움직임 없이 누워 있었다. 칼끝이 내장을 건드린다고 호소하면서 약하게 두어 번 신음했을 뿐이다.

마침내 '우풍에'는 손을 거두었고, 우리는 아들의 몸에서 새로 생겨 피가 고인 상처를 볼 수 있었다. 한편, '우풍에'는 우리가 오랫동안 그 상처를 보게 하지 않았다. 곧 그녀는 상처가 진짜라는 것을 보여 주려는 듯이 양손의 엄지손가락을 상처에 깊숙이 집어넣어 보였다. 이런 수술이 진행되는 동안 그녀는 내내 알 수 없는 소리를 중얼거렸고 아들의 몸에 거의 닿을 정도로 머리를 이리저리 흔들어 댔다. 그리고 마지막으로 얼굴을 상처에 바짝 대고 귀신소리를 흉내 내는 듯한 목소리로 주문을 외면서 상처의 피를 재빨리 핥았다. 몇 분 후 그녀가 머리를 들었고, 우리는 아들의 몸이 온전한 것을 보았다. 상처의 흔적도 보이지 않았다.

내가 살펴본 바로는 그 기예는 다음과 같은 방식으로 진행되었다. 수술을 하는 동안 '우풍에'는 몇 차례 우리에게 덥다는 시늉을 했고, 딸이 그녀에게 얼음과 눈을 녹여 물을 만드는 데 사용하는 커다란 솥에서 눈 뭉치를 가져다 주었다. 이 지역 사람들은 더우면 눈이나 얼음을 먹는다. 아마도 눈 뭉치 속에 새로 얼린 물개 피가 들어 있었을 것이다.[69] 그 시기에는 원주민 집집마다 물개 피가 많이 저장되어 있었고, 그 수술은 마침 물개 사냥철에 이루어졌던 것이다. 그래서 눈과 함께 얼어 있던 피가 여자 샤먼의 입 속에서 녹았고, 그녀는 지켜보는 사람들 모르게 그것을 아들의 몸 위에 뱉어 냈던 것이다. 그리고 아들의 몸은 매우 여윈 상태였고 신체 사방의 피부는 주름이 져 있었다. 그 외에도 아들이 근육을 움직여 배에 주름을 만드는 기술을 익혔을 것이 분명하다. 그래서 '우풍에'가 뱉어 낸 물개 피

69) 나는 외부 천막을 빠져 나올 때 눈 뭉치를 밟고 미끄러졌다. 그것을 집어 들어 살펴보니 그 속에 물개의 피가 들어 있었다.

가 가득 고인 주름들이 마치 새로 생긴 상처처럼 보였을 것이다. 그리고 '우풍에'의 자녀들이 어머니가 기예를 보여 주는 동안 도움을 줄 수 있도록 특별한 교육을 받았을 것이 틀림없다.

나는 축치족 샤먼들이 제 몸을 가지고 그런 방법으로 좀 더 쉽고 단순한 기술을 보여 주는 것을 두세 번 보았다. 어떤 샤먼은 칼을 자기 가슴에 꽂는 시늉을 했는데, 그는 모피로 된 상의를 입고 있어 칼이 손에서 뒤로 미끄러져 소매 주름 속으로 들어가게 하는 것이었다.

한번은 샤먼 '긁는 여자'가 자기도 상의를 입지 않고 칼을 가슴에 꽂아 넣는 기술을 할 수 있다고 말했다. 그는 그것을 보여 주는 대신 내게 새 칼을 요구했고, 그것을 마법적 의료를 시행할 때 사용할 것이라고 말했다. 칼은 끝이 뾰족하고 날이 잘 갈린 것이어야만 한다고 했다. 그는 칼을 받기로 약속하고 난 뒤 북을 치기 시작했는데, 칼을 찔러 넣어도 상처가 나지 않을 정도로 칼을 '달구어야' 하기 때문이라고 반드시 필요하다고 설명했다. 그러고는 순진하게도 샤먼이 모피 상의를 입고 있는 경우에는 칼을 '달구지 않아도' 수술을 할 수 있다고 덧붙였다. 그의 집안 여자들은 계속 거세게 그를 말렸다. 그들은 울면서 내가 샤먼의 수명을 단축시킨다고 원망했다. 그들의 말에 따르면, 그런 행위는 즉각적인 해를 초래하지는 않더라도 샤먼의 생명력을 침해하는 작용을 한다는 것이다.

마침내 샤먼이 자신의 기예를 시연할 준비를 마쳤고, 마지막으로 북을 쳤다. 갑자기 여자 귀신의 것으로 느껴지는 목소리가 들려왔다. 그 새로운 목소리는 샤먼이 작년에 자신에게 순록을 제물로 바치기로 약속했었다고 밝혔다. 귀신은 약속된 제물을 받기를 원하며, 따라서 샤먼이 약속을 이행하기 전에는 그 어떤 위험을 감수하는 것을 허락하지 않는다고 말했다. 당시는 여름이어서 유목되는 순록 떼가 집에서 먼 곳에 가 있었고, 또 여자 귀신이 허락하지 않는 바람에 시연은 성사되지 않았다. 그러나 샤먼은 내가 자기를 자랑만 늘어놓는 사람으로 생각할까 봐, 자신이 실제로 그런 기예를 해 본 적이 있다는 것을 증명하기 위해 배에 난 깊은 상처 두 개를 보여 주었다. 그는 그중 하나는 칼에 의한 것이고 다른 하나는 총탄에 의한 것이라고 말했다.

축치족 설화에 따르면, 칼로 자신을 찌르는 것은 샤먼의 기예 가운데 가장 널리 퍼져 있는 일반적인 것이다. 그런 기예는 워낙 자주 연출되어서 관객들은 커다란 의미를 부여하지 않았다. 축치족의 말에 따르면, 샤먼들이 그런 기예를 시연할 때 진짜 칼 대신에 나무로 만든 모조 칼을 쓴다. 바로 이것이 칼로 찌르는 기예가 속임수에 바탕을 둔 것이라는 점을 말해 준다.

축치족 사이에 떠도는 이야기에 따르면, 한 가정에 불화가 있었는데 그 집 처녀 샤먼이 몸에 칼을 찔러 넣는 기예가 뛰어났음에도 다른 사람에 의해 칼로 살해되었다고 한다.

아뉴이 지역 축치족에게서 채록한 설화에 두 명의 부인을 두고 사는 한 남자 이야기가 있다. 남자는 부인 중 한 명을 집에서 쫓아냈다. 쫓겨난 여자는 초자연적인 존재, 특히 '커다란 흑곰'의 도움으로 질 좋은 귀한 모피를 많이 얻었다. 한편, 집에 남아 있던 여자는 나무칼을 제 몸에 찔러 넣는 기예를 가지고 있었다. 마을 사람들은 쫓겨난 여자가 귀한 모피를 얻었다는 것을 알고는 여자 샤먼의 기예를 보려 하지 않게 되었으며, 남자는 그 여자를 쫓아내고 다시 귀한 모피를 가진 여자를 받아들였다.

위에 서술한 것과 같은 샤먼 기예는 유카기르족에게서도 찾아볼 수 있다. 나는 파티스텐노예 마을에서 앞서 기술했던 마법의 나무판 이외에도 북과 무복 및 기타 무구들을 발견했다. 그중에는 검은 점들로 덮여 있는 나무칼도 있었는데, 마을 사람들은 그것이 샤먼이 자기 몸에 찔러 넣던 칼이며 검은 점은 그의 핏방울이라고 했다.

크라세닌니코프는 그런 기예를 행했던 캄차달족 샤먼에 대해 기록했다. 그 샤먼은 칼을 제 몸에 찔러 넣기 전에 모피로 된 상의를 입고 그 속에 피를 한 줌 넣어 두었다고 한다.[70]

사리체프도 야쿠트족 샤먼의 동일한 기예에 대해 기록했다. 그 샤먼은 자신의 몸을 칼로 찔렀을 뿐 아니라 자신의 조수에게 칼을 손잡이만 남도록 깊이 집어넣게 했다. 그리고 샤먼은 화로로 다가가서 불에 달아 있는 석탄 덩어리 세 개를 집어 들어 아무런 동요나 고통스러운 모습 없이 그것을 삼켰다.[71]

축치족 샤먼과 에스키모족 샤먼의 수많은 기예들을 다 기술하려면 너무나 많은 지면이 필요하다. 예를 들어, '우풍에'는 자신의 몸에 가죽 띠를 둘렀다가 갑자기 풀어 그것으로 앞에 앉아 있는 자식들을 모두 반 토막 내는 기예를 보여 주었다. 이런 다양한 기예들은 우리 마술사들이 보여 주는 기예를 연상시킨다.

한편, '우풍에'는 매번 기예를 펼치기 전에 양손을 펴 손에 아무것도 없다는 것을 보여 주는 전형적인 행동을 취했다.

앞에서 그녀의 사망한 남편이 생전에 북을 가지고 지

70) 크라세닌니코프, 《캄차카 지역 기록》 제2권(1786), p. 158.

71) 사리체프, 《여행기》 I. p. 30.

하 세계로 갈 수 있었다는, 즉 문자 그대로 '내려갈 수 있었다'는 말을 한 바 있다. 그는 어둠 속에서 샤먼 의례를 행하면서 한두 명의 이웃에게 손을 그의 머리에 올리라고 부탁하고서 점차 땅속으로 '내려가기' 시작해 그들의 손에 아무것도 잡히지 않을 때까지 내려간다. 그리고 잠시 후 사람들은 내부 천막에서 약 20보 정도 떨어진 외부 천막을 두드리는 소리를 듣게 된다. 사람들이 출입구를 열면 맨몸에 북을 들고 있는 샤먼이 나타난다.

나는 처음에 그 이야기를 들었을 때는 그것을 에스키모들의 환각으로 치부하고자 했다. 그러나 '우풍에'의 기예를 보고 난 후에는 에스키모들의 말이 거의 사실에 가깝다는 결론을 내렸다. 사실 축치족이나 에스키모족이 종종 집 아래에 파 두는 것과 같은 땅굴이 샤먼의 집 아래에도 있었을 수 있다. 그런 땅굴을 통해 샤먼이 내부 천막에서 바로 바깥으로 나갈 수 있었을 것이다.

나는 로렌츠 섬 선교사였던 도디(W. F. Dody)의 1889년 일지에서도 그런 기예에 관한 흥미로운 기록을 발견했다. 그도 앞에 설명한 것과 같은 기예를 직접 목격했으며 자신의 손을 샤먼의 머리에 올려놓는 역할을 하기도 했다. 그러나 그는 그 현상을 샤먼이 어둠을 틈타 재빨리 몸의 자세를 바꾸는 것으로 설명했다.

나도 로렌츠 섬을 방문했을 때 바로 그 샤먼의 의례에 참석한 적이 있다. 그의 이름은 '아수나라크'였으며, 여러 대에 걸쳐 샤먼이 나온 집안 출신이었다. 그는 다른 여러 가지와 더불어 가슴에 팔짱을 낀 채로 가죽으로 된 바닥 깔개를 자신의 어깨에 올리는 기예를 보여 주었다. 등잔불 아래서 보았기 때문에 그의 행동을 자세히 살펴볼 수 있었다. 그리고 그의 어깨로 올라간 깔개는 마치 그의 등에 붙어 버린 듯했다. 그가 침실에서 기어 나갈 때 내가 그 끝을 잡고 당겨보았으나 떨어지지 않았다. 결국 나는 그의 등에 붙은 깔개 끝을 잡고 외부 천막까지 따라가게 되었다. 한편, 그는 이제는 대단한 샤먼 기예를 보여 줄 나이를 지났기 때문에 더 이상 땅속으로 내려가는 것은 할 수 없다고 말했다.

가죽 줄로 묶어 둔 손을 푸는 것은 평범한 샤먼 기예로 취급된다. 그런 기예를 여러 번 보았는데, 그리 뛰어난 것이 아니었다. 그리고 그 기예에는 길게 늘어나는 가죽 줄이 사용되었다. 이 기예는 일반적인 샤먼 의례가 끝난 후 내부 천막 내 어둠 속에서 행해졌다.

샤먼을 총으로 쏘거나 밧줄을 목에 감아 교살하는 것처럼 보여 주는 기예도 있다. 의례 참석자 중 두 사람이 샤먼의 목에 감긴 가죽 줄의 양쪽 끝을 잡고 당긴다. 물론 그래도 샤먼은 멀쩡하다. 그런 기예는 직접 보지는 못했고, 단지 들어 보았을 뿐이다.

나는 축치족과 에스키모족의 샤머니즘이 원시적인 단계에 있지만 많은 복잡한 행위들을 포함하고 있음을 보여주기 위해 샤먼의 여러 가지 기예들을 자세하게 기술했다. 그들의 복잡한 샤먼 기예는 조수들의 도움으로 이루어지지만 그들은 전혀 부각되지 않는다. 한편, 그 모든 기예들이 타 지역의 영향에 의해서가 아니라 독립적으로 발전한 것으로 보이는 점이 흥미롭다.

게다가 그 기예들이 많은 다른 민족들의 마술사나 마법사의 기예를 연상시키니 더욱 흥미로운 일이다.

샤머니즘에서의 성의 변화와 성이 바뀐 샤먼들

축치족 샤머니즘에서 성의 변화도 별도의 한 가지를 차지한다. 축치족 샤머니즘의 다양한 현상에서 성기는 커다란 역할을 한다. 사악한 마법사들은 남녀 성기와 관련된 특정한 공수를 이행할 때 커다란 힘을 얻게 된다. 따라서 '흑샤먼'은 자신의 저주가 특별한 힘을 가지게 하려면 달빛이 비치는 밤에 옷을 다 벗고 집 밖으로 나간다. 그리고 달에게 기원하며 저주를 내린다. 이때 샤먼은 "오, 달이여! 내가 나의 은밀한 부분을 너에게 보여 준다. 나의 분노에 찬 생각에 공감해 주거라. 나는 네 앞에 숨기는 것이 없다. 아무개를 벌하도록 나를 도와 다오"라고 말한다. 샤먼은 이 말을 하면서 달의 동정을 구하듯이 우는 시늉을 한다. 그리고 입으로 무엇인가를 잡아먹는 시늉도 한다. 이것은 희생자를 잡아먹겠다는 샤먼의 의도를 상징적으로 표현하는 것이다.

축치족은 종종 그런 종류의 저주를 사용한다. 샤먼 '긁는 여자'는 그도 언젠가 자신의 적에 대해 그런 저주를 사용했고, 그 적은 곧 위중한 중병에 걸렸다고 말했다.

그림 37은 마린스크 요새의 축치족이 그린 그림으로, 네발로 기면서 달에게 호소하는 샤먼을 묘사하고 있다. 샤먼이 옷을 모두 벗고 머리에만 커다란 샤먼 모자를 쓴 것으로 보인다. 샤먼 '긁는 여자'는 자신도 그렇게 옷을 다 벗고 머리에 샤먼 모자만 쓴 채로 저주 의식을 행한 적이 있다고 말했다. 이처럼 성기를 지시하며 행하는 주문 의식이 아나디르 강 중류 지역 축치족 야생 순록 사냥꾼들에 의해서도 행해지고 있다.

한편, 지금 내가 소개하기 시작한 축치족 샤머니즘의 한 부분은 보다 특별한 성격을 가지며, 남녀 샤먼의 부분적인 또는 전적인 성의 뒤바뀜에 해당되는 것이다. 축치족 샤머니즘에서는 그런 사람을 특별히 '부드러운 인간적

그림 37. 달에게 기도하는 샤먼을 묘사한 축치족의 그림.

존재'라고 부른다. 또 성이 뒤바뀐 존재로 변한 사람을 '부드러운 남자'라고 부른다. 그리고 자신의 성을 바꾼 남자는 '여자 같은 남자'라고 부르기도 하며, 성을 바꾼 여자는 '남자 같은 여자'라고 부르기도 한다.

이런 성의 변화는 보통 처음으로 샤먼이 되라는 부름을 받는 사춘기 연령에 켈레의 명령에 따라 발생한다. 그런 켈레의 명령은 젊은 샤먼에게 가장 끔찍하고 위험한 것이다. 젊은 샤먼들이 귀신의 명령을 듣지 않아 죽음을 맞게 되는 대부분의 경우가 바로 이 성의 변화와 관련된 귀신의 명령 때문이다. 한편, 그런 성의 변화가 다양한 정도로 이루어진 경우들이 있다.

그런 변화의 첫 단계에서 남성은 다만 머리를 땋거나

벗는 여성의 행위를 모방한다. 한편, 그런 모방 관습은 축치족 사이에 널리 퍼져 있는데, 귀신의 명령을 받은 샤먼만 그렇게 하는 것이 아니라 샤먼의 공수를 받은 환자들도 그렇게 하기도 한다. 그렇게 하는 것은 머리 모양을 바꿈으로써 귀신이 환자를 알아보지 못하고 떠나가게 하기 위한 것이다.

두 번째 단계는 여성의 옷을 입는 것이다. 이것 역시 샤먼이 그렇게 할 뿐 아니라 주술적 치료의 목적으로 행해지기도 한다. 이 두 번째 단계에서 성이 완전히 변화되는 것은 아니다. 예를 들어, 샤먼 능력을 받은 '키미콰이'라는 사람은 청소년기부터 여자 옷을 입었다. 어떤 이상한 병에 걸려 침상에서 밤낮으로 잠만 잔 적이 있는데, 그때 그의 꿈에 귀신이 나타나 여자 옷을 입으라고 명령했다고 한다. 그래서 귀신의 요구대로 여자 옷을 입게 된 것이다. 그런 변화를 겪었음에도 그에게는 아내와 네 명의 자식이 있었으며, 내가 그를 만났을 때 가장 어린 자식은 젖먹이였다. '키미콰이'의 뺨에는 덥수룩하게 검은 수염이 덮여 있어 그의 실제 성이 무엇인지 의심할 여지가 없었다.

채플린 갑 지역의 '차이부우르긴'이라는 청년은 어린 시절부터 앓아 왔던 만성병을 고치려면 여자 옷을 입으라는 샤먼의 말에 따라 여자 옷을 입는다.

앞에 기술한 것과 같은 경우는 그리 자주 볼 수 있는 것은 아니다. 그것은 한편으로 다른 성의 옷을 입으면 너무 눈에 띄기 때문이며, 다른 한편으로는 그것이 실제로 성이 바뀌는 것만큼 특별한 효과를 주지 못하기 때문이다.

세 번째 단계에서는 보다 완전한 성의 변화가 발생한다. 이 단계를 거친 청년은 모든 남성적인 습관을 잃고 여성적인 습관과 여성적인 성향을 가지게 된다. 총이나 창, 유목용 올가미, 바다 동물 사냥용 작살은 더 이상 잡지 않으며, 그 대신 바늘이나 가죽 손질용 긁개를 잡게 된다. 그리고 그런 청년은 여성의 일을 아주 빨리 터득하는데, 그것은 귀신이 그를 도와주기 때문이다. 또 말을 할 때도 여성 특유의 억양을 사용하며, 외모는 아니더라도 적어도 신체적 속성과 육체적 힘도 달라진다. 남성적 힘과 달릴 때의 가벼운 몸놀림이나 씨름할 때의 지구력을 잃고 여성처럼 힘이 없어진다. 심리 상태와 성격도 변한다. 용기, 과감성, 투쟁정신을 상실하고 낯선 사람을 두려워하게 되고 젖먹이, 어린아이를 좋아하게 된다. 간단히 말해서, 그런 청년은 남성적 외모를 유지한 채 여자가 되는 것이다.

물론, 그런 성의 변화에서 자신의 의지가 어떤 역할을 하며, 주위 사람들에게 확실한 인상을 주기 위해 그런 변화 가운데 어떤 것을 의식적으로 표현하는지 규정하기는 어렵다.

어쨌든 가장 중요하고 의미 있는 것은 성의 변화다. '부드러운 사람'에게 여성적 감정과 정서가 나타나기 시작한다는 것이다. 그는 남성들의 호감과 동정심을 얻기 위해 노력하며, 귀신들의 도움으로 노력의 결과를 얻게 된다. 그래서 그는 남성들이 그의 사랑을 쟁취하고자 하는 욕망을 자극할 수 있다. 그는 그런 남성들 가운데서 자신의 남편을 고르며, 일반적인 혼례를 치르기도 한다. 그리고 그런 결혼을 통해 형성된 두 사람의 연대가 아주 굳건해서 둘 중 한 사람이 죽을 때까지 지속되는 경우도 종종 있다. 이런 부부도 다른 사람들과 마찬가지로 생활한다. 남편은 가축을 돌보고 수렵과 어로를 하며, '부인'은 모든 집안일을 한다. 그들의 결혼 생활에서 '부인'은 항상 수동적인 역할을 한다. 몇몇 '부드러운 남자'가 모든 남성적 욕망을 잃고 결국에는 여성 성기를 가지게 되었다는 이야기도 있다. 또 어떤 경우에는 여자 애인을 두어 자식을 낳기도 한다.

성이 변한 남자는 자신의 예전 이름은 유지한다. 내가 만나 본 모든 '부드러운 남자'들도 남자 이름을 유지했다. 다만 그들 중 한 사람은 여자 옷이라는 뜻의 '케르-아몰렌'이라 불렸는데, '아몰렌'은 남자 이름이다. 이와는 달리,

샤먼이 평범한 남자에게 태어날 때 또는 나중에 여자 이름을 붙여 주는 경우도 있다.

이처럼 성이 바뀌는 것은 일반적인 일이 아닌 만큼 그에 대한 다양한 소문과 이웃들의 조롱이 따르게 된다. 그러나 그런 사람을 조롱할 때는 아주 작은 소리로 말한다. 그렇게 성이 바뀐 사람을 보통의 샤먼보다 훨씬 더 두려워하기 때문이다.

축치족 사이에 널리 퍼져 있는 설화로 여자 옷을 입은 '부드러운 남자'가 가족을 도와 순록 떼를 일구는 이야기가 있다. 그의 형수는 "이 여자 옷을 입은 사람은 별 쓸모가 없다"고 비웃었다. 이에 '부드러운 남자'는 모욕을 느껴 고향을 떠나 코랴크족 땅으로 갔다. 그런데 그가 이동용 천막을 지어 놓자 코랴크족이 그를 습격했다. 그러나 그는 뿔로 만든 작은 활로 불이 붙어 있는 뾰족한 나뭇가지를 발사했다. 그러자 그 나뭇가지는 불타는 창으로 변해 모두를 태워 죽였다. 그는 그들의 가축을 모두 모아 집으로 돌아와 친척들에게 보여 주면서 "이제 여러분은 여자 옷을 입은 사람이 여러분을 위해 무엇을 할 수 있는지 똑똑히 보았다"고 말했다.

모든 '부드러운 남자'는 귀신들 가운데 자신만의 특별한 수호자를 가지고 있다. 축치족은 그 '수호자'는 대부분의 경우 성이 변한 남자의 초자연적 남편, 귀신 남편이라고 말한다. 이 '남편'이 가족의 실질적인 가장으로 여겨지며, 그 귀신 남편은 성이 변한 자신의 '부인'을 통해 지시를 내린다. 인간 남편은 물론 즉시 그 지시를 이행해야 한다. 그렇지 않으면 즉시 벌이 내려질 수 있다. 따라서 그런 가정에서는 '부인'의 '목소리'가 곧 모든 일을 결정한다. 그리고 종종 인간 남편이 '부인'의 이름을 자신의 이름에 덧붙여 사용하는 경우도 있다. 예를 들어, '텔루우게-야티르긴'이라는 이름에서 '텔루우게'가 '부인'의 이름이다. 이것은 '코콜레-야티르긴'이라는 이름에서처럼 아버지의 이름 '코콜레'를 아들의 이름 '야티르긴'에 덧붙여 사용하는 것에 상응한다.

귀신 남편은 자신의 '부인'을 조금이라도 비웃는 것에 대해 극히 민감하게 반응한다. 자신의 '부인'인 '부드러운 남자'가 겁이 많고 소심하다는 것을 잘 알기 때문이다. 그 외에 귀신 남편은 자신의 명령에 따라 성을 바꾼 남자의 상황이 비웃음을 초래한다는 것도 잘 알고 있다.

축치족은 성을 바꾸지 않은 몇몇 샤먼은 귀신 부인이 있으며, 그 귀신 부인들도 모든 일상사에 참여한다고 말한다. 샤먼 두 명의 시합에 관한 어떤 이야기에서는 그 둘 모두 귀신 부인이 있었다. 한 샤먼의 귀신 부인은 내부 천막의 벽에서 얼굴을 내밀어 샤먼을 지켜본다. 그리고 인간 부인이 식사를 준비하며 고기를 자를 때도 벽에서 얼굴을 내밀어 샤먼을 지켜 준다. 그런데 그와 시합한 샤먼이 그를 내부 천막 밖으로 끌어내 굴복시켰다. 그리고 그의 귀신 부인도 자기의 부인으로 삼았다. 그래서 승리한 샤먼의 인간 부인이 고기를 자를 때 두 명의 귀신 부인이 그를 지켜 준다. 그리고 그는 잠을 잘 때는 세 명의 부인과 함께 잤다. '사마귀 샤먼' 쿠쿨핀에 관한 이야기에서는 샤먼이 자신의 귀신 부인에게 새로운 침실을 만들라고 명령했다. 그리고 그가 새로 만든 침실에 들어간 뒤, 거기에서 아주 즐거운 대화소리, 웃음소리 그리고 팔찌와 목걸이 부딪치는 소리가 들려왔다. 그리고 '쿠쿨핀'을 찾아온 또 다른 샤먼이 그 유쾌한 귀신 부인과 밤을 보내고 싶어 여러 차례 시도했지만 그렇게 되지 않았다. 그러자 '쿠쿨핀'의 인간 부인이 "당신은 남의 귀신 부인과 자는 것이 가능하다고 생각하는 거요?" 하고 물었다.

'부드러운 남자'는 비록 여자와 똑같기는 하지만 복화술을 포함한 모든 샤먼 기예에 능할 수 있다고 여겨진다. 그들은 자신의 초자연적 수호자가 없을 때는 보통의 샤먼들과 시합하는 것조차 두려워해 그들에게 모든 것을 양보하고 요구를 들어준다. 그렇지만 그 후 그의 초자연적 남편이 자신의 '부인'에게 저지른 모든 무례에 대해 복수를 해 준다.

내가 실제로 만나 본 모든 성이 변한 남자들 가운데 '틸루우기'가 가장 특징적인 사람이었다. 본 장의 서두에 이미 그에 대해 언급한 바 있다. 나는 그를 로소마샤 강 주변 순록 유목지 사이의 작은 시장에서 만났다. 그는 추코트카 반도에서 온 상인 무리와 함께 있었다. 그도 해안 축치족 가정에서 태어났는데, 그의 가족이 순록 유목 지역으로 이사한 상태였다. '틸루우기'는 약 35세 정도로 아직 젊었으며, 키가 크고 체격이 건장한 사람이었다. 그의 커다랗고 투박한 손은 여성적인 것과는 거리가 멀었다.

나는 이틀을 그의 천막에서 머물렀고 그의 침상에서 잠을 잤다. 그래서 그의 신체적 특징도 가까이에서 파악할 수 있었다. 물론 완전히 남자의 신체였다. 한편 그는 내가 자신의 몸을 보는 것을 완강히 거부했다. 그래서 그의 남편 '야티르긴'에게 많은 돈을 약속하고 설득해 보도록 했다. 그래서 '야티르긴'이 여러 번 설득해 보았지만, 결국 그의 '부인'의 위협적인 눈빛에 입을 다물고 말았다. 남편은 내가 자신이 아끼는 '부인'의 몸을 보지 못한 것을 아주 아쉬워하면서 그 대신 자신의 눈으로 본 것을 전해 주겠다고 했다.

그는 '틸루우기'의 신체가 얼마나 건장한 남성의 신체인지를 묘사했다. 그리고 그런 점이 안타깝기는 하지만, 옛날에 그런 일이 있었던 것처럼 '틸루우기'가 귀신의 도움으로 진정한 '부드러운 남자'가 될 것으로 기대한다고 말했다. 그때가 되면 '틸루우기'의 성기도 변할 것이라고 했다.

축치족 여자들처럼 머리를 땋은 '틸루우기'의 얼굴은 코밑이 거뭇거뭇함에도 보통 남자들의 얼굴과는 확연히 달랐다. 그의 얼굴은 다른 인종 출신의 거인 여자의 몸에나 어울릴 것 같은 비극적인 여자 얼굴 마스크와 비슷했다. 이 이상한 존재의 모든 습관과 성향은 완전히 여성적인 것이었다. 그는 수줍음도 많이 타서 내가 노골적인 질문을 던지면 뺨이 새빨개졌고, 마치 16세의 어여쁜 아가씨처럼 옷소매로 얼굴을 가렸다. 나는 이웃 사람들의 말을 듣기도 했지만 그가 어린아이들을 매우 귀여워하며 쓰다듬어 주는 것을 직접 보기도 했다. 아기를 낳은 어머니로서의 기쁨을 갈구하는 것이 분명했다. 한편 그의 귀신 남편도 그에게 그런 기쁨을 주지 못했다.

'틸루우기'의 인간 남편은 부인에 비해 머리 절반 정도쯤 키가 작았다. 그러나 남편도 건강하고 튼튼한 남자로 씨름도 잘하고 달리기도 잘하는 지극히 정상적이고 균형

잡힌 사람이었다. 그는 '틸루우기'의 사촌형제였다. 대부분의 경우, 성이 변한 남자들은 남편을 가까운 친척 가운데서 고른다.

그런 부부들의 경우에도 가사 분업은 여느 가족과 동일하다. 저녁마다 '틸루우기'가 저녁 식사를 준비하고 있을 때, 남편 '야티르긴'은 내부 천막에 앉아서 쉰다. 그리고 가장 좋은 부위의 고기를 먹으며, 성이 변한 '부인'은 관습대로 나머지에 만족해야 한다. 그러나 모든 일상적인 문제를 결정할 때는 '부인'의 목소리가 결정적인 의미를 가진다.

그들의 이웃 사람들의 말에 따르면, 언젠가 '야티르긴'이 무엇 때문인지 몹시 화가 나서 커다란 덩치의 '부인'을 벌주려고 하자 '부인'이 그를 세게 때려 내부 천막 밖으로 나가떨어진 적이 있다고 한다. 이것은 '틸루우기'의 여성성이 진정한 것이라기보다는 그렇게 흉내를 내고 있는 것임을 보여 준다.

'틸루우기'의 경우 성이 바뀌게 된 것은 청년기 초기에 오랫동안 병을 앓고 난 후인데, 북을 치고 노래를 하면서부터 병이 나았다고 한다. 나는 '틸루우기'가 행하는 샤먼 의례를 보았다. 그것은 다른 샤먼이 하는 의례와 특별히 다른 점이 없었다. 다만 한 가지, 그의 귀신 남편이 관객들에게 자주 나타나 자신의 '부인'의 능력과 기예에 힘을 실어 주었다. '틸루우기'는 의례 초반부에 귀신 남편을 불러내 제대로 소리가 나지 않고 있는 북을 고쳐 달라고 부탁했다. 우리는 귀신 남편이 북에다 대고 입김을 강하게 부는 소리를 들었고, 그 후 북은 소리가 잘 나게 되었다.

샤먼 '에추크'도 성이 변한 남자다. 나는 그를 아뉴이강 근처의 시장에서 만났다. 그는 약 40세의 나이에 키가 크고 건장한 사람이었다. 그는 행동이 거칠고 말도 험악하게 했다. 그는 수호령의 도움으로 제 몸으로 두 명의 아들을 낳았다고 자랑했다.

아촌 마을의 '케에울린'은 약 60세 정도의 혼자 사는 노인으로 자식이 여러 명 있었다. 이웃 사람들의 말에 따르면, 전에 그에게는 사랑하는 남자가 있어 그와 20년 이상을 함께 지냈는데 그 남자도 죽었다고 한다. 그러니 '케에울린'은 홀아비이자 과부가 된 셈이었다. 그는 여자 옷을 입고 다녔지만, 그의 얼굴에는 회색 턱수염이 짙게 나 있었고 머리카락이 드물어 여자들처럼 머리를 땋을 수 없었다. 그는 샤먼 능력을 거의 다 상실했기 때문에 아주 가난했다. 그런데도 그는 벌써 한 노인을 새로운 애인으로 삼아 한 집에서 함께 살고 있었다.

그 외에도 나는 두 명의 '부드러운 남자'를 더 만나 보았다. 그들은 아주 젊은 청년들이었고 부모님과 함께 살고 있었다. 그중 한 명은 아주 민첩한 청년이었다. 그는 훌륭한 목동이었는데, 지역 원주민들은 그가 짝이 될 아가씨가 있는 모든 젊은 청년들을 유혹해 자신의 주위로 끌어들였다고 비난했다. 또 한 청년은 몸이 약하고 병을 자주 앓았다. 그는 아주 신중하게 자신의 남편을 물색했다. 이 둘 모두 부끄럼을 많이 타, 내가 그들에게 많은 질문을 던질 것을 걱정해서 나와 만나는 것을 피했다.

나는 완전히 여자 같은 얼굴에 머리도 길고 목소리도 가냘픈 또 한 명의 '부드러운 남자'에 대한 이야기도 들었다.

심리적 또는 신체적인 이유로 성이 변화되는 현상은 문명국 사람들 사이에서 자주 볼 수 있는 것처럼 원시적인 종족들에서도 자주 볼 수 있다. 니주냐야 콜리마 지역에서는 러시아화된 유카기르족과 아무런 차이가 없는 러시아인 이주민들 사이에서 한 노인을 만났다. 그는 턱수염도 있고 남성 성기도 있었지만 평생을 여자로 살아왔다. 그는 여자 옷을 입었고 여자 일을 했으며, 러시아어로 대화할 때 여성형 어미를 사용했다. 이웃들은 그를 '주판'이라 불렀다.[72] 그 이름은 그 지역에서 성이 바뀐 사람을 지칭하는 러시아식 이름이었는데, 원주민들 가운데 성이 바뀐 사람도 그렇게 불렀다.

'콰치키츠혜차', 즉 여자가 남자로 변하는 경우는 남자가 '부드러운 남자'가 되는 것보다 더 주목할 만하다. 나는 두세 가지의 그런 경우에 관해 상세한 자료를 수집했다.

그런 여자 가운데 한 명은 세 명의 자식이 이미 청년으로 자란 나이가 든 과부였다. 예전에 먼저 그녀는 일반적인 입무 과정을 겪었는데, 나중에 귀신들이 그녀를 남자로 바꾸고자 했다. 그래서 그녀는 머리를 자르고 남자 옷을 입기 시작했으며, 남성의 발음을 익혔고 창을 다루고 총을 쏘는 기술도 배웠다. 그리고 마침내 결혼을 원하게 되어 젊은 아가씨를 아내로 맞이했다.

성이 변한 여자는 순록의 장딴지 근육을 구해 넓은 가죽 허리띠에 차고 다니다가 남성 성기처럼 사용한다. 축치족 여자들이 잘 알려진 변태적 성행위를 할 때도 바로 그런 도구를 사용한다. 한편, 앞에서 언급한 성이 변한 '남편'은 시간이 지나자 자식이 갖고 싶어져 젊은 이웃 남자

---

72) '주판(수판)'이라는 명칭은 캄차카 지역에서 온 것이다. 이 명칭은 분명 캄차달족의 겨울용 주거의 입구를 뜻하는 '쇼포나흐'라는 단어에서 왔을 것이다. 남자들은 이 입구를 통해 드나들 수 없으며, 이 입구는 단지 여자들과 성이 변한 남자들만 사용한다. 남자들은 지붕에 난 출입구를 통해 드나든다(스텔레르, p. 35, 각주).

와 합동 결혼을 했고, 3년이 지나자 그들 가정에 두 명의 아들이 태어났다.

합동 결혼의 권리에 대한 축치족 관념에 따르면, 그 아이들은 성이 변한 '남편'의 자식으로 취급된다. 이렇게 해서 그 성이 변한 여자가 젊은 시절에 아들 둘을 낳을 수 있었던 것이고, 이후 그의 부인도 아들을 낳아 세 명의 자식을 두게 된 것이다.

성이 바뀐 또 다른 여자는 아직 젊은 사람이었다. 그녀도 남자 옷을 입었고, 창을 다룰 줄 알았으며 씨름이나 기타 남자들의 시합에도 참가했다. 그녀는 순록 떼를 가진 젊은 여자를 설득해 부인으로 삼으려 했다. 그러나 좀 더 가까워져 그녀가 허리띠에 순록 장딴지 근육을 차고 다니게 되자 신붓감은 그녀를 거부했다. 이 일은 내가 그 지방에 도착하기 몇 년 전에 있었던 일이다. 그동안 성이 변한 여자는 다른 여자를 찾아 차운 상류지역에서 함께 살고 있었다.

북동 시베리아 지역의 다른 종족에서도 성이 변한 사람들을 찾아 볼 수 있다. 우리는 그런 경우를 코랴크족, 캄차달족, 아시아 에스키모족에게서도 발견했다. 크라세닌니코프는 남자들이 여자 옷을 입고 여자 일을 하는 '코엑추츠'라고 불리는 남자들과 함께 살고 있다고 했다.[73] 캄차달족은 그런 남자를 본 부인과 더불어 애인처럼 데리고 산다.

스텔레르는 성이 변한 남자를 '코이아츠' 또는 '코야츠트치트츠'라고 부른다. 그는 옛날에는 캄차달 남자 모두가 집안에 부인 이외에 그런 '코이아츠'를 두고 살았다고 했다.[74] 코랴크족은 그런 남자 애인을 '케이에우' 또는 '케웨우'라고 부른다. 두 언어 간의 상응하는 음성적 차이를 고려할 때, 그것은 캄차달어의 '코이아츠'와 동일한 의미를 가지는 것이다. 그러나 코랴크족의 그런 관습은 오래전에 사라졌다.

사리체프도 카디약 섬(베링 해) 주민들 사이에 그와 같은 현상이 있다고 언급했다. 그는 러시아 선박을 방문한 원주민들 사이에 약 40세 정도 되어 보이는 여자 옷을 입은 추한 얼굴의 남자가 있었다고 썼다. 그의 얼굴은 여자들이 하는 문신으로 가득했고, 코에 코걸이를 하고 있었다. 그는 섬에 사는 한 남자의 '부인'으로 취급되었다.[75]

러미 무역회사 설립자 가운데 한 사람인 셸레호프도

73) 크라셰닌니코프, 《캄차카 지역 기록》 제2권(1786), p. 24, 125.

74) 스텔레르, p. 289, 350.

75) 사리체프, II, p. 33.

인접한 다른 섬들에서 그와 동일한 현상을 발견했다.[76)]

19세기 초의 유명한 일본인 여행가 마미아 린조도 사할린 섬의 스메렌쿠르족(길랴크족)[77)] 가운데 여러 명의 남자가 한 여자와 사는 경우가 있다고 했다.[78)] 그는 그것을 일처다부제로 기술했다. 폰 지볼트는 그들을 캄차카의 '코옉추츠'와 비교하고, 스텔레르와 크라세닌니코프의 기록이 그리 정확하지 않다는 의견을 밝혔다. 그는 캄차카 '코옉추츠'의 존재는 일처다부제에 가까운 특별한 결혼 형태를 보여 주는 것이라고 여겼다. 그러나 내가 위에 기술한 자료는 스텔레르와 크라세닌니코프의 기록이 정확하다는 것을 확인해 준다. 한편, 슈렌크는 길랴크족에게 일처다부제가 존재했다는 것을 부정하고, 마미아 린조가 언급한 한 가족 내에 사는 여러 명의 남자는 실상 그 가족의 노예일 것이라고 보았다.[79)] 반면, 축치족의 경우 일처다부제와 유사한 결혼 형태가 현재까지 존재한다.

아시아 에스키모족 사이에서는 지금도 성이 변한 사람

---

76) 에르만(A. Erman), 〈베링해 연안의 민족지학적 관찰과 견문〉, 《민족지학 논문집》 제3부(1871), p. 165 참조.

77) (옮긴이 주) 니브흐족.

78) 지볼트(P. T. v. Siebold), VII, p. 169.

79) 슈렌크, 《아무르 지역 사람들》, p. 650 참조.

들을 찾아볼 수 있다. 채플린 갑 출신의 '차이부우르긴'에 관해 앞에 소개한 이야기에서도 그 점을 확인할 수 있다. 곤다티는 아나디르 지역 원주민에 관한 기록에 채플린 갑 지역에서 성이 변한 샤먼들이 강한 부정적인 영향력을 가지고 있어 여행 중에 그것을 해소하려 시도했고 부분적인 성공을 거두었다고 썼다. 샤먼의 부정적인 영향을 제거하는 것은 당시 러시아 정부의 입장에서는 그의 임무에 속하는 것이었다. 한편, 내가 채플린 갑을 여행할 때 만나 본 유일한 성이 변한 사람은 '차이부우르긴'이라는 환자였다. 곤다티가 만나 보았을 것 같은 또 다른 '부드러운 남자'는 1900년에 홍역으로 사망했다. 이 지역의 다른 사람들 가운데는 그런 '성의 변화' 경향을 보이는 사람이 없었다.

샤먼의 무복

축치족 샤머니즘은 특별한 샤먼의 북이나 복장 및 기타 무구를 가질 정도의 발전 단계에 도달하지 못했다.

축치족 샤먼은 일반적인 가정용 북을 사용하거나 또는 일반적으로 널리 퍼진 형태의 북을 만들어 사용한다. 그런 북은 모든 가정의례에서 가족 구성원 누구나 사용할 수 있다.

축치족 샤먼 무복은 다양한 장식을 주렁주렁 매단 야쿠트족이나 퉁구스족 샤먼 무복과는 공통점이 없다.

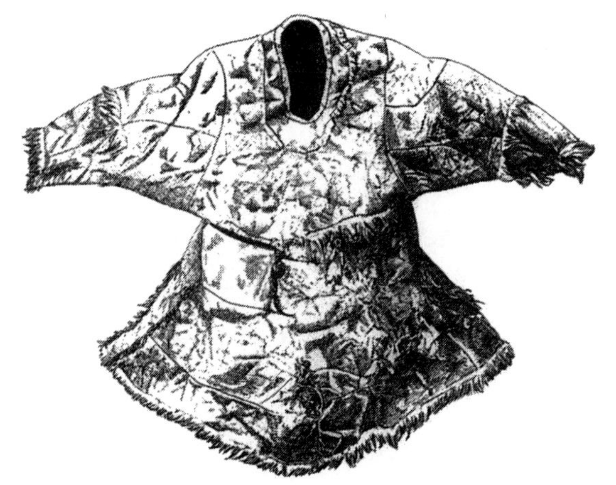

그림 38. 샤먼의 무복(길이 72cm).

스텔레르의 기록과 그림에 따르면, 유카기르족, 그리고 아마도 캄차달족은 샤먼 무복을 퉁구스족으로부터 받아들인 것이 확실하다.[80] 축치족의 경우 특별한 샤먼 무

80) 스텔레르, p. 284 참조. 스텔레르는 샤먼 무복에 세 가지 유형이 있다고 했지만 그 유형에 대해서는 자세히 기술하지 않았다. 현재 캄차달족은 특별한 샤먼 무복이 없다. 이 점은 러시아 정부가 샤먼들을 혹독하게 탄압했기 때문인 것으로 설명될 수 있다. 캄차카 원주민이 그려준 그림들 가운데 특별한 무복을 입은 남자 샤먼과 여자 샤먼을 묘사한 그림이 두 장 있다. 이 그림들은 스텔레르의 자료를 연상시킨다. 원주

복이 없는 것은, 그들의 샤먼 의례가 대부분 내부 천막의 어둠 속에서 이루어지기 때문에 그들에게는 샤먼의 외형이 특별한 의미를 가지지 않았기 때문인 것으로 볼 수 있다. 게다가 침실 내부가 아주 무덥기 때문에 축치족 샤먼들은 그 어떤 특별한 옷을 입기보다는 그 반대로 옷을 완전히 다 벗으며, 여자 샤먼인 경우에도 모피로 만든 헐렁한 상의를 벗어 버린다. 따라서 축치족 샤먼이 의례를 수행하는 경우 허리 위의 상체는 완전히 노출된 상태가 된다. 이것은 아시아 에스키모족 샤먼의 경우에도 동일하다.

샤먼이 섬기는 귀신들은 종종 자신을 추종하는 샤먼들에게 외적인 표시를 부여해 일반인들과 구별되게 하려는 경향이 있다. 물론 이것은 남자 샤먼들에게만 해당된다. 내가 아는 한, 축치족과 이웃한 종족들의 여자 샤먼은 아무런 외적 표지도 가지지 않으며, 남자 샤먼만 입는 특별한 무복 같은 것도 없다. 이와 더불어, 내가 앞에서 밝힌 것처럼, 남자 샤먼이 여자 옷을 입고 여자처럼 행동하는 관습이 존재한다.

민들은 과거에 있었던 샤먼 무복을 기억에 의존해 그린 것이라고 말했다.

샤먼을 일반인들과 구별되게 하는 데 사용되는 또 다른 방법으로 일반적인 남성용 상의에 붙이는 흰색의 장식용 수술이 있다. 이 장식용 수술은 소매 단 가까운 위, 또는 목 부분의 깃 주위에 꿰매어 붙인다(그림 38). 그런데 보통 장식용 수술은 아주 좁게 만들기 때문에 거의 눈에 띄지 않는다. 그리고 특별히 샤먼이 무복이나 환자의 의복에 다는 경우도 있지만, 전반적으로 수술 장식을 잘 붙이지 않는다.

축치족 샤먼들은 때로는 미국에서 건너온 낡은 상의를 입기도 한다. 그것이 보통의 상의와 차이가 나기 때문인 것으로 보인다. 어떤 경우에는 샤먼 스스로가 상의를 만들어 입기도 한다.

그림 38은 미국 박물관의 소장품 가운데 하나인 바로 그런 상의의 모습이다. 이것은 내가 샤먼 '긁는 여자'에게서 사들인 것으로 극히 전형적인 것이다. 이것은 순록 가죽의 털 부분을 안쪽으로 넣는 일반적인 축치족 방식으로 만들어졌다. 이미 낡아 아주 볼품없어 보인다. 그렇지만 주인은 바로 그 점이 가치를 더 높여 준다고 여겼다. 목 부분과 소매 부분에는 흰색의 장식용 수술이 달려 있다. 그리고 소매 주위와 가장자리 앞부분에 바느질 선이 나 있는데, 거기에도 가죽을 잘라 만든 수술이 달려 있다. 이런 바

그림 39. 샤먼의 모자
(수술 포함 길이 89cm).

느질 선과 장식용 수술은 샤먼용 상의의 특징으로 여겨진다.

그리고 나는 모든 샤먼 의복에는 바느질 선이 나 있고 장식용 수술이 달려 있다는 말을 듣기도 했다. 그런 바느질 선들과 장식용 수술은 은하수를 상징하는 것으로 여겨진다. 한편, 그것들이 단지 퉁구스족 의상을 모방한 것일 가능성도 충분하다. 축치족은 보통 그렇게 재단된 옷을, 샤먼이 입는 경우를 제외하고는 '남의 옷'이라고 비웃는다. 퉁구스족의 일반적인 의복도 축치족이 즐겨 놀리는 대상이다. 한편, 앞에서 말한 것처럼, 축치족은 타 종족의 샤먼들이 능력이 더 뛰어나다고 여기며, 축치족 샤먼들도 종종 그들에게 도움을 청하기도 한다. 추코트카 반도 남서부 지역의 몇몇 샤먼은 축치족의 북과는 모양과 크기가 전혀 다른 퉁구스족 북을 사용하기도 한다. 현재 코랴크족도 그런 북을 사용하고 있다. 바로 이런 모든 점이 퉁구스족의 샤먼 의복을 모방한 것이라고 생각할 수 있게 해준다.

그림 38에 제시한 샤먼 무복 앞부분에는 '테트케융'(정확한 의미는 심장에 머무는 '생명력')의 형상이 부착되어 있다. 그래서 그 형상이 심장의 모습을 하고 있는 것이다. 가죽으로 만들어진 또 다른 형상은 샤먼의 보조령인 '렉

켕'의 모습이다. 샤먼 무복의 일부가 되는 샤먼 모자(그림 39)에도 장식용 수술이 달려 있다. 모자의 꼭대기 부분에도 다소 길게 땋은 수술이 달려 있다. 그리고 왼편에는 두 개의 길게 땋은 수술이 달려 있는데, 그런 형태의 수술은 주술적 기능을 한다. 윗부분이 뚫려 있는 다른 형태의 모자에도 장식용 수술과 땋아 놓은 형태의 수술들이 달려 있는데, 샤먼은 그것들을 두통을 치료할 때 사용한다. 샤먼은 그런 모자를 환자의 머리에 씌우고 상응하는 주문을 외워 주술적 힘을 부여했는데, 그것은 이미 축치족 샤먼의 주술적 치료에 해당하는 사항이다.

주술적 치료

앞에서 말한 것처럼, 축치족은 모든 질병이 악령 켈레들의 영향으로 발생하는 것으로 여긴다. 천연두, 인플루엔자, 홍역 등 전염병을 옮기는 켈레들은 너무 지독해서 샤먼들도 그들을 몰아내기에는 역부족이다. 샤먼 '긁는 여자'가 언젠가 내게, 그들을 쫓아내기 위해 샤먼 의례를 행해도 소용이 없고 오히려 그들의 화만 돋우어 자신이 습격당할 수도 있다고 말했다. 또 다른 사람은 제물도 그런 켈레들을 만족시키지 못한다고 말했다. 서부 콜리마 지역 툰드라 원주민들은 '끔찍했던 해'(1884년), 즉 천연두가 창궐했던 그해에 많은 사람들이 제물을 바쳐 켈레를 진정시키고자 했었다고 말했다. 천연두 켈레가 내부 천막 침실에서 사람들을 죽이므로 여자들이 켈레를 위해 등잔용 기름과 피로 만든 수프를 제물로 바쳤다. 제물을 작고 둥근 가죽 그릇에 담아 천연두 켈레가 오는 방향으로 알려진 집의 서쪽 편 눈 위에 놓아두었다. 그러나 켈레는 그 제물을 받아들이지 않고 계속해서 사람들을 공격했다.

켈레들에게 바치는 제물은 매우 다양하다. 제물이 보다 귀한 것이거나 또는 축치족이 말하는 대로 보다 '가슴에 와 닿는 것'일수록 그 제물이 켈레들의 공격을 막아 줄 확률이 높다. 아주 좋은 순록 고삐, 무기 또는 입고 있던 옷 등도 제물이 될 수 있다. 그런데 사람이 한번 그런 물건을 제물로 바치겠다고 했으면, 그 약속을 반드시 이행해야 한다. 그렇지 않으면 켈레들의 분노를 사게 된다. 켈레들은 약속을 이행하지 않으면 엄한 벌을 내린다.

그리고 이와 마찬가지로, 어떤 사람이 분노에 사로잡혀서 또는 그냥 무모함에서 켈레들에게 죽고 싶다고 밝히는 경우, 그는 반드시 그렇게 해야 한다. 그렇지 않으면 그의 가족이 복수심에 사로잡힌 켈레들에 의해 몰살당하게 된다. 한편, 전염병을 몰고 오는 켈레에 대해서는 가장 값진 제물도 도움이 되지 않는다. 전염병 켈레의 습격을 피할 유일한 방법은 즉시 멀리 도망쳐 켈레와 일정한 거리를 두는 것이다. 그러면 켈레가 자신의 희생물을 추적하는 것을 멈출 수도 있다. 잡아먹을 것이 없어져 배가 고파질 것을 염려해 다른 길을 택해서 가기 때문이다. 순록 축치족의 경우에는 그렇게 도망치는 것이 어렵지 않다. 그들은 종종 전염병이 돈다는 소식을 듣게 되면 곧바로 다른 지역으로 이동한다. 실제로 1897년에 차운 지역의 순록 축치족이 서쪽에서 전염병이 온다는 소식을 듣고 아뉴이 강 상류를 따라 서쪽에서 동쪽 먼 곳으로 이동한 사실이 있다. 원주민들은 전염병이 도는 중에는 조금이라도 '귀신'이 그들을 따라오는 것 같으면 계속해서 이동한다. 그리고 전염병이 돈 목초지를 단순히 방문하는 것조차 죄악으로 여긴다. 아무도 해치지 않고 떠날 수도 있는 켈레를 불러들이는 것으로 여기기 때문이다.

'아잉안와트'가 내게 말한 바에 따르면, 1884년 천연두가 창궐했을 때 켈레의 분노를 피하기 위해 많은 사람들이 도망쳤는데, 그때 이미 병에 걸린 가족, 친척들을 그냥 두고 떠났다고 한다. 당시 몇몇 유목지에는 병이 전혀 전염되지 않기도 했다. 부유한 순록 유목민인 '암체'는 딸들을 데리고 살고 있었다. 딸들은 모두 결혼을 한 상태였다. 사위 가운데 한 명은 대규모 순록 떼를 유목하며 다른 곳에 살고 있었다. 그런데 사위의 유목지에 켈레가 찾아와, '암체'의 딸 그리고 그녀의 아들 한 명을 제외하고는 모두 죽었다. 살아남은 두 사람은 심하게 앓고 있는 남편을 운명의 손에 맡겨 두고 이웃 유목지로 도망쳤다. 시간이 어느 정도 지난 뒤 '암체'는 자신의 딸을 집으로 데려갔다.

전염병이 물러간 뒤 '암체'는 자신의 사위를 떠올렸다. 그도 사위도 샤먼이었다. 그래서 '암체'는 사위가 병을 이겨 냈을 것을 의심하지 않았다. 그는 전염병이 돈 유목지로 가 보기로 했다. 그는 사위 두 명과 함께 그곳으로 갔다. 그곳에 도착하자 '암체'는 창을 흔들며 딸의 천막집으로 다가가 벽을 찢어 냈다. 이때 그는 손이 벽에 닿지 않도록 조심했는데, 그것은 귀신과의 접촉을 피하는 일반적인 방법이었다. 이어서 그는 내부 천막의 벽도 찢고 들여다보았다. 거기에 사위의 시신이 있었다. 그러자 그는 이렇게 말했다. "오! 네가 정녕 죽었구나. 이제 내가 널 위해 무엇을 해 줄 수 있을까? 너를 툰드라로 데려갈 필요가 없구나. 이렇게 너의 집이 남아 있으니. 이렇게라도 너를 보았으니 됐다. 잘 있거라. 나는 간다."

한편, 그들이 집으로 돌아왔을 때, '암체'와 함께 다녀온 사위들은 발병해 죽어 버렸다. 나머지 두 명의 사위는 목숨을 부지하려 그곳을 떠났다. 그리고 더 이상 '암체'의 집안에서는 병에 걸려 죽는 일이 발생하지 않았다.

내게 이 이야기를 해 준 사람은 '암체'를 심하게 책망했다. 그가 켈레를 불러들이는 행동을 했다는 것이다. 그리고 '암체'가 그렇게 행동한 것은 샤먼으로서 자신의 가족이 불행을 당할 것을 미리 알고 비록 사위들이지만 '다른 핏줄'을 켈레의 제물로 바치려 했었던 것이라고 설명했다.

이런 '암체'의 행동과는 달리, 당시 많은 사람들이 죽을 위험을 무릅쓰고 손에 무기를 들고 전염병이 돈 유목지에서 사람들이 나오지 못하게 막았다. 특히 그 지역에 가까운 친척이 없는 사람들이 그렇게 했으며, 전염 지역 사람들이 자신의 집 가까이 접근하는 것도 막았다.

'페플루'라는 사람은 자신이 15세였을 때 자신의 마을에 전염병이 돌아 자신을 제외한 모든 사람이 죽었다고 말했다. 당시 그는 그 마을에서 도망쳐 아저씨의 집으로 갔는데, 아저씨도 무기를 손에 들고 즉시 돌아가라고 했다. 아저씨가 어느 정도의 안전거리를 유지한 채 "돌아가서 목을 매든지 칼로 자살해라. 너는 켈레의 것이다. 가 버려라"라고 말했다고 했다.

콜리마 강 유역의 야쿠트족과 러시아화된 원주민들에게도 이와 유사한 경우가 있었다.

앞에서 이미 매독을 예방하기 위한 관습에 대해 이야

그림 40. 환자 치료를 묘사한 축치족의 그림.

기한 바 있다. 과거 그와 관련된 금기를 어기는 것은 살인보다 훨씬 더 중한 죄로 취급되었다. 그것은 살인은 단지 한 사람, 그것도 타 종족을 죽이는 것이지만, 질병과 관련된 금기를 어기는 것은 친척과 지인 모두의 생명을 위험하게 하는 것이기 때문이다.

샤먼들도 주술적 치료를 하는 중에 질병을 몰고 오는 켈레들과의 직접적인 접촉을 꺼린다. 그래서 샤먼들은 주로 자신을 도와주는 귀신들을 통해 병의 원인이 무엇인가를 알아내기만 한다. 그리고 치료 시에도 전염병 귀신들을 불러내지 않는다. 그러나 부르지 않은 전염병 귀신들도 찾아와 말없이 구석에서 기다린다. 그러다가 샤먼을 보조하는 귀신들이 그중 한 귀신을 지목하며 갖은 비난을 해 대면, 해당되는 전염병 귀신은 자신의 희생자를 그대로 두고 떠나게 된다. 원주민들의 그림에서 전염병 귀신들은 항상 샤먼을 보조하는 귀신들보다 털이 더 많은 것으로 묘사된다. 그들의 힘이 더 세다는 것을 강조하기 위한 것으로 보인다. 그림 40에서는 샤먼이 내부 천막 침실의 병을 앓고 있는 남자아이 곁에 앉아 있다. 샤먼의 부름을 받은 보조령 둘도 와 있다. 전염병 귀신은 집 밖에 서 있는데, 키가 너무 커서 그림에는 포함되지 않았다. 모든 귀신들은 날개가 달려 곤충을 연상시키는 모습이다. 내부 천막에는 두 사람이 더 있는데, 그중 한 명은 앉아 있고, 다른 한 명은 팔을 괴고 옆으로 누워 있다. 남자아이는 겁에 질려 벌떡 일어나 도망치려 하고 있다.

여기서, 샤먼이 다른 사람들의 질병을 치료해 줄 능력은 있지만 자신의 병은 절대 치료하지 못하는 것으로 여겨진다는 점을 언급해 둔다. 한편, 자신이 병에 걸렸다고 생각하는 사람들은 다른 사람의 도움 없이 병이 나가도록 하기 위해, 또는 반무의식적인 상태에서 신경을 흥분시키는 방법으로 병을 이겨내기 위해 샤먼 의례를 한다. 그런 식의 샤먼 의례를 하는 사람들은 "나는 샤먼이 아니지만, 우리가 위험하거나 병에 걸렸을 때 노래의 힘이 우리에게 찾아옵니다. 나에게도 힘이 찾아왔지만, 나는 그것이 어디에서 오고 어디로 가는지는 모릅니다. 우리가 북을 치는 능력도 마찬가지입니다. 그 능력은 우리가 필요할 때 찾아왔다가 다시 집으로 돌아갑니다"라고 말한다. 나는 수일간 병을 앓고 있는 7세의 남자아이가 아버지에게 "북을 치고 노래를 해 주세요. 그 소리를 듣고 싶어요"라고 말하는 것을 직접 들은 적이 있다. 마치 그것이 그의 병을 낫게 해 줄 것이라고 믿는 것 같았다.

긴긴 겨울 밤, 축치족 남자들은 북을 치고 노래를 한다. 그냥 시간을 보내거나 또는 긴긴 추위와 어둠으로 인한 무료함을 달래기 위한 것이다. 이때 그들은 샤먼의 노래와 몸동작을 흉내 낸다.

러시아화된 원주민들과 러시아 이주민들의 경우에도 몸이 좋지 않다고 느끼는 여자들이 샤먼의 노래를 한다. 그들은 그것이 병이 낫는 데 도움이 된다고 말한다. 때때로 노래에 분별할 수 없는 소리들이 포함되는데, 그것은 유카기르어로 여겨진다. 그런 단어들은 환자들만 알 수 있으며, 건강한 사람들은 알지 못한다. 때때로 병에 걸린 여자가 병을 앓고 있는 동안 일시적으로 미래를 예언하는 능력을 얻기도 한다. 이런 모든 현상은 원주민들이 '기절'(샤먼의 기절)이라고 부르는 특별한 병의 증상으로 여겨진다. 결혼한 모든 여자에게는 이 병이 발병할 수 있다.

축치족 샤먼들은 주술 치료에 몇 가지 다양한 방법을 사용한다. 그중 가장 널리 퍼진 방법은 환자의 영혼(우비리트)과 관련이 있다. 축치족이 병의 원인을 켈레가 영혼의 일부를 빼앗아 간 것으로 보기 때문이다. 몇몇 샤먼 자신들의 영혼에도 그와 비슷한 일이 발생한다고 주장한다. 마린스크 요새에서 만난 샤먼 '켈레우기'는 "나는 내 영혼의 대부분이 내 보조령들과 함께 집에 남아 있다고 느낍니다. 내 생각이 분산되어 있어서 나는 내 생각의 작은 부분밖에 사용하지 못합니다. 나머지는 보조령들이 가져갑니다" 하고 말했다.

환자의 잃어버린 영혼을 찾는 것은 과거에는 샤먼이 혼절한 상태에서 이루어졌었는데, 현재는 보통 밤에 잠을 자는 동안 이루어진다. 잠이 귀신들과 소통하는 데 가장 좋은 수단으로 여겨지기 때문이다. 영혼을 찾는 일이 성공적으로 끝나게 되면, 샤먼은 환자의 영혼을 환자의 몸에 돌려 넣는다. 그것은 다양한 방법으로 이루어진다. 먼저 노래하고 북을 치는 대규모 샤먼 의례를 행한 뒤에 샤먼은 영혼을 환자의 가슴, 눈 또는 정수리를 통해 집어넣는 동작을 한다. 샤먼이 영혼을 곤충의 모양으로 제시할 수도 있으며, 그런 경우 곤충이 환자의 주위를 날아다니는 소리를 들을 수도 있다. 그 후 샤먼은 갑자기 영혼이 환자의 몸에 들어갔다고 선언한다.

영혼도 귀신들처럼 날아다닐 때 소리를 낸다. 나는 한 주술적 치료 의례에 참석한 적이 있는데, 거기서 샤먼이 환자에게 "윙윙거리는 소리가 들리는가? 그것이 주위를 날아다니는 너의 영혼이 내는 소리다"라고 말하는 것을 들었다. 그리고 약 1분 정도 지나서 샤먼이 다시 "소리가 들리는가?" 하고 묻고는 "이것은 너의 영혼이 짧은 다리로 북 위를 뛰어다니는 소리다"라고 말했다. 충분한 능력을 가진 샤먼은 환자의 잃어버린 영혼을 찾지 못하는 경우, 자신의 영혼 일부를 환자에게 불어넣어 줄 수 있다. 그런 경우, 환자가 샤먼의 아들이 되었다고 말한다.

언젠가 나는 샤먼이 정신을 잃은 여자 환자가 정신을 차리게 하려고 애쓰는 모습을 본 적이 있다. 먼저 샤먼은 북을 쳤다. 그리고 북에서 무엇인가를 잡아 삼키는 동작을 했고, 이어서 삼킨 것을 손바닥에 뱉어 내 그것을 재빨리 환자의 머리에 갖다 대는 동작을 했다. 그러고는 여자 환자의 정수리 위에서 무언가를 중얼대기 시작했다. 얼마

쯤 시간이 지난 후 샤먼은 정수리를 통해서 병을 빨아내는 동작을 했는데, 그때 환자의 머리와는 일정한 거리를 유지했다. 때때로 샤먼은 마치 환자의 머리에서 그의 입으로 어떤 나쁜 것이 빨려 들어간 듯 인상을 쓰기도 했다. 샤먼은 그런 동작을 처음부터 다시 반복했다.

내가 관찰한 바에 따르면, 그런 치료 방법에서는 때때로 실제 곤충이 사용되기도 한다. 샤먼은 곤충을 환자의 가슴이나 머리에 갖다 대었다가 남모르게 치워 버리고는 그것이 환자의 몸 안으로 들어갔다고 말한다. 환자의 잃어버린 영혼을 찾아 환자의 몸에 집어넣는 것에 대해서는 '피부병 샤먼'에 관한 이야기에 자세하게 밝혔다. 여기서는 영혼을 집어넣는 부분만 제시한다.

"그(샤먼)가 자신의 보조령들을 불러내 그들에게 남자아이의 영혼을 잡고 있으라고 지시했다. 그 후 샤먼은 이미 반쯤 썩은 시신을 면밀히 살펴보고는 그것을 삼키는 동작을 하고 나서 주위에 고름 같은 액체를 뱉어 냈다. 그리고 '새로운 흰 가죽을 가져오라'고 소리 지르고 남자아이의 몸에 침을 뱉었다. 그러자 모든 뼈가 제자리를 잡았고, 뼈에 살이 올랐다. 그리고 몸은 새로운 피부로 덮였으며, 패여 있던 곳에도 피부가 살아났다. 샤먼은 세 번째로 빨아들였다 뱉는 동작을 했다. 그러자 남자아이의 얼굴에 피가 돌기 시작했고, 입술은 마치 곧 말을 할 것은 상태가 되었다. '피부병 샤먼'은 '영혼을 이리 주시오'라고 소리쳤다. 그리고 그것을 삼켰다가 남자아이의 몸에 뱉었다. 영혼이 아이의 몸을 뚫고 나가 천막의 벽에 부딪혔다. 샤먼은 '영혼이 너무 차가워 몸 안에 있지 못한다'고 말했다. 그는 네 번째로 아이의 몸을 삼키는 동작을 해 자신의 뱃속에서 따뜻하게 만든 뒤 다시 뱉어 냈다. 그 후 샤먼은 아이의 몸에 영혼을 불어넣었다. 남자아이는 '오-오-오'라고 소리치면서 자리에서 일어났다."

축치족 설화에는 샤먼이 영혼 또는 몸을 삼키는 장면이 자주 등장한다. 한 설화에서는 '쿠쿨핀'이 아메리카 대륙 깊숙한 곳으로 가서 자신의 친구와 작은 여자아이를 삼키고 새로 변신해 그들을 집으로 데려온다. 두 명의 샤먼 간의 시합 이야기에서는 한 샤먼의 보조령인 작은 새 '페르루페르'가 상대 샤먼의 보조령이 지키고 있는 집으로 찾아온다. 작은 새는 땅속으로 들어가 집 중간의 바닥을 부리로 쪼아 뚫고 들어가 상대 샤먼을 잡아간다. 이때도 작은 새가 상대 샤먼의 가족들이 보는 앞에서 그를 삼켜서 잡아간다.

샤먼이 환자에게 가져오는 영혼은 '사람(툼과콰이)'이라고 불리며, 이때 샤먼 자신은 '사람을 돌려주는 자(툼게

-넬릴린)'이라고 불린다.

때때로 샤먼은 스스로 환자의 영혼을 찾아오는 것을 거절하기도 한다. 그런 경우 샤먼은 환자의 어머니나 누이에게, 어머니나 누이가 없는 경우에는 아버지나 형제에게, 드물게는 환자의 아내에게 다음 날 새벽에 집 근처 모처로 가서 "여기, 여기, 여기서 사람을 찾았다. 부디 내 뜻대로 되거라"라는 주문을 외우며 풀줄기를 뜯어 오게 시킨다. 이 풀줄기가 곧 '사람'이다. 그리고 그 풀줄기를 환자의 옷깃에 바느질해 붙인다.

샤먼의 또 다른 치료 방법은 주술적 외과 치료라고 부를 수 있다. 이 경우 샤먼은 신체의 아픈 부위를 절개해 고름과 나쁜 피를 빼거나 때로는 병든 장기를 제거한 뒤 다시 봉합하는 동작을 한다. 그런 샤먼의 동작은 많은 면에서 위에 기술한 잃어버린 영혼을 찾아 집어넣는 동작과 유사하다. 여기서도 샤먼은 자신의 얼굴을 환자의 몸 가까이에 대고 입김을 불거나 또는 일정 시간 그의 몸을 빨아내는 동작을 한다. 샤먼의 보조령이 병의 근원을 빨아내 먹어 버리는 능력이 있는 것으로 보인다.

문지르거나 빨아내는 동작은 특히 종기나 상처 치료 시 마사지 효과를 가진다.

샤먼들은 종종 환자의 몸에서 뽑아낸 것이라면서 거미

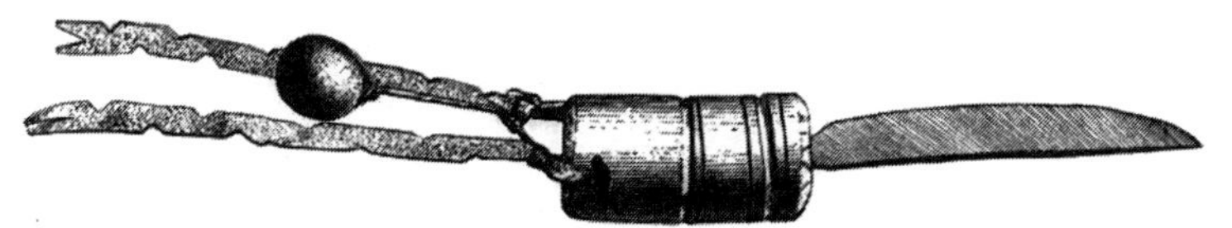

그림 41. 샤먼의 칼(길이 49cm).

나 가시를 보여 주기도 한다. 치료는 다양한 주문을 외는 방법으로 이루어질 수도 있다(이에 대해서는 다음 장에서 자세히 기술하겠다).

샤먼은 환자의 흉곽을 여느라 애쓰는 동작을 한다. 그리고 이어서 내장을 유심히 살펴보고 전체를 꺼냈다가 다시 제자리에 놓는 동작을 한다. 이 모든 행위는 마법을 통해 힘을 가지게 된 특별한 칼로만 수행한다. 그 외에도 이 칼은 다양한 주술적 행위를 통해 뜨겁게 '달구어져야' 한다. '달구어지지 않은' 칼은 환자를 죽게 할 수도 있다. 이와 관련해서, 앞에서 이미 샤먼 '우풍에'의 외과 수술 기예를 기술했고, 몸에 켈레가 들어와 그것을 작은 은제 칼로 치료했다는 '아잉안와트'의 이야기도 소개했다. 샤먼 '늙는 여자'도 그런 방법으로 환자를 치료했다. 그는 그림 41에 묘사된 특별한 칼을 사용했다. 이것은 조악한 나무 손잡이가 달린 일반적인 철제 칼이다. 나무 손잡이에는 두

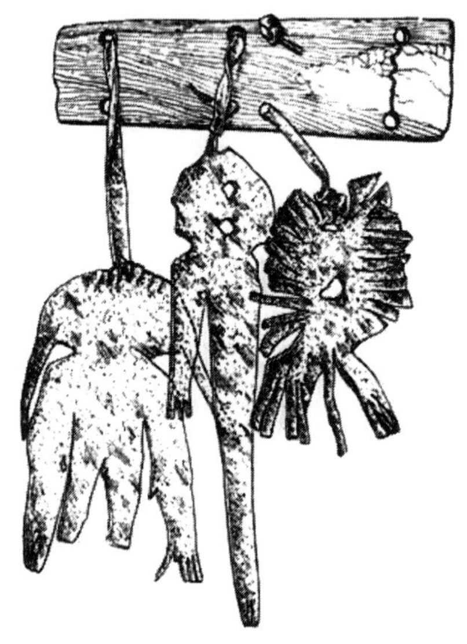

그림 42. 샤먼이 사용하는 뿔로 만든 판.

줄의 홈이 패여 있고 가죽으로 만들어진 두 개의 수술이 달려 있다. 그리고 거기에는 푸른색 유리로 만들어진 달걀만 한 크기의 구슬이 달려 있다. 이 구슬은 아주 오래된 것처럼 보인다. 샤먼 '긁는 여자'는 그것을 그의 할아버지가 귀신으로부터 직접 받았다고 주장했다. 칼날에는 몇 개의 점이 뚜렷하게 보이는데, 샤먼은 그것이 이 칼로 수술을 받은 환자들의 피로 생긴 것이라고 말했다.

환자의 흉곽을 열 때, 칼 이외에 뼈로 만들어진 작은 판도 사용된다. 샤먼 '긁는 여자'는 그가 가진 작은 판은 은하수로부터 받은 선물이라고 했다. 그 판에는 가죽으로 만들어진 세 개의 형상이 달려 있었다(그림 42). 그중 하나는 '어둠의 귀신' 형상이다. 그 귀신은 손이 다리보다 더 길다. 가운데 달려 있는 형상은 손과 발이 하나씩이고 두 개의 눈이 위아래로 달려 있다. 그 귀신의 이름은 '이우메툰'이다. 세 번째 형상은 '기어다니는 요물들'이다. 샤먼의 적이 그를 해치려고 보냈던 것인데, 샤먼이 그들을 길에서 잡아 복종시켰다. 그래서 이제 그들은 샤먼의 모든 명령을 이행하고 있다.

샤먼 '긁는 여자'는 이 도구들을 사용해 환자들의 내장이나 기타 다양한 신체 부위를 치료했다고 말했다. 그러나 그의 이웃 사람들은 그가 그렇게 많은 치료 경험을 가지기에는 너무 젊다고 말했다.

주술적 의료 수단을 사용한 치료에 더해서, 귀신들이 알아보지 못하도록 환자의 외모를 바꾸는 요법이 있다. 그런 경우 남자들이 여자 옷을 입기도 한다는 것은 앞에서 말한 바 있다. 그리고 그런 목적에서 때로는 머리 모양을 바꾸기도 한다. 예를 들어, 가마 부분의 머리를 밀어내고 주변의 머리를 두 갈래로 땋아 두거나 또는 정수리나 뒤통

수 쪽으로 머리를 한 갈래로 땋아 두기도 한다. 그런 외모 변화는 다른 경우에도 적용된다. 사람을 죽인 살인자도 희생자가 켈레로 변해 돌아와서 복수하는 것을 피하기 위해 그렇게 하기도 한다. 한편, 살해당해 켈레가 되어 복수를 하러 온 경우, 켈레는 살인자의 몸을 지배해 그가 더 많은 범죄를 저지르도록 해서 결국 이웃 사람들이 그 악행에 대해 그를 벌주도록 한다. 이것이 축치족들이 생각하는 처벌되지 않은 범죄에 대해 복수하는 유일한 방법이다. 처벌받지 않은 범죄자를 추적해 그를 후회하게 만들거나 미치게 만든다는 복수의 화신 퓨어리즈에 대한 그리스인들의 관념도 아마 자신을 죽인 자를 쫓는 희생자의 귀신에 관한 유사한 관념에서 발전되었을 것이다. 축치족은 살인자의 경우에는 그냥 머리를 깎는 것이 아니라 머리를 한 올 한 올 뽑아내야 한다고 말했다. 그렇게 하면 다시 솟아올라 또 다른 살인을 저지르게 만드는 '살인에 대한 욕망'이 억제된다고 한다. 이 '살인에 대한 욕망'은 살인자의 생각을 지배하는 희생자의 귀신에 관한 관념에서 발생되었을 것이다.

축치족은 동일한 목적에서 때때로 이름을 바꾸기도 한다. 갓난아기에게 이름을 부여하는 방법은 마지막 장에서 기술하겠다. 아기가 태어난 지 몇 년이 지나서 부모들이 보기에 아기의 이름이 어울리지 않거나 또는 축치족의 표현대로 이름이 '아기의 뼈를 무겁게' 한다면, 아기의 이름을 바꾼다. 그리고 한 사람의 이름이 일생동안 여러 번 바뀔 수 있으며, 다시 지어지는 이름은 아주 다양한 특성을 가진다. 때때로 축치족의 가장 흔한 이름을 택하는 경우도 있다. 그러나 대부분 사람에게 도움을 주고 보호를 해줄 수 있는 이름이 선택된다.

'앗텐(개)', '앗테-콰이(작은 개)', '케이응인(곰)', '에힐힌(늑대)' 등 동물의 이름을 사용하는 경우도 종종 있다. '아이완', '에텔', '타능이탄' '로츠힐렌(다른 언덕에서 온)' 등 타 종족의 이름을 사용하는 경우도 있다. 그리고 화를 피하기 위한 목적에서 남의 이름을 그대로 사용하는 경우도 있다. 때로는 '켈레우기(켈레-남자)', '켈레-응에우트(켈레-여자)', '카마-타힌(귀신의 한계)' 등과 코랴크어로 귀신이라는 뜻의 '카마크' 등 귀신들의 이름을 사용하는 경우도 종종 있다. 남자들에게 여자 이름을, 여자들에게 남자 이름을 붙이기도 한다. 샤먼들은 자기가 좋아하는 귀신의 이름을 사용하기도 한다. 예를 들어, 한 샤먼은 이름이 '응아우-리르카(암컷 바다코끼리)'이고, 또 다른 샤먼은 '발브-인피나츠힌(까마귀 노인)'이다. 병을 이기기 위해 보조적으로 사용되는 수단 가운데 가장 효과적인 것

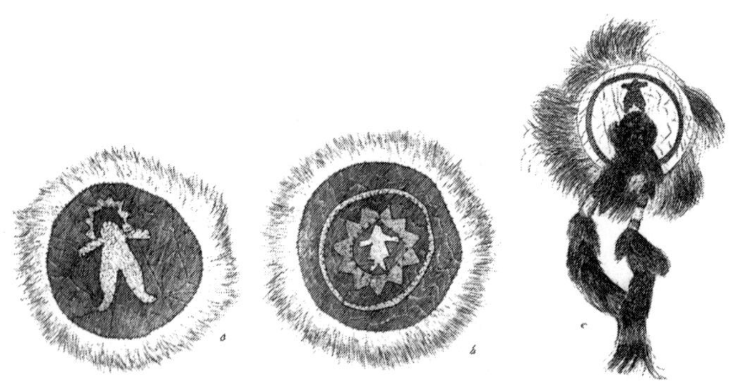

그림 43. 호신부가 부착되어 있는 가죽 원판.

은 샤먼이 만들어 나누어 주는 호신부를 사용하는 것이다. 이 호신부는 순록의 가죽과 구슬로 만든 다양한 펜던트나 수술이다. 그것을 신체의 여러 부위에 차고 다니거나 옷에 부착하고 다닌다. 때로는 호신부를 반지, 팔찌, 목걸이 형태로 만들기도 한다. 중앙에 수술이 달린 가죽으로 만든 원판 형태의 호신부는 특별히 눈여겨볼 만하다(그림 43, c). 축치족, 태평양 연안 코랴크족, 아시아 에스키모족은 이 호신부가 가장 효과가 큰 것으로 여긴다. 이것을 겉옷의 어깨나 가슴 부분에 부착하거나 또는 통증이 느껴지는 신체 부위에 부착한다. 예를 들어, 내장 전체가 병이 든 경우에는 이 호신부를 배 상부에 부착하며, 어깨에 류머티즘 통증이 있는 경우에는 등에 부착한다. 가죽 원판의 중간에는 수호령의 형상을 부착한다. 종종 그 자리에 나무로 만든 여성 형상, 춤추는 남자 형상 또는 축치족의 갑옷 형상을 부착하기도 한다. 이 호신부는 주술적 목적을 가진 동시에 다른 펜던트와 마찬가지로 장신구의 기능을 한다.

제7장 출생과 사망

출생

아기의 출생과 관련된 의례는 여성이 처음으로 태기가 있음을 느낀 순간부터 시작된다. 이때부터 남편과 부인은 아침에 잠을 깨면 가능한 한 빨리 옷을 입고 집 밖으로 나가 아침 해가 떠오르는 방향을 바라보아야 한다. 이때 어떤 사람들은 집 주위를 해가 도는 방향으로, 즉 동쪽에서 서쪽으로 빨리 뛰어 돌기도 한다. 이런 의례를 마치면 부인은 집으로 들어가 등잔을 켤 수 있다. 부부가 집에서 함께 밖으로 나가는 것이 좋다고 한다. 때로는 부인이 혼자 나갈 수도 있다. 그런데 남편이 먼저 나갈 때는 반드시 부인의 신발 한 짝을 가지고 가야 한다. 이런 여러 가지 의례적 규범들 가운데 하나라도 어기면 부인이 난산을 겪게 되며, 병약한 아기가 태어난다고 한다. 따라서 예비 부모들은 관습적 규범을 어기지 말아야 하는데, 이 규범에 따르면 침상의 머리 쪽은 반드시 침실 출입구 쪽으로 두어야 한다. 그러나 축치족은 자주 그런 규범을 어긴다.

새로 태어날 아기를 위한 옷은 남들이 모르게 비밀리에 준비한다. 그리고 대화할 때에도 그 옷을 '배 덮개'라는 다른 이름으로 부른다.

임신부는 출산 순간까지 모든 일을 다 한다. 임신부가 몸을 많이 움직여 일할수록 건강한 아기가 태어난다고 여긴다.

한편, 부부는 아기가 태어나기 전까지 함께 잔다. 이 기간 중의 부부관계에 대한 어떤 금기나 제한은 없다. 그러나 아기가 태어나면 남편은 보통 열흘 정도 부인과의 잠자리를 피해야 한다. 이 기간 중에는 산모의 몸에 아직 출산의 흔적이 남아 있다고 보기 때문이다. 그러나 만일 부부가 곧바로 또 아기를 가지고 싶으면(첫 번째 아기가 출생 후 곧 사망한 경우 등) 그 기간 중에도 부부관계를 할 수 있다. 그렇게 하는 것이 임신에 도움이 된다고 여긴다.

출산의 시기가 다가오면, 내부 천막으로는 낯선 사람을 들이지 않는다. 가까운 친척이라도 남자라면 특히 낮에는 침실 가까이 접근하는 것을 허용하지 않는다. 그 어떤 보이지 않는 나쁜 기운이 들어와 산모에게 해를 줄 수도 있기 때문이다. 출산 시에는 어린아이를 포함한 모든 남자는 내부 천막에서 나가 있어야 하며, 모든 출산 흔적이 치워진 이후에야 내부 천막 안으로 들어갈 수 있다.[81)]

---

81) 아메리카 에스키모족의 경우에도 출산 시 남편이 옆에 있는 것이 허용되지 않는다. 두 명의 이웃 여자가 산모의 출산을 도와준다.

남자들은 외부 천막 안에 있을 수 있지만, 조용히 앉아 있어야 한다. 출산 시 산모 곁에는 가능한 한 적은 수의 사람이 있어야 한다고 여기지만, 산모의 여자 친척들은 산모 곁에 있을 수 있다. 출산을 도와주는 산모의 어머니나 아주머니뻘 되는 나이 든 여자는 반드시 곁에 있어야 한다.

축치족 여자들은 출산 시 도와주는 여자들의 수를 가능한 한 최소화하는 경향이 있다. 초산인데도 여자 친척이 없어 남편의 도움을 받아 출산했다는 이야기를 여러 번 들어 보았다.

한편, 아기가 태어나자마자 산파는 산모의 머리카락 몇 올을 섞어 꼬아 둔 동물의 힘줄로 아기의 탯줄을 묶는다. 물론 이 힘줄은 사전에 준비해 둔다. 그리고 산파는 가죽을 무두질하는 데 사용하는 돌에서 쪼아 낸 날카로운 돌조각으로 탯줄을 자른다. 산파는 이 날카로운 돌 조각을 평생 동안 보관하며 그런 목적에 사용하는데, 보통 개인 사물을 넣어 두는 자루에 보관한다. 탯줄은 묶지 않고 그냥 둔 채로 저절로 떨어질 때까지 석탄가루로 문지른다. 그리고 사전에 준비한 산모의 오줌으로 아기의 몸을 닦아주는데, 이때 사용된 풀 뭉치는 즉시 화덕에 넣어 태운다.

순록 축치족은 젊은 암컷 순록을 잡아 가슴살을 커다란 솥에 넣고 끓여 진한 국물을 만든다. 이를 위한 물 또는 눈은 남편이 가져온다. 남편은 솥에 물이나 눈을 채울 때, 나무로 만든 북채를 솥 가장자리에 걸쳐 놓고 "오, 태양이시여! 우리에게 따뜻한 물을 주시오"라는 짧은 주문을 세 번 외친다. 산모는 헐렁한 옷을 입으며, 그 옷자락 아래에 뜨거운 고기 국물이 담긴 솥을 가져다 둔다. 산모는 가슴에 그 김을 쐰다. 그렇게 하면 산모의 젖이 부드러워진다고 여기기 때문이다. 그리고 산모는 고기를 조금 먹고 국물을 가능한 한 많이 마신다. 산모는 솥에 든 고기 국물을 다 마셔야 하는데, 빨리 마실수록 좋다고 한다. 출산 후 2주 동안은 산모에게 잘 끓여진 가장 좋은 음식을 준다. 그 외에도 산모는 계속해서 진한 고기 국물을 마신다. 고기 국물을 많이 마시면 젖이 잘 돈다고 여기기 때문이다.

그리고 출산 직후 산모의 허벅지를 가죽 끈으로 꼭 매 두는데, 뼈가 빨리 제자리를 잡도록 하기 위한 것이다. 축치족은 만일 그렇게 해 주지 않으면 산모가 병약해지며 수명도 짧아진다고 여긴다. 허벅지를 묶어 놓은 가죽 끈은 3일 정도 풀지 않는다. 그리고 그 3일 동안 산모는 주로 내부 천막의 침실에 머물며, 외부 천막으로도 아주 잠깐 동안만 나간다. 4일째가 되면 가죽 끈을 풀며 그때부터 산모는 외부 천막으로 나가 집안일을 하기 시작한다.

피를 바르는 의례

5일째가 되면 피를 바르는 의례가 진행된다. 산모가 아기를 안은 채 순록 한 마리가 매어진 가족용 썰매에 타고 동쪽에서 서쪽 방향으로 집을 돌아 집 뒤의 제물을 바치는 장소로 간다. 거기에는 미리 모든 호신부들과 다양한 형상들을 준비해 둔다. 그곳에서 썰매에 매여 있던 순록을 잡아 그 피로 산모와 아기, 그리고 적어도 두 명의 가족 얼굴에 일반적으로 피를 바를 때 그리는 기호를 그린다. 그리고 호신부들과 천막집을 지지하는 세 개의 기본적인 기둥에도 피를 바른다. 산모는 이 의례를 위해 잡은 순록의 다리에서 힘줄을 빼서 그것으로 자신의 신발 끈을 만든다. 그렇게 하지 않으면 다리에 류머티즘이 생긴다고 여긴다.

많은 경우 피를 바르는 의례는 좀 더 일찍, 즉 아기가 태어난 지 이틀째에 행해지기도 한다. 그렇게 서두르는 것은 축치족이 아기가 피를 바르는 의례를 마치기 전에는 모든 나쁜 것의 영향을 쉽게 받는다고 믿기 때문이다. 피를 바르는 의례를 마친 아기는 이제 가족의 수호신들 및 다른 성물들의 보호를 받게 된다.

이 의례가 있기 전에는 천막집 안으로, 특히 밤에는 아무도 들여보내지 않는다. 순록 유목 중에 돌아온 아기 아버지조차 먼저 이웃의 천막집에 들어갔다 나온 뒤에야 자신의 천막집으로 들어갈 수 있으며, 또는 적어도 작은 강아지를 자신의 몸에 부빈 뒤에야 들어갈 수 있다. 앞에서 말한 대로, 개는 모든 나쁜 영향을 제거한다고 여기기 때문이다. 피를 바르는 의례가 행해진 뒤에는 그와 같은 금기가 해소되지만, 인근 지역에 전염병이 돌거나 아기가 병이 든 경우에는 다시 그런 금기가 효력을 가지게 된다. 아기가 아플 때는 집안의 물건을 다른 사람에게 팔거나 주는 것이 금기시된다. 그 물건과 함께 아기의 건강도 나가 버릴 수 있기 때문이다.

나도 아기에게 나쁜 영향을 주지 않도록 하려는 그런 금기 때문에 원주민의 집안으로 들어가지 못한 경험이 있다.

산모는 피를 바르는 의례가 있기 전까지는 천막집 밖으로 나가지 말아야 한다. 그런 금기를 어기면 심한 폭풍이 몰려온다고 여긴다.

후산물은 천막집 구석의 땅에 묻는다. 그리고 그 위에 천막집의 주요 기둥 세 개가 엮인 것과 동일한 모습으로 엮인 작은 막대 세 개를 세워 둔다. 유목을 위한 이동 시에는 그 작은 막대 세 개는 그 자리에 두고 가죽 조각을 뒤집어씌워 천막이 덮인 것과 같은 모습으로 만들어 둔다.

해안 축치족과 코랴크족은 태반과 후산물을 천막집 밖 노천에 놓아둔다.[82]

피를 바르는 의례를 마친 뒤 아기 엄마는 아기의 이름을 고른다. 물건을 매달아 들고 점을 치는 방법으로 이름을 고르는데, 특별한 돌 또는 엄마와 아기의 신발, 모자, 의복의 일부 등을 사용한다. 아기 엄마는 가죽 끈에 그런 특별한 물건을 매달아 들고 모든 죽은 친척들의 이름을 순서대로 부른다. 그러던 중에 물건이 이리저리 흔들리기 시작하면 바로 그 이름이 선택된다. 그러면 그 자리에 있던 사람들이 그 이름을 부르며 "그가 우리에게 왔다"고 크게 소리친다.

그렇게 소리치는 것은 단순한 공식에 불과하다. 로소마샤 강 근처에서 순록을 유목하는 대가족이 있는데, 내가 그곳에 도착하기 두 해 전에 가장이 죽었다. 아들들과 조카들은 그를 매우 사랑했다. 그가 죽은 뒤 얼마 지나지 않아서 큰아들의 부인이 아기를 낳았다. 그 아기에게 할아버지의 이름을 붙여 주었다. 아기를 죽은 할아버지가 새롭게 현신한 것이라고 여겼다. 그래서 그 아기에 대해서 말할 때는 마치 가장에 대해서 말하는 것처럼 말을 했다.

---

82) 요헬손, 《코랴크족》, p. 97. 표 XII, 그림 2 참조.

언젠가 한번은 죽은 가장의 사랑을 받았지만 성격이 좋지 않은 작은딸이 언니를 욕하기 시작했다. 그러자 어머니는 큰딸에게 "가장에게 말해(할아버지의 이름을 받은 아기를 지칭한 것이다). 그더러 저 애를 진정시키라고 해. 저 애는 그가 좋아하는 딸이잖아"라고 말했다.

아기의 이름을 선택하는 다른 방법도 있다. 이름을 선택할 때는 종종 꿈에서 받은 지시를 따르기도 한다. 종종 아기의 이름으로 아기 엄마가 출산 직후 처음 본 사물 또는 집 밖으로 처음 나가서 본 동물의 명칭을 사용하기도 한다. 그렇게 이름을 선택하는 목적은 분명히 아기에게 우연히 정해진 이름을 붙여 귀신들이 덤벼들지 못하게 하려는 것이다. 그러나 첫 번째 이름으로는 무엇보다도 죽은 조상의 이름을 선택하는 경우가 가장 많다. 그 후 어느 정도의 세월이 지나면 그 이름을 다른 방법으로 선택한 이름으로 교체한다. 아시아 에스키모족도 그와 같은 방법으로 아기의 이름을 짓는다.

선택된 이름이 아기에게 어울리지 않는 경우도 종종 있다. 아기는 그런 이름 때문에 잘 자라지 못하고 병약해진다. 그런 경우에 축치족은 '그의 뼈가 무겁다'고 말한다. 그리고 샤먼 또는 그야말로 '아는 것이 많은 사람'을 불러 아기에게 새로운 이름을 지어 주도록 한다. 그렇게 이름을 바꾸는 일은 아기가 만 다섯 살이 될 때까지 대여섯 번 이루어진다.

보호 주술

아기가 죽을까 걱정이 되는 경우 부모는 '아기를 보호하는 주술'이라고 불리는 특별한 주술을 시행한다. 여기에는 해변의 물가에서 모은 한 개 또는 여러 개의 적철광 조각이 사용된다. 축치족은 그것을 '살아 있는 돌'이라고 부른다. 한편, 해안에서 멀리 떨어진 곳에 거주하는 순록 축치족은 예를 들어 겨울철에는 적철광을 다른 종류의 붉은색 돌로 대체하기도 한다. 다만 그 돌은 반드시 바다를 향하고 있는 언덕에서 구한 것이어야 한다.

만일 첫째 아이가 태어나자마자 죽으면 둘째 아이도 그렇게 된다고 여긴다. 그래서 그것을 피하기 위해 가능한 한 빨리 보호 주술을 시행해야 한다. 그것은 아기 아버지의 의무다. 그리고 아기 아버지가 주문을 외는 경우에 훨씬 더 큰 효력이 있다고 여긴다. 그런데 아기 아버지가 주문을 모르면 경험이 있는 친척들에게 부탁하는데, 친척들도 주문을 모르면 '아는 것이 많은 사람'들의 이름을 알려 주며 그들에게 찾아가 배워 올 것을 권유할 수 있다. 그 '아는 것이 많은 사람'들은 주로 남자들이다. 다른 경우와 마찬가지로, 주문을 누구에게 물어볼 것인가도 줄에 물건을 매달아 들고 점을 치는 방법으로 선택한다. 그리고 아기 아버지가 그 선택된 사람에게 찾아가 부탁한다. 때로는 50킬로미터 이상을 가야 하는 경우도 있다. '아는 것이 많은 사람'은 보통 처음에는 거절하는데, 사나흘 동안 알려 줄 수 없다고 버티기도 한다. '존재'들의 불만과 분노를 사고 싶지 않기 때문이다. 주문을 알려 주는 대화는 내부 천막에서 비밀리에 귓속말로 이루어진다.

'아기를 보호하는 주술'을 행하기에 가장 좋은 시간은 초승달이 뜬 뒤 3일 후라고 여긴다. 주술은 낮에 시행된다. 천막집 입구 앞에 작은 모닥불을 피워 놓으며 입구 양측에는 삶은 고기와 말린 고기가 담긴 접시들을 많이 놓아둔다. 주술을 행하는 사람은 모든 참석자들에게 가죽 띠가 감겨 있는 작고 붉은 돌을 하나씩 나누어 준다. 그리고 주문을 윈다. 이런 주문의 전형적인 형식은 다음과 같다. "너는 이 땅 위에 있는 것이 아니라 이 돌 속에 있다. 바람도 너를 건들지 못한다. 빙산도 돌에 부딪혀 깨지므로 너를 해칠 수 없다. 너는 땅 위에 있는 것이 아니다. 넓은 대양에는 커다란 바다 동물이 있는데, 그것은 땅과 우주와 같은 시간에 태어났다. 그것은 바다사자다. 그의 등은 섬이고 흙과 돌로 덮여 있다. 너는 그의 등 위에 있는 것이다."

이렇게 주문을 외면서 아기의 목에 가죽 목걸이를 걸어 준다. 그리고 아기를 안고 고기가 담긴 접시를 넘어 앞뒤로 왔다 갔다 하면서 발자국이 뚜렷해지게 만든다. 그 후 접시의 고기를 집어 모닥불과 주요 '방위'에 바친다. 남은 고기는 참석자들이 다 먹는다. 그리고 아기의 귓불을 뚫어 귀걸이를 채워 준다. 양쪽 귀걸이는 각각 세 개의 색깔 있는 구슬로 만든다. 그리고 아기의 옷에 가죽으로 만든 몇 개의 형상을 달아 준다. 그 후 아기의 이름을 바꾼다.

가족 내에서 아기의 위치

사리체프는 자신이 체류하던 당시 축치족이 기형아들은 죽였다고 주장한다.[83] 그러나 내가 이미 앞에서 말했던 것처럼, 그런 일은 이제는 사라졌다. 산모가 출산 중에 죽으면 아기를 죽여 죽은 산모와 함께 툰드라로 내가는 경우가 있기는 하다.[84] 그러나 대부분의 경우에는 아기를

---

83) 사리체프, II, p. 109. 스텔레르가 전하는 바에 따르면, 캄차달(이텔멘)족 여인들은 유산시키는 방법을 몇 가지 알고 있었다. 그러나 그에 그치지 않고 종종 태어난 아기를 죽여 그 시체를 개에게 주거나 또는 아기를 산채로 나무에 생긴 구멍에 넣어 두었다. (p. 349)

84) 크란츠는 《그린란드 역사》에서, 그린란드 에스키모족은 출산 중에 산모가 죽고 젖을 먹여 키워 줄 다른 사람이 없는 경우에 아기를 산 채

키우려 하며, 젖을 먹여 키울 수 있는 다른 여자에게 주거나 그것이 여의치 않은 경우에는 고기 국물을 먹여 키운다. 해안 마을에서는 그런 경우 고래잡이 선원들에게서 사들인 미국산 밀가루를 끓여 아기에게 먹이기도 한다. 거기에 약간의 지방을 넣어 주기도 한다.

나는 아시아 에스키모족의 여러 마을에서 조산으로 태어난 미숙아들을 먹이고 키우는 방법에 대한 재미있는 이야기를 들은 적이 있다. 그런 아기는 커다란 바닷새의 부드러운 가죽 속에 넣어 키운다. 커다란 새를 잡아 통째로 가죽을 벗겨 깃털이 안으로 들어가도록 뒤집어서 그 안에 아기를 넣고 잘 묶은 뒤에 불이 켜져 있는 커다란 등잔 위에 매달아 둔다. 이때 물론 아기의 머리가 제 위치에 있도록 조심한다. 그런 새 가죽 주머니 속에 아기를 1주에서 4주 정도 두고 지방과 더불어 엄마가 짜낸 젖을 먹인다. 아기가 제 힘으로 젖을 빨 수 있을 때까지 먹이는 젖의 양을 늘려 간다. 나는 그렇게 키우는 모습을 본 적은 없지만, 내가 '웅이사크'에서 만난 두 명의 젊은이가 바로 그런 방법으로 키워졌다는 말을 들었다.

로 매장한다고 전하고 있다.

이름

아래에 축치족의 이름에 대한 시각에 관한 몇 가지 상세한 자료를 제시한다. 남자 이름이든 여자 이름이든 축치족 이름의 대부분은 죽은 자가 저승세계로부터 돌아온다는 축치족의 관념과 관계가 있다. 다음은 바로 그런 범주의 남자 이름으로 가장 널리 사용되는 것들이다.

예틸린 –	찾아온	아트치이르긴 –	숨겨진
로츠힐린 –	강(바다) 건너에서 온 남자	렘킬린 –	손님
노탈쿼트 –	땅에서 일어선	라흐틸린 –	집으로 돌아온 남자
페넬큐트 –	쉬고 난 뒤 일어난	옴릴쿼트 –	강해진
펠콴티 –	되돌아온	키틸큐트 –	갑자기 일어난
바알리르긴 –	쉬고 난	누바트 –	되돌려진
기르골 –	위의	팡안토 –	피곤해서 쉰
		히우콰이 –	낯선 남자

유사한 범주의 여자 이름

예트예우트 –	찾아온	큐트예우트 –	일어선
로츠힝아 –	강(바다) 건너에서 온 여자	라흐팅아 –	집으로 돌아온 여자
히웅에 –	낯선 여자		

보다 복잡한 구조이지만 역시 죽은 자가 저승에서 돌

아온다는 관념과 연관되는 다음과 같은 이름이 있다.

남자 이름

틍엔테그레우 –	'여명'에서 내려온	틍에닌틴 –	'여명'에서 던져진
틍에체이분 –	'여명'으로부터 걸어온	틍에룰틴 –	'여명'으로부터 오는
퀘르긴토 –	빛에서 나온	퀘르구크와트 –	'여명'에 갇힌

여자 이름

틍에응에우트 –	'여명'에서 온 여자	퀘르깅아 –	빛에서 온 여자
퀘르구크와-응아우트 –	'여명'에 갇힌 여자		

'여명'과 '빛'은 이름의 구성 부분으로 아주 자주 사용된다. 이와 같은 결합 구조는 고대인도식 이름을 연상시킨다. 다음과 같은 몇 가지 이름은 개인의 속성을 반영한다.

옴리이르긴	–	힘이 센 남자	아잉아이르긴	–	목소리가 큰
라나우쿠르긴	–	고집이 센 남자	옴링아	–	힘이 센 여자
라나웅아우	–	고집이 센 여자			

샤먼이 지어 주는 보호 기능의 이름들을 샤먼에 관해 기술한 장에서 소개한 적이 있다. 그런 이름들 가운데는 타 종족의 명칭인 '아이완', '타능이탄', '에텔' 등이 있으며,

동물의 이름인 '앗텐(개)', '케이응인(곰)', '일레일(다람쥐)', '에힐힌(늑대)' 등이 있다. 이에 상응하는 여자 이름은 '앗팅에(암캐)', '일렝에(암컷 다람쥐)' 등이 된다. '켈레우기(남자)'와 '켈렝응아(여자)'라는 이름은 귀신을 뜻하는 '켈레'라는 단어에서 온 것이다. '아콰우기(남자)'와 '아쾅응아(여자)'는 '악한'이라는 의미의 단어 '아콰'에서 온 것이다.

악한 귀신들로부터 보호할 목적으로 남자들에게 여자 이름을 붙이기도 한다. 이미 앞에서 여러 번 언급한 '긁는 여자(베히트키-응에우)'라는 남자 샤먼의 이름도 그런 것이다. 스텔레르에 따르면, 캄차달족도 귀신으로부터 보호하기 위해 같은 방법을 사용한다.[85] 사람 이름으로 다음과 같이 사물의 이름을 붙이는 경우가 있지만 극히 드물다.

우크운	–	돌	우크우콰이	–	작은 돌
웃타콰이	–	나뭇조각	웃탕아	–	나무 여자
포이힌	–	창	발레	–	칼
티팅아	–	바늘			

위에 제시한 이름 대부분에 접미사가 붙어 새로운 이

85) 스텔레르, p. 353.

름이 파생된다. 남자 이름에는 접미사 -테긴/-타긴(한계, 경계라는 의미 부가), -은퀘우/-은콰우('강한'이라는 의미의 '니-은퀘우-퀸'이라는 단어에서 나온 접미사가 분명하다), -우기/-우게(어디에서 발생한 것인지 불분명하다) 등이 붙는다. 여자 이름에는 접미사 -응에우트/-응아우트, -응응에/-응응아, -응에/-응아 등이 붙는데 이 모든 것이 어근 -응에/-응아('여자'라는 의미)에서 발생된 것이며, 접미사 -트바알은 '휴식'을 의미하는 동사 어간에서 발생된 것이다.

'퀴랑이(순록)'에서 파생된 '퀴라우게', '누텐퀘우(이 땅 위에 강한 자)', '누테테힌(땅의 끝)' 등도 위에 제시된 것들과 더불어 그런 예에 해당된다. 이렇게 파생된 이름을 기본형 이름보다 더 자주 볼 수 있다. 보통 한 가족 구성원 모두의 이름 또는 적어도 가족 대부분의 이름이 하나의 어근에서 파생된다. 예를 들면, '노탈퀴트', '누텐퀘우', '누테우기', '누테테힌', '누테응에우트', '노타트바알'이 그런 경우다.

몇몇 이름은 위와 같은 규칙과 무관하게 선택되기도 한다. '크라울(사람, 남자)', '차키헤트(누이, 자매)', '엔디우(아저씨)' 등이 그런 이름에 해당된다.

축치족 이름 가운데 아무런 의미도 가지지 않는 것들

도 있다. '체큠', '콰플레크', '콰티크', '페리' 등이 그런 이름이다. 이런 이름은 주로 해안 축치족에게서 찾아볼 수 있다. 그런 이름 가운데 '체플레'나 '차플라크' 등은 에스키모족으로부터 차용한 것이다. 이런 이름은 코랴크족에게서도 찾아볼 수 있다. 한편, 축치족의 많은 이름을 에스키모족이 차용하기도 했다. 그리고 앞에서 이야기한 대로, 샤먼들이 종종 자신의 주된 보조령의 이름을 쓰기도 한다. '응아우-리르카(암컷 바다코끼리)', '발브-인피나츠힌(노인-까마귀)' 등이 그런 예에 해당된다.

축치족의 경우 애칭형과 별명의 사용이 널리 확산되어 있다. 별명은 종종 다소 거북스러운 경우가 있는데, '롤로콰이(작은 성기)'나 '리흐-응오잉인(털 난 똥구멍)'이 그런 것에 해당된다. 또한 사람의 행태와 관련된 별명도 있다. 앞에서도 언급했던 '무릎으로 기는', '목걸이를 차고 다니는' 등이 그에 해당된다. '완전히 허풍만 떠는', '수프를 따로 먹는' 등 조롱 섞인 별명도 있다. 내가 아는 어떤 사람의 별명은 '언 창자'였는데, 몇 년 전에 순록의 언 창자를 훔친 일이 있었기 때문에 그런 별명이 붙게 되었다. 그리고 철제 덫을 훔친 적이 있는 어떤 사람은 '덫'이라는 별명으로 불렸다. 보통 별명은 처음에는 모욕감을 주지만 점차 익숙해져서 결국에는 본명을 완전히 대체한다. 축치족 대부분은 태어날 때 받은 본명은 버리고 별명을 사용한다.

어릴 때 붙여지는 지소형 별명은 대개 평생 유지된다. 예를 들어, '롤로(성기)'에서 나온 '롤로콰이(작은 성기)'는 점을 쳐서 지어 준 이름처럼 본명이 된다.

아들의 이름에 종종 아버지의 이름을 덧붙이기도 한다. 러시아인의 성(姓)과 비슷한 점을 볼 수 있다. 예를 들어, '코콜레-야티르긴'이라는 이름은 '쿠쿨리'의 아들 '야티르긴'이라는 뜻이 되며, '타트크-옴루우게'는 '타트코'의 아들 '옴루우게'라는 뜻이다. 아주 드물기는 하지만, 부인이 남편 이름을 기반으로 불리기도 한다. 예를 들어, '노타이메-응아우'는 '노타이멘'의 부인이라는 뜻이 된다. 성을 바꾼 '텔루우게-야티르긴'이라는 샤먼의 이름에 대해서는 샤머니즘에 대해 기술한 부분을 참조하기 바란다.

죽음

수호자인 죽은 사람들

축치족의 관념에 따르면, 죽은 사람들은 산 사람들에 대해 이중적으로 행동할 수 있다. 즉, 바람직한 수호자나 조력자가 되거나 아니면 켈레에 아주 가까운 위험한 존재가 된다. 이 존재들은 사람들에게 도움을 주고자 해도 해를 끼치거나 불행을 가져올 뿐이다.

축치족 명절에서 볼 수 있는 조상 숭배 요소가 그런 점을 확인해 준다. 그 외에 집을 수호하는 신물들에 죽은 사람의 옷에서 잘라 낸 작은 모피 조각을 묶어 놓는 관습도 있다. 내가 들은 바로는, 옛날에는 죽은 사람의 인육을 먹는 관습도 있었다고 한다. 시체의 살점을 비계와 섞어서 가까운 친척들끼리 나누어 먹었다는 것이다. 콜리마 지역의 유카기르족도 죽은 사람의 살과 뼈를 가까운 친척들 간에 나누어 가졌다. 그러나 그들은 그것을 먹지 않고 그것으로 부적을 만들었다. 원주민 노인들의 말에 따르면, 과거에는 죽은 사람들의 뼈와 마른 살이 가득 찬 가죽 자루가 가장 중요한 성물로 취급되었으며, 러시아화된 유카기르인들 가운데에도 그렇게 하는 사람들이 있었다고 한다.

뼈가 담긴 자루는 '할아버지'라고 불린다. 그 '할아버지'는 가장 강력한 조력자로 여겨진다. 그의 후손들은 생활상의 모든 일에 대해서 그 '할아버지'에게 도움을 청한다. 그러나 무엇보다도 사냥이 잘되게 해 주고 악한 귀신으로부터 보호해 달라고 청한다. 축치족도 불행을 당한 경우에 죽은 친척들에게 도움을 청한다. 예를 들어, 가축의 대부분을 잃어버린 순록 축치족 가족은 가장 큰 존경을 받아 그 누구보다 더 많은 제물을 받는 조상에게 도움을 청한다. 잃어버린 순록들을 찾아 데려올 수 있게 도와달라고 청하는 것이다. 그리고 그런 도움에 대해 살진 수컷 순록 한두 마리를 제물로 바치겠다고 약속한다. 축치족은 "조상들은 항상 우리와 함께 있다. 그들은 우리를 지켜보며 우리를 도와주고 보호해 줄 수 있다"고 말한다.

적이 된 죽은 사람들

장례 시의 모든 피방 조치나 주술은 축치족의 죽은 자에 대한 대비적인 관념들 가운데 두 번째 관념에서 나오는 것이다. 죽은 자들에 대한 그런 모순적인 관념은 아주 널리 퍼져 있다. 그것은 많은 원시적인 종족들에게도 존재한다. 원주민들 스스로도 자신들의 시각이 모순적이라는 것을 인정한다. 그렇지만 그들은 내게 그런 시각의 정당성을 설명하려 애썼다.

그들은 이렇게 말했다. "죽은 자는 아직 천막 내에 누워 있는 동안은 전혀 위험하지 않다. 죽은 자를 툰드라로 내간 이후에야 악한 귀신이 된다. 그는 그곳으로부터 귀신이 되어 집으로 돌아올 수 있다. 죽은 자의 물건은 해를 끼치지 않는다. 죽은 자만이 집으로 돌아와서 해를 끼치거나 불행을 몰고 올 수 있다. 죽은 자들이 여자의 몸을 통해 셀 수 없이 많은 횟수를 반복적으로 우리에게 찾아오는 것은 전혀 다른 일이다."

어떤 축치인은 내게 이렇게 말했다. "모든 죽은 자들이 불행을 가져오려 하는 것은 아니다. 단지 그들 가운데 일부만이 산 자들에 대해 좋지 않은 감정을 가지고 있다. 그런 죽은 자들이 불행과 슬픔을 주기 위해 다시 찾아온다. 가장 위험한 것은 두 번 죽은 자, 즉 완전히 죽은 자들이다. 그런 '존재'들은 이 땅에 다시 태어나지 못한다. 그들은 저승에 머물며 악한 귀신이 된다. 그들은 저승의 끝자락에 살며 켈레들과 더불어 그곳을 배회한다. 장례식이 있을 때 그런 죽은 자들이 썰매를 뒤집고 얼굴을 아래로 하고 땅 위로 떨어진다. 그런 징조로 그들이 오는 것을 알아볼 수 있다. 다른 죽은 자들은 착한 자들이다."

두 번 죽는 사람에 관한 관념은 다른 원시 종족들에게도 존재한다.[86] "그린란드 원주민들은 날씨가 좋지 않은 때에 저승길에 놓인 험한 산을 넘어야만 하는 영혼들을 불쌍하게 여긴다. 그런 영혼들은 두 번 죽어 아무것도 남지 않게 된다고 한다."[87]

한편, 축치족의 선한 죽은 자와 악한 죽은 자 간의 차이

---

86) 테일러, 《원시 문화》, II, p. 22 참조.

87) 크란츠, 《그린란드 역사》, p. 259.

에 대한 관념은 다른 종족들의 관념과 다소 다르며, 기본적인 모순이 더욱 부각될 뿐이다.

해를 끼치는 악한 존재로서의 죽은 자에 대한 관념이 죽은 조상들의 보호에 대한 믿음보다 더 널리 퍼져 있다.[88)]

죽은 자들에 대한 두려움과 그들이 돌아오지 못하도록 다양한 조치를 취해야만 한다는 생각은 축치족의 의식 깊숙이 뿌리를 내리고 있어서, 그런 의식이 어린아이들의 놀이에도 반영되어 있다. 해안 축치족 마을의 남자아이들이 무너진 땅굴집에서 노는 것을 본 적이 있다. 한 아이가 죽은 사람 시늉을 했고 다른 아이들이 그 아이를 줄로 묶어 매장할 곳으로 끌고 갔다. 잠시 후 그 아이는 켈레가 되어 처음의 장소로 돌아왔다. 그 아이는 인상을 쓰고 끔찍한 고함을 질렀다. 다른 아이들 가운데 한 명이 샤먼 역할을 했다. 그 아이는 북을 치는 시늉을 했다. 그러자 켈레는 샤먼이 부리는 귀신처럼 샤먼의 노래와 질문에 다양한 목소리로 반응했다.

시체는 작은 부분이라도 특히 위험한 것으로 취급된

---

88) 많은 축치족 사람들이 말한 바에 따르면, 살아 있는 사람들을 도와주고 싶어 하는 가까운 친척 귀신들도 해만 끼칠 수 있다고 한다.

다. 시체의 일부는 '저주'를 위한 도구로 사용되기도 한다. 툰드라를 지나다가 시체를 본 사람은 불행을 당할 위험이 있다. 그가 왔던 길을 되돌아가면 시체가 뒤를 따라오다가 추월해서 길을 막는다. 그러면 그 사람은 살아날 가망이 없다. 시체는 마치 이우메툰 켈레(간질병 귀신)처럼 행동한다. 시체는 산 사람이 심한 발작을 일으키게 한다. 시체를 간질병 귀신으로 보는 관념은 그 귀신이 툰드라에 산다는 신앙과 관련해서 발생된 것으로 보인다. 그 귀신은 지나가는 사람을 천천히 뒤따라가지만 결코 포기하지 않는다.

한편, 위에 기술한 죽은 자에 대한 관념과 더불어 축치족은 전혀 상반되는 또 다른 관념을 가지고 있다.

축치족은 죽은 자를 '옛사람(페네엘린)'[89] 또는 '중요한 주민(에운-렘킨)'이라고 부른다. 죽은 자가 누워 있는 장소는 그의 거주지로 취급된다. 그런 장소 가까운 곳에 천막집을 지어도 불행이 초래되지는 않는다. 그리고 혼자 길을 나선 사람이 '중요한 주민'의 집 가까운 곳에서 밤을 보내도 죽은 자는 그에게 해를 끼치지 않으며 오히려 켈레

---

89) 코랴크식 발음으로 하면 '페니넬린'이 된다. 이 발음은 축치족 여자들의 발음과 아주 유사하다. 축치어에는 남성 발음과 여성 발음이 존재한다. 여성 발음은 코랴크족의 발음에 가깝다.

들의 습격을 막아 줄 수 있다. 다양한 축치족 설화에, '중요한 주민'이 천막집을 습격하는 나쁜 귀신들을 물리치고 그 집 사람들에게 귀신을 막는 데 필요한 예방 조치들을 가르쳐 주는 장면이 나온다. 대부분의 경우 그는 그 천막집 사람들의 조상이거나 가까운 친척이다.

한 설화에서는 아버지의 시신에게 도움과 보호를 청하는 청년에 관한 이야기가 나온다. 이에 대해 시신은 "너를 내 곁에 둘 수 없다. 내 몸은 이미 나누어졌고, 나의 집은 몹시 춥다"고 말한다. 이어서 아버지는 청년에게 부유한 순록 유목 집안의 딸을 아내로 맞이할 방법을 알려 준다. 또 다른 아주 전형적이고 널리 퍼져 있는 이야기에서는 젊은 아가씨가 툰드라에서 해골을 발견해 집으로 가져온다. 그녀는 그것을 자신의 물건을 보관하는 자루에 넣어 두고 때때로 꺼내 보면서 미소를 지었다. 그러면 해골도 웃었다. 얼마간 시간이 지나자 아가씨의 어머니가 딸의 이상한 행동을 눈치챘고 자루 속의 해골을 보게 되었다. 가족 모두 놀라서 아가씨만 남겨 둔 채 집에서 도망쳤다. 아가씨는 해골 앞에 서서 울기 시작했다. 그러다가 발로 해골을 건드렸다. 그러자 해골은 자신의 몸을 찾으러 나갔고 곧 멋진 청년의 모습으로 돌아왔다. 그는 수많은 순록 떼와 많은 썰매도 가져왔다. 그 후 그들은 행복하게 살았다.

이 이야기는 죽은 자가 위험하고 무서운 존재이지만 선택한 사람을 도와주고 보호해 줄 능력이 있는 것으로 묘사하고 있다.

순록 축치족의 장례

사람이 죽으면 즉시 그의 목걸이와 호신부, 그리고 옷을 벗기고 내부 천막의 침상에 눕혀 놓는다. 이때 바닥에 가죽을 깔아 두고 시신의 몸에도 가죽을 덮는다. 깔개와 덮개로 사용하는 가죽은 안쪽의 엷은 막이 시신 쪽으로 가도록 깔고 덮어 준다. 시신을, 특히 시신의 얼굴과 성기를 빛에 노출시키는 것은 좋지 못하다고 여겨진다. 그리고 집안 식구 모두 침실에서 나간다. 다만 한 사람은 시신 옆에 남아 있어야 한다. 시신이 일어나 사람들에게 해를 끼칠지도 모르기 때문이다. 이런 시각은 앞에서 기술한 축치족의 시각, 즉 죽은 자는 천막집 안에 머무는 동안에는 '착하고 선하다'는 관념에 모순된다.

장례식은 사망 다음 날 치러진다. 장례식 전날 밤에는 두 명이 시신 옆에 있어야 한다. 혼자 있으면 캄캄한 밤에 시신의 해를 입을까 두려워 절대 혼자 있으려 하지 않기 때문이다. 사람이 죽은 순간부터 시신이 천막집 내에 있는 동안 내내 가족 중 한 사람은 특별한 방법을 사용해 죽은 자의 악한 힘에 맞서야 한다. 그런 사람을 '지킴이(타노뭉알린)'라고 부른다. '지킴이'는 남자도 될 수 있고 여자도 될 수 있다. 종종 장례의 이 중요한 부분을 위해 특별히 '아는 것이 많은 사람'을 초청하기도 한다.

첫째 날 지킴이는 보통 동물의 힘줄로 호신부를 새로 만들어 집안사람 모두에게 나누어 주기만 한다. 장례는 시신에 수의를 입히는 것으로 시작되는데, 노인들의 경우 수의는 대부분 사전에 만들어 둔다. 때로는 수의용 가죽만 마련해 사물을 담아 두는 자루에 보관하기도 한다. 그런 경우, 죽은 사람의 가족에 해당되는 모든 여자들은 가능한 한 빨리 가죽을 재단해 수의를 만들어야 한다. 필요한 경우에는 가족 공용으로 마련해 둔 새 가죽으로 수의를 만들 수도 있다. 시신을 일상 의복을 입은 채로 놓아두는 것은 허용되지 않는다. 시신에 대한 불경이라고 여겨지기 때문이다. 몹시 가난한 사람들 또는 길에서 죽거나 다른 나라 또는 낯선 사람들 사이에서 죽은 사람 등 예외적인 경우에만 그렇게 한다. 죽은 사람이 남자인 경우에는 상의를 입히지 않으며, 여자인 경우에는 평소 입던 옷을 입힐 수 있다. 그러나 모든 펜던트나 장신구는 제거한다. 구매한 섬유는 수의를 만드는 데 사용하지 않는다.

수의를 만들 가죽을 고를 때는 남성용, 여성용 공히 흰 가죽이 선호된다. 신발의 밑창은 턱수염바다물범의 가죽으로 만들며, 순록의 거친 가죽으로는 만들지 않는다. 동토의 땅에서 걸어 다니는 데 불편하기 때문이다. 시신에는 별도의 모자를 씌우지 않는다. 다만 여자인 경우에는 상의에 달린 모자를 머리에 씌운다. 한편, 남성용 모피 외투에는 모자를 다는데, 그것은 일반적인 외투 모자와는 다르게 코랴크식으로 재단해 부착한다. 이 모자가 어린아이용 외투의 커다란 모자와 비슷하기에 축치족은 때로 죽은 사람을 '모자 달린 옷을 입은 사람'이라고 부르기도 한다. 그 명칭은 어린아이들을 지칭하는 데 사용되기도 한다. 대부분의 경우 수의는 이중으로 만들지만, 반드시 그렇게 해야 하는 것은 아니다. 한편, 축치족은 시신에 바지를 입히지 않는 경우가 많다.

수의를 만드는 데 사용하는 가죽은 오리나무로 염색하지 않는다. 그것은 다양한 동물을 사냥할 때 오리나무를 사용하지 않는 것을 연상시킨다. 수의를 꿰매는 데는 검댕을 칠하지 않은 동물의 힘줄을 그대로 사용한다. 살아있는 사람의 옷을 만들 때 보통 검댕을 칠한 힘줄을 사용하는 것과 다르다. 그리고 수의를 꿰맬 때는 실에 매듭을 짓지 않는다. 실의 매듭 하나하나가 가족 중 그 누군가의 죽음을 의미한다고 보기 때문이다. 만든 수의는 시신을 덮고 있는 가죽 위에 펼쳐 놓는다. 그리고 시신이 남자인 경우 수의에 새 칼집에 꽂은 칼, 창, 활과 화살, 가죽 주머니 속에 든 숫돌, 담뱃대와 담뱃잎, 컵과 밥그릇, 그리고 식품을 넣은 작은 주머니 세 개를 부착한다. 시신이 여자인 경우에는 창과 활 대신에 가죽 무두질용 도구와 바늘과 골무 등이 담긴 살림도구 주머니를 부착한다.

장례식과 관련된 금기 가운데, 사람이 죽은 후 3일 동안 북을 치지 말아야 한다는 것이 있다. 그리고 시신을 장지로 내가는 날에 북을 치는 것이 특히 위험하다고 여긴다. 북소리가 죽은 자를 다시 집으로 불러들일 수도 있다고 여기기 때문이다. 나는 그런 관념에 근거를 둔 여러 가지 이야기를 들었다. 샤먼 의례가 시신을 집으로 돌아오게 만든 경우가 여러 번 있다는 이야기였다. 시신은 연기구멍을 통해 천막집으로 들어가 예전에 지내던 자리로 떨어졌다. 그래서 모든 주술을 다 동원해 장례식을 다시 치러야 했다는 것이다. 여자들의 일과 관련된 금기도 있다. 사람이 죽은 후 3일 동안, 특히 밤에 여자들이 바느질이나 무두질을 하는 것이 허용되지 않는다. 이 두 가지 금기는 사람이 죽은 천막집과 그 마을 전체에 해당되는 것이며, 때로는 인근 마을 주민 전체에 적용되기도 한다.

염습

순록을 유목하는 경우 장례식 날 아침에 순록 두 마리를 잡는다. 그리고 천막집 입구에 작은 모닥불을 피우고 일상적인 제물을 비친다. 그 후 망자의 가까운 친척 남녀 두세 쌍 또는 네 쌍이 내부 천막으로 들어가 염습을 시작한다. 그들을 '보내 주는 자들'이라고 부른다. 망자를 위한 음식은 시신을 덮은 가죽 위에 올려 둔다. 그리고 망자의 입 근처를 덮고 있는 가죽에 구멍을 내고 그곳에 고기와 비계 조각을 집어넣어 망자도 자기 몫의 음식을 받도록 한다. 그 후 '보내 주는 자들'은 신발과 각반을 벗고 바지를 가능한 한 높이 추켜올린다. 그리고 시신의 양쪽으로 앉아 맨발을 시신 아래로 집어넣고 약간 들어 올려서 시신이 그들의 발 위에 누워 있는 것처럼 되게 한다. 그 후에 죽은 자가 저승으로 잘 가도록 빌기 시작한다. 죽은 자와 맨 먼저 작별하는 것은 남편 또는 부인, 아버지 또는 어머니이며, 그 후에 '보내 주는 자들'이 작별 인사를 한다.

그들 각각은 시신의 손을 잡고 그 손으로 자신의 허리와 엉덩이를 쓰다듬고 나서 자신의 손으로 시신의 허리와 엉덩이를 쓰다듬으며 잘 가라는 인사를 반복한다. 언젠가 내가 참석한 장례식에서 부인에게 작별 인사를 하는 남편이 이렇게 말했다. "자, 이제 내가 무얼 할 수 있을까? 우린 그렇게 오랜 세월을 함께 살았는데, 이제 당신만 가네. 내가 잘못한 일은 기억하지 마. 내가 늘 잘하지도 못했지만, 당신에게 잘못한 것이 있어도 나쁜 마음을 갖지 말기를 바라네."

작별 인사 후 '보내 주는 자들'이 시신을 닦기 시작한다. 이것은 작은 나무 잔과 축치족이 음식을 먹은 후 손을 닦는 데 쓰는 것과 비슷한 풀 뭉치를 사용한 상징적인 행위다. '보내 주는 자들'은 풀 뭉치를 나무 잔에 넣었다 빼서 시신을 닦는 동작을 한 뒤에 그것을 옆 사람에게 건네준다. 그 후 옷을 입히기 시작한다. 그것은 아주 힘든 일이다. 시신이 무거운 가죽에 덮여 있지만 그곳에 있는 사람들이 시신의 벗은 몸 일부라도 보아서는 안 되기에 가죽을 들출 수도 없기 때문이다. 그렇게 옷을 입히는 동안 시간이 지체되면 '보내 주는 자들'은 "이제 그만하고 서두르시오. 이제 가야 합니다. 그렇게 고집을 피우면 안 돼요"라고 시신을 설득한다. 시신의 얼굴은 모피로 된 턱 가리개를 올려 덮어 두며 머리에는 외투에 달린 모자를 감아 둔다. 한편, 친척들은 죽은 자가 남자인 경우 옷의 허리띠를, 여자인 경우에는 옷소매 단의 일부를 집으로 가져가 가족의 '호신부'들 가운데 하나로 삼는데, 그때부터 그 물건은 '에나알'이라고 불리게 된다. 어떤 가족은 망자의 옷에서 순록 가죽 조각을 잘라 내어 거기에 개의 털가죽을 긴 띠 형태로 덧붙인다. 이것은 아랫부분에 개의 털가죽을 덧붙여 만든 모피 상의를 모방한 모습으로, 나중에 죽은 자를 연상시키는 역할을 한다. 장례식을 준비하는 동안 이 가죽 조각은 수의와 함께 놓아둔다. 그리고 장례식 후에 그것도 가족의 '호신부'들 가운데 하나로 삼으며, 명칭도 '에나알'이 된다.

점치기

시신에 수의를 입힌 후에는 시신을 침실의 중간 또는 외부 천막으로 옮긴다. 시신의 머리는 항상 출구 쪽을 향하도록 해야 한다. 그리고 '지킴이' 또는 가까운 친척이 끈에 사물을 매달아 점을 친다. 죽은 자가 남자이면 점을 치기 위해 끈에 매다는 물건은 지팡이가 되며, 여자이면 가죽을 무두질하는 데 사용하는 도구의 긴 손잡이가 된다. 점을 칠 때 시신의 자세는 산 사람에 대해 점을 칠 때와 동일하게 한다. 점을 치는 일은 두세 번 반복되기 때문에 거의 두 시간 정도가 걸린다. 첫 번째 점은 내부 천막에서 치며, 그 후 외부 천막과 천막집 바깥에서도 점을 친다. 점을 칠 때 던지는 질문들 가운데 하나는 죽은 자가 어떤 방법으로 장례가 치러지기를 원하는지 알아보는 것이다.

축치족에게는 시신을 불에 태우는 방법과 툰드라에 내놓는 방법의 두 가지 장례 방법이 있다. 추코트카 반도의 해안 축치족과 순록 축치족 대부분은 두 번째 방법을 택한다. 나무가 파도에 밀려와 쌓이는 해안에 가까운 '어르린 갑' 지역의 해안 축치족 또는 숲이 있는 아뉴이 강과 아나디르 강 지역의 순록 축치족은 종종 시신을 화장하기도 한다. 좀 더 정확히 말하면, 각 집안은 세대를 거듭하며 한 가지 장례 방법을 사용한다. 시신을 화장하는 집안은 툰드라 깊은 곳에서 유목을 하고 있는 경우에도 집안의 누군가가 죽으면 썰매 두세 대를 보내 화장에 필요한 장작을 구해오도록 한다. 그런 경우 종종 장작을 50~60킬로미터나 운반해야 하기도 한다. 때때로 장작불이 더 크게 타오르도록 짐 운반용 썰매 몇 개와 천막용 장대들을 불 속에 집어넣기도 한다. 그러나 어쨌든 죽은 자가 어떤 장례 방법을 원하는지 반드시 물어보아야 하며, 그가 원하는 바에 따라 가족 전통에 뿌리 내린 방법으로 장례가 치러질 수 있다. 죽은 자가 원하는 것은 반드시 이행되어야 한다. 그런데 시체를 화장하는 것은 툰드라에 내다 놓는 것보다 훨씬 드물게 이루어진다. 그 이유는 장작이 부족하기 때문이다. 한편, 매독으로 죽은 사람의 시신은 화장하지 않는데, 그것이 불을 모독하는 것일 수 있기 때문이다. 물론,

그것은 '피해야 할 대상'인 불결한 병으로 알려진 진짜 매독을 포함한 전염병들에도 해당된다. 전염병이 돌 때 보통 시신을 불태우지 않고 그냥 툰드라에 버리는데, 가능한 한 빨리 그것으로부터 벗어나고자 하기 때문이다.

시신을 툰드라에 내다 놓는 것이 축치족 사이에 가장 널리 퍼진 장례 방법이다. 이와는 반대로 숲이 좀 더 많은 남쪽에 사는 코랴크족은 거의 예외 없이 화장을 한다. 연료가 부족한 해안 코랴크족은 시신을 해안의 높은 절벽에서 바다로 던진다.

점을 칠 때 시신이 툰드라로 나가기를 원한다는 것이 알려지면, 어떤 장소가 좋을지를 다시 묻는다. 여름에 습기가 잘 마르는 언덕이나 야산의 경사진 곳이 가장 적당한 장소로 취급된다. 점을 치는 사람은 끈에 물건을 매달아 들고 그런 장소 몇 곳을 말하다가 매달아 놓은 물건이 흔들리기 시작할 때 말한 장소를 선택된 장소로 여긴다. 순록을 유목하는 사람들은 마지막 가는 길에 자신이 가진 가장 좋은 순록들을 데려가고 싶어 한다. 죽은 자들이 가는 길은 멀고 힘들기 때문이다. 한편, 순록이 없는 가난한 사람은 그 길을 걸어서 간다. 남의 순록이나 사들인 지 얼마 되지 않은 순록 또는 빚 대신 받은 순록은 그런 목적에 사용할 수 없다.

죽은 자들의 세계에 도달하기는 아주 힘들다. 그리고 그곳에 새로 도착한 자가 자신의 가족이 있는 곳을 찾아다니는 동안 순록의 원래 주인이 멀리서 냄새로 알아차리고 찾아와서 길을 막고 자신의 순록을 빼앗아 간다. 빚 대신에 받은 옷이나 가죽에 대해서도 동일한 시각이 존재한다. 따라서 장사를 나갔거나 기타 이유로 타지에서 갑자기 죽은 사람은 평소에 입던 옷 그대로 입혀 장지로 데려간다.

타지에서 죽은 사람의 장례에 대해 한 원주민으로부터 들은 짧은 이야기가 있다. 죽은 자에게는 그 타지에 친척이 없었고 마지막 길을 갈 때 사용할 순록과 썰매도 없었다.

사람들이 그에게 물었다. "당신은 어떻게 가기를 원하는가? 썰매를 타고 가기를 원하는가?" 시신이 "아니오"라고 대답했다. 다시 시신에게 물었다. "그럼 걸어서 가기를 원하는가?" 시신은 대답했다. "나는 걸어서 갈 테니까 내게 지팡이를 주시오." 물론 그런 대답은 점을 치는 중에 얻어 낸 것이다.

비슷한 성격의 또 다른 이야기에서는 자신들의 자손으로부터 옷을 받은 가난한 사람에게 화를 내는 몹시 인색한 죽은 자들을 심하게 비난한다.

순록이 끄는 썰매가 여러 대 있는 죽은 자에게는 그중 어떤 것을 타고 가기를 원하는지 묻는다. 어느 것을 원하는지 점을 쳐서 알아낸다. 종종 시신에게 누가 마지막 길을 가는 그의 순록 썰매를 몰아야 할지, 누가 장례 행렬을 이끌어야 할지, 누가 '지킴이'를 해야 할지를 묻기도 한다. 그리고 또 켈레들의 이어지는 습격을 예방하기 위해 죽음의 원인을 알아내려 애쓰기도 한다. 그리고 장례에 참석한 사람들의 운명도 점을 치는 대상이 된다. 그런 점에 대한 이야기를 소개한다.

"시신에게 '병이 다시 이곳으로 오겠는가?' 하고 물었다. 그리고 지팡이를 쭉 내밀었다. 시신은 '병은 돌아오지 않는다. 귀신들이 사라졌다'고 대답했다. 다시 시신에게 물었다. '이제 여기 있는 사람들에 대해 이야기하라. 누구에겐가 슬픔이나 불행한 일이 일어나겠는가? 우리 각각에 대해 별도로 말하라.' 그리고 누구인가에 대해 질문을 한 후 지팡이의 무게가 가벼워졌다면, 그 사람은 곧 죽게 된다."

그리고 이어서 가축 떼나 사냥 등에 관련된 질문을 던진다. 예를 들어, 앞의 이야기에서처럼 남편이 죽은 부인의 머리에 끈을 묶어 지팡이에 끼우고 질문을 하면서 점을 치기 시작했다. 그의 첫 번째 질문은 '당신은 어떤 장소를 원하는가'였다. 시신은 전과 다름없이 무거웠고 꼼짝도 하지 않았다. 남편이 말했다. "아! 내 기억력이 그리 좋지 못해. 틀림없이 내가 당신을 화나게 한 것 같아. 내게 화내지 마. 떠나야 한다는 걸 당신도 알잖아." 그러나 시신은 아무런 대답도 없었다. 그러자 남편이 말했다. "내가 당신을 차운에서 이곳으로 데려온 것 때문에 내게 화를 내고 있는 것이 틀림없어. 그렇지만 여기도 당신 땅, 당신의 산과 강, 주위의 모든 것이 당신 것이야. 그러니 당신이 여기 눕는 것이 마땅하지."[90] 그러나 시신은 전과 다름없이 꼼짝도 하지 않았다. 남편이 한숨을 쉬면서 말했다. "아아, 당신이 화가 단단히 난 게 틀림없어. 마음이 편치 않으니 우리에게 눈보라를 보낸 것이고(바깥에는 눈보라가 심하게 치고 있었다)." 그런데 남편은 갑자기 시신의 무게가 달라졌다는 것을 느꼈다. 시신의 머리도 위로 올라가 있었다. 남편이 소리쳤다. "아아, 우리 아들이 순록의 저주로 병에 걸린 건 내 잘못이 아니야. 당신이 그 애의 잘못에 대한 대가를 치른 게 아닌가?" 지팡이가 다시 위로 올라갔다.

그들의 아들은 야생 순록에 대한 주술 의례를 하면서

---

90) 여자는 로소마샤 강변에서 죽었고, 부부는 교역을 위해 그곳으로 왔다. 죽은 여자는 그곳에서 태어나 차운 툰드라에 사는 남자에게 시집을 갔다.

실수를 저질렀다. 그리고 그 즉시 병에 걸렸다. 남편은 켈레들이 아들 대신 부인을 잡아갔다고 여겼다. 부인은 분명 남편이 말한 것이 마음에 들지 않아 장례 장소에 대한 물음에 답하지 않았을 것이다. 남편은 "이제 그만하고 끝내도록 하지. 장례가 너무 길어지게 만들고 있어"라고 반복해서 말하며 시신을 설득해 보았다. 마침내 시신이 대답을 했을 때는 장례에 참석한 사람들은 화가 난 시신에게 자신의 미래에 대해 물어보기를 두려워해서 즉시 시신을 천막집에서 내갔다.

대부분의 경우 시신은 입구를 통해서 내가지 않고 천막집 뒤편의 천막을 들어 올리고 내간다. 그 후 임시 출구였던 곳의 모든 흔적을 깨끗이 치워 죽은 자가 다시 돌아오고 싶어도 입구를 찾을 수 없게 만든다. 그리고 시신을 내가는 곳에서 멀지 않은 장소에서 작은 강아지 한 마리를 제물로 바치고 장례가 모두 끝날 때까지 3일 동안 그대로 둔다.

시신을 천막집에서 내간 뒤에 다시 천막집의 입구 쪽으로 옮긴다. 시신을 태워 갈 썰매는 입구의 왼쪽에 대기시켜 두는데, 썰매 앞쪽이 천막집 입구를 향하고 뒤쪽이 선택된 지점을 향하도록 놓아둔다. 옮겨 온 시신은 새로 만든 줄로 그 썰매에 꽁꽁 묶는다.

가능한 한 장례에는 새로운 썰매 또는 가지고 있는 것 중 가장 좋은 썰매를 사용한다. 그리고 죽은 자가 가야 할 길이 멀다는 것을 고려해 고장이 난 부분이나 교체되었던 부분은 다시 새롭게 수리한다. 그리고 썰매 밑에는 두 개의 긴 장대를 놓아두어 썰매가 앞뒤로 쉽게 움직일 수 있게 해 둔다. 그리고 다시 점을 친다. 썰매가 장대 위에서 쉽게 움직이지 못하는 것은 부정적인 대답으로 여겨지며, 쉽고 빠르게 움직이는 것은 긍정적인 대답으로 여겨진다.

죽은 자가 사용하게 될 개인 용품도 썰매에 묶어 둔다. 그리고 이제 순록들에 고삐를 채운다. 그리고 장례 행렬을 이끄는 자가 썰매에 올라타면 행렬이 움직이기 시작한다.

부유한 사람의 장례 행렬은 열다섯 대에서 스무 대의 썰매로 이루어지기도 하며, 가난한 사람의 경우에는 가장 가까운 친척들의 썰매 한두 대만 사용되기도 한다. '걸어서 가야 하는' 사람의 시신은 장례를 주도하는 사람의 썰매에 실어 나른다. 이런 경우에는 장례 행렬도 걸어서 간다.

시신 안치

망자에 의해 선택된[91] 장소에 도착하면 사람의 몸 크

---

91) (옮긴이 주) 앞에 서술된 것처럼, 점을 쳐서 장지로 선택된.

기만 한 곳이 있는 평지를 선택해 긴 타원형 모양으로 돌을 둘러쌓는다. 이때 긴 타원형의 한쪽 끝은 자정 방향을 향하게 하고 반대편 끝은 돌을 쌓지 않고 열어 둔다. 이렇게 돌로 둘러친 것을 묘지 돌담이라는 뜻의 '팔라우쿤'이라고 부른다. 때로는 돌을 세 개만 놓아두어도 충분하다고 여기기도 한다. 그런 경우에는 돌 하나를 시신의 머리 쪽에 두고 다른 두 개는 양 어깨 쪽에 둔다. 이때 사용되는 돌은 반드시 커다란 것이어야 한다. 그런데 선택된 장소가 강변에서 먼 툰드라 중간지대여서 돌이 하나도 없다면, 짧게 반 토막 낸 세 개의 나무토막을 큰 돌 세 개를 사용해서 단순하게 담을 치는 방식으로 배치한다.

시신을 뉘어 놓은 썰매는 앞쪽이 자정 방향으로 가도록 세워 둔다. 그리고 순록들의 고삐를 풀고 양쪽에서 동시에 네 개의 칼로 순록들을 찔러 죽인다. 순록들이 쓰러지면 즉시 고삐를 다시 매는데, 이때는 멍에를 오른쪽 순록의 오른쪽 어깨가 아닌 왼쪽 어깨에 채운다. 그리고 장례를 주관하는 자가 썰매의 시신 위에 앉아 죽은 순록들에 묶인 고삐를 세게 당기며 채찍으로 내려쳐 몰고 가는 시늉을 한다. 그는 그렇게 시신을 죽은 자들의 세계로 데려가는 것이다. 이때 장례에 참석한 사람들은 "서둘러! 더 빨리 가"라고 소리쳐 그의 행위에 장단을 맞춰 준다. 그리고 순록들이 지쳤다고 여겨질 때쯤 되면 다시 "오, 순록들이 아주 빨리 가네"라고 소리친다. 그러면 장례 주관자는 "나는 죽은 자들의 땅 끝까지 왔다"고 말한다. 그리고 순록을 몰고 가는 동작을 마치고 "이제 도착했다"고 말한다. 한편, 순록들이 죽기 직전에 오줌을 싸면 그것은 살아 있는 사람들에게 좋은 징조라고 여긴다.

이제 죽은 순록들로부터 멍에를 벗긴다. 그리고 썰매에서 시신을 내려 장례용 돌담 안의 땅 위에 머리가 북쪽으로 가도록 눕힌다. 이때 시신을 묶어 놓은 끈은 풀지 않는다. 그리고 시신 주위의 땅에 장례를 위해 가져온 동물의 비계 조각과 순대처럼 속을 채워 넣은 동물의 창자 조각을 뿌려 둔다. 죽은 순록들은 해체해 고기를 작은 조각으로 자른다. 순록의 다리뼈는 도끼로 쳐서 부수고, 뿔은 정수리 뼈와 함께 잘라 낸다. 시신의 발치에는 가져온 긴 막대 두 개를 놓아둔다. 이것은 망자가 죽은 자들의 나라에서 목발로 사용하도록 하기 위한 것이다. 대개 천막집 앞에서 썰매 아래 놓아두고 점을 치는 데 사용했던 긴 막대 두 개를 그런 용도로 사용한다. 필요한 경우에는 숲에서 잘라 온 긴 나무를 사용하기도 한다. 그런 다음 '보내 주는 자들' 몇몇이 시신 곁으로 다가가 다음 단계의 의례를 준비한다. 이에 앞서 그 사람들은 까마귀처럼 세 번 까륵거리거나 여우 울음소리를 흉내 낸다. 이것은 켈레들이 사람을 알아보지 못하고 까마귀나 여우라고 여기도록 하기 위한 것이다.

이제 '보내 주는 자들'은 시신을 묶었던 끈을 풀고 시신의 옷을 조각조각 잘라 낸다. 그리고 옷을 잘라 낸 곳에는 고기 조각을 덮어 주는데, 시신 전체가 고기 조각으로 덮일 때까지 계속한다. 시신의 얼굴은 순록의 십이지장으로 덮는다. 그 후 시신을 묶었던 가죽 끈을 길게 자른다. '지킴이'가 그것을 자신의 허리에 매고 집으로 가져가 집에서 거기에 대고 특별한 주문을 왼다. 시신 아래 깔려 있던 옷의 일부도 빼내어 조각내고 그것을 시신의 오른쪽에 쌓아 놓는다. 시신 곁에는 담뱃대, 칼 등 가장 긴요한 물건들을 놓아둔다. 흥미로운 것은 그런 망자를 위한 개인 용품으로 종종 나무로 만든 작은 쪽배를 놓아두기도 한다는 것이다. 축치족은 망자가 저승길을 갈 때 물을 건널 일이 생기면 사용할 수 있도록 하기 위한 것이라고 말한다. 그런데 순록 축치족의 경우, 특히 내륙에 사는 순록 축치족은 평생 배를 타 볼 일이 거의 없다.

썰매와 멍에도 자르고 부수어서 한곳에 쌓아 둔다. 썰매는 부수지 않고 그대로 두는 경우도 있다. 썰매를 부수는 것은 러시아인이나 퉁구스인이 그것을 가져가지 못하게 하기 위한 것일 뿐이다. 나는 실제로 시신 곁에 부수지 않고 놓아둔 썰매나 다른 물건을 타 종족 사람들이 가져간 사례들이 있다는 것을 알고 있다. 콜리마 지역의 한 코사크인은 자기가 툰드라를 지나던 길에 축치족 여자의 묘지에서 찻잔과 잔 받침, 철로 만든 무두질 도구를 가져갔다고 내게 말했다. 그런데 그는 그다음 날 밤 한 여자가 나타나 자기 물건을 돌려 달라고 하는 꿈을 꾸고 너무나 놀라서, 이미 거의 40킬로미터나 지나 온 길을 되돌아가 가져온 물건을 돌려주었다고 했다. 나를 안내해 주던 콜리마 지역 출신 원주민들도 축치족 묘지에서 쓸 만한 물건을 집어 가려 했는데, 나로서는 그들을 제지하기가 쉽지 않았다. 추코트카 반도와 해안 지역에서는 묘지에 놓아둔 물건이 사라질 염려가 없다. 그 지역 주민들은 다른 원시적 종족들이 그렇게 하는 것처럼 시신 옆에 두는 물건은 모두 부수지 않고 그대로 둔다. 순록들의 사체도 묘지에 그대로 둔다. 그리고 시신의 머리맡 양쪽에는 뿔을 한 묶음씩 놓아둔다.

이제 '지킴이'가 시신의 가슴과 배에 불을 피운다. 그 일을 망자의 가까운 친척이 하기도 한다. '지킴이'는 시신에 직접 손이 닿지 않도록 하기 위해 긴 칼을 사용한다. 물론 손가락이 세 개만 나 있는 특수한 모양의 장갑을 끼지만, 그래도 그렇게 한다. '지킴이'는 칼로 시신의 가슴을 십자 모양으로 절개하고 내장을 꺼낸다. 그리고 간과 심장을 잘라 내 자세히 살펴보고 죽음의 원인이 무엇인가를 선언한다. 언젠가 내가 참석한 장례식에서 '지킴이'가 이렇게 선언했다. "간에 심한 병이 들었다. 심장은 고름으로 가득 차 있다. 내장이 이런 상태이니 조금이라도 더 살 수가 없었다." 또 다른 장례식에서는 '지킴이'가 이렇게 선언했다. "간이 완전히 말라 있고, 심장은 아주 작은 덩어리만 하게 쭈그러져 있다. 이 사람은 켈레들의 공격을 받고 공포나 절망으로 죽은 것이다."

나는 때때로 시신에서 죽은 자의 적들이 보낸 저주의 흔적이 발견되기도 한다는 말을 들었다. 그러나 나는 죽음의 원인이 그런 것이라고 선언되는 장례식에는 가 보지 못했다. 이제 죽음의 원인을 선언한 '지킴이'는 시신의 목을 잘라 몸과 분리시킨다. 이 마지막 행위는 병을 옮기는 귀신들이 장례식에 참석한 사람들을 쫓아오지 못하게 하기 위해 반드시 필요한 것이라고 한다. 살인자들도 희생자의 머리를 잘라 내어 희생자의 귀신이 자신을 추적하지 못하도록 한다. 그 외에도 이런 행위에는 머리가 잘린 시신에서 빠져나간 영혼이 다시 몸으로 돌아가지 못하게 하는 목적도 있다.

보호 주술

장례가 끝나면 참석자들은 다시 모여 장지를 떠나는 의례를 행하는데, 이때 시신 주위를 도는 방향이 바뀐다. 시신 주위를 왼쪽에서 오른쪽으로 돌아 집으로 돌아간다. 그렇게 방향을 바꾸는 것은 물론 죽은 자가 따라오지 못하도록 하기 위한 것이다. 집으로 돌아오는 길에 '지킴이'와 장례 행렬을 이끄는 자는 맨 뒤에 따라가면서 각자 몇 가지 주문을 왼다. 이 주문들은 '주술을 사용한 탈출' 이야기 시리즈에 해당되는 것들이다.

장례 행렬을 이끄는 자는, 장례 참가자들이 모두 어느 정도 멀어진 뒤에 눈 치우는 도구로 길을 가로지르는 선을 그어 놓는다. 이 선은 곧 심연 또는 깊은 강을 의미한다. 이때 '지킴이'는 자신의 뒤에 하나 또는 몇 개의 돌을 놓아 두는데, 이것은 높고 험한 산을 의미한다. 그리고 그는 시신 염습 때 사용하고 품속에 넣어 온 작은 잔과 풀 뭉치를 눈 속에 파묻는다. 이 잔은 곧 바다이며, 풀은 헤치고 지나갈 수 없는 숲이다. 집으로 돌아온 뒤에는 천막집 입구 앞에서, 장지로 출발하기에 앞서서 읊었던 주문과 유사한 주문을 왼다.

장지에서 제물로 죽인 순록들의 가죽은 집으로 가져와

5일 동안 침실 바닥에 깔아 두어야 한다. '지킴이'는 구멍이 많이 뚫린 철판에 대고 주문을 왼다. 그리고 이 철판을 침상의 깔개 밑에 놓아두는데, 죽은 자가 돌아오는 것을 막기 위한 것이다. 만일 죽은 자가 지하 세계에서 돌아오게 되면, 그는 마치 그물에 걸리듯이 이 철판의 구멍에 걸리게 된다는 것이다.

돌아오는 장례 행렬은 두 명의 나이 든 여자들이 맞이한다. 그들은 장례 행렬에 참석했던 모든 사람에게 동물의 힘줄로 새로 자아 끝을 풀어헤치고 주문을 걸어 두었던 실을 잘라 나누어 준다. 그러면 각자는 손에 들고 있는 버드나무 가지에 그 실을 감았다가 곧 다시 풀어 자신의 오른쪽 손목에 살짝 감아 둔다. 그리고 버드나무 가지는 시신과의 접촉에서 오는 해로운 영향을 정화시키는 제물로서 모닥불 속에 던져 넣는다. 손목에 감아 둔 실은 하루 이틀 지나 저절로 풀어져 나갈 때까지 그대로 둔다.

이제 장례 행렬 참석자들은 장지에서 가져온 가죽 조각을 손에 들고 둥글게 둘러선다. 그리고 손에 든 가죽 조각의 일부를 잘라 낸다. 이로써 그들은 서로 간에 연결된 관계를 끊는 것인데, 그것은 죽은 자의 귀신이 다시 돌아오고자 할 때 그들 모두를 한꺼번에 찾아내지 못하도록, 찾아내더라도 한 사람씩 찾아내도록 하기 위한 것이다.

그림 44. 장례를 묘사한 축치족의 그림.

남은 가죽 조각은 보통 허리띠로 사용한다. 물론 다른 용도로 사용해도 무방하다.

그림 44에는 장례식이 묘사되어 있다. 천막집 내 왼편에서 사람이 죽어 가고 있다. 샤먼은 더 이상 힘이 없다는 표시로 북을 다른 사람에게 건네준다. 켈레는 손에 사람의 영혼을 쥐고 천막집을 나가고 있다. 켈레는, 마치 사람이 사냥한 작은 짐승을 손에 들고 가듯이 사람의 영혼을 들고 가고 있다. 그림에서 위쪽에는 세 사람이 장지에서 돌아오는 모습이 그려져 있다. 그들은 주문을 외면서 길에 작은 돌을 놓아두었다. 장례 행렬을 이끄는 자는 다른

그림 45. 죽은 자의 마지막 길을 묘사한 축치족의 그림.

주문을 외면서 길에 선을 긋고 있다. 오른편에는 시신을 화장하는 모습이 그려져 있으며, 옆에 서 있는 여자는 울고 있는 모습이다.

그림 45의 우측 상단에는 '지고의 존재'의 집이 그려져 있다. 그 '존재'는 집 입구 앞에 부인과 함께 서 있다. 아래쪽에는 제물로 바쳐진 두 마리의 동물이 그에게 올라오고 있다. 그 아래에는 관습에 따라 처리되어 내장이 삐져나온 개가 누워 있다. 그리고 거기에 두 번째 제물, 즉 제물용 순록을 대신하는 순대처럼 속을 채워 넣은 순록 창자가 있다. 우측 가운데 뿌리가 드러난 마른 나무 근처에는 '여

명의 여자'가 서 있다. 그녀에게도 제물이 올라오고 있다. 나뭇잎을 빻아 만든 제물용 순록을 대신하는 제물과 구슬 세 개를 동물의 힘줄 조각으로 엮은 목걸이다. 아래 오른쪽 구석에는 죽은 자들의 집이 묘사되어 있다. 샤먼이 한 사람을 데려가려 애쓰고 있다. 그는 죽은 자를 되사 가는 데 필요한 가죽 띠와 가죽을 손에 들고 있다. 귀신 둘이 샤먼을 도와주고 있다. 하나는 새의 모습이고 다른 하나는 사람과 비슷한 모습이다. 그리고 왼편에는 켈레와 다른 샤먼이 죽은 사람의 영혼을 서로 잡아당기고 있다. 샤먼은 긴 수술이 달린 지팡이를 들고 있다. 죽은 자가 간 흔적은 지그재그형의 선으로 묘사되어 있다. 그는 반드시 숲과 두 개의 둥근 호수를 지나는 길로 가야 한다.

성묘

장례식 다음 날 망자의 친척과 친구들이 묘지를 방문한다. 이것은 '쇠 가져가기'라고 불리는데, 이때 묘지에 놓아둔 쇠로 만들어진 물건들을 나무로 동일한 모습으로 만들어 온 것들로 대체해 놓고 모두 가져가기 때문이다. 이것을 '망자 방문'이라는 다른 이름으로도 부르는 것으로 보아 그런 명칭은 최근에 생긴 것이 확실하다. 그 외에도 묘지를 방문한 사람들은 들짐승들이 시신을 훼손시키지 않았는지 살펴본다. 만일 장례식이 있은 지 얼마 지나지 않았는데 시신이 훼손되었다면 친척들은 마음을 놓게 된다. 그런데 만일 짐승들이 오랫동안 시신을 건드리지 않는다면, 그것은 곧 망자가 친구를 기다리고 있다는 것을 의미한다. 이렇게 묘지를 방문할 때도 제물을 바치며, 시신 곁에 순록 뿔을 놓아둔다.

'망자 방문'에 참석하는 사람의 수는 장례에 참석하는 사람의 수보다 항상 더 많다. 마을의 모든 사람들, 어린아이들까지 함께 묘지를 찾아간다. 죽은 자가 순록을 많이 가진 부유한 사람이었다면, 사방에서, 60~70킬로미터 떨어진 마을에서도 찾아온다. 손님들은 자신의 순록 떼 전체 또는 일부를 몰고 오기도 한다. 모든 참석자는 속을 채워 넣은 순록의 창자나 약간의 골수, 설탕, 담뱃잎 등 작은 것일지라도 반드시 선물을 가져와야 한다. 죽은 자의 마을 여자들은 장례식 날 잡은 순록의 창자에 속을 채워 넣어 만든 음식, 납작하게 누른 고기, 순록의 뇌 등 많은 음식을 가져온다.

사람들이 다 모이면, '지킴이'는 시신 가까이 다가가서 가져온 사냥용 올가미로 시신을 잡는 시늉을 한다. 그런 뒤에 올가미가 시신의 머리를 포함해 장례식 날 시신 주변에 놓아둔 물건들을 둘러싸도록 한다. 그리고 참석한 사람들이 선물을 바친다. 남은 음식은 시신 근처의 돌 위에 놓아두었다가 참석한 사람들이 모두 먹는다. 죽은 자의 집안이 아주 부유하다면, 찾아온 손님 모두에게 순록 고기를 선물로 주기도 한다. 가난한 집안이나 인색한 집안은 순록 몇 마리만 잡아 고기를 손님들에게 나누어 준다. 그리고 그런 경우에는 손님들이 많이 찾아오지 않는다. 순록의 다리는 부수어서 골수를 빼내며, 순록의 머리는 커다란 솥에 넣고 삶는다. 그런 다음 잔치가 시작되는데, 이때 시신에게도 다양한 음식을 나누어 준다. 순록의 뿔은 보통 때처럼 정수리 뼈와 함께 잘라 내 불에 쬐어 냄새를 피워서 야생동물을 쫓고 난 뒤에, 시신의 머리맡에 자정 방향을 향하도록 세워 둔다. 이때 뿔을 수직으로 땅에 꽂고 돌과 나뭇가지로 받쳐 둔다. 이렇게 세워 둔 뿔들을 뿔 무더기라는 뜻의 '틴마이'라고 부른다. 잡은 순록들의 위장 내용물은 모두 땅에 버리고 시신 근처에 있던 철로 만든 물건들을 거기에 넣어 정화시킨 다음에 집으로 가져간다. 그리고 철로 만든 물건들의 일부는 나무로 만든 동일한 모양의 것들로 대체하거나 동일하게 철로 만들어졌지만 품질이 나쁜 다른 것들로 대체한다. 철로 만든 바늘 대신에 뼈바늘을 만들 때 사용하는 뼛조각을 놓기도 하며, 철로 만든 무두질용 도구 대신에 돌로 된 무두질용 도구를 놓기도 한다. 찻잔, 담뱃대, 자루 등의 물건은 대체하지 않으며, 활과 철로 만든 화살은 그 자리에 그냥 둔다. 그 외에 다른 철로 만든 물건들도 시신 근처에 그냥 두기도 한다. 나는 어떤 묘지에서 철로 만든 칼들과 무두질용 도구들을 본 적이 있는데, 그것들은 아주 많이 닳아 있었다. 그것들은 상응하는 보다 좋은 철제 물건들을 대체해 놓아둔 것이 분명했다. 나는 또 낡은 총들도 보았는데, 그것들은 모두 부서져 있었다.

철을 정화한 뒤에 '지킴이'는 점을 치기 시작한다. 그는 특별한 돌을 사용하든가 아니면 묶어서 점을 치기에 편리한 다른 사물을 사용한다. 점치는 과정은 장례식 날과 동일하며, 던지는 질문도 유사하다. 그리고 죽은 자의 귀신이 쫓아오지 못하게 하는 다양하게 변이된 주술적 수단들이 사용된다. 예를 들어, 나는 장례식 때와 마찬가지로 한 노인이 시신의 머리 근처에서 오줌을 누는 것을 본 적이 있다. 그런 행위에 원주민들도 놀라기는 마찬가지였다. 노인은 시신과 자신 사이에 깊은 강을 만들어 두고 싶었던 것이다.

집으로 돌아온 뒤에도 다시 잔치가 열린다. 내부 천막의 가장 좋은 자리에는 시신의 옷에서 잘라 온 가죽 조각을 놓아둔다. 음식을 먹을 때에도 그곳에 각종 음식을 조금씩 덜어 차려 준다. 그렇게 5일간 계속한다. 그 후 그 가죽 조각을 가족의 호신부로 삼는다. 장례의 첫 번째 의례가 있은 후 마지막 의례가 이루어지기까지의 날수는 출생과 관련된 첫 번째 의례와 마지막 의례 사이의 날수와 동일하다. 5일이 지나면 다시 묘지로 가서 야생 동물들이 시신을 훼손했는가를 살펴본다. 그리고 묘지를 방문했던 사람들이 집으로 돌아오면 계절과 상관없이 '뿔 축제'를 연다. 가진 뿔이 많지 않고 더 구하기가 어려우면, 툰드라에 널려 있는 뿔을 모아 온다. 물론 실제 '뿔 축제'에는 그런 뿔은 사용되지 않는다.

상을 당한 가족은 두 번째로 묘지를 방문하고 온 뒤에 천막집을 다른 장소로 옮긴다. 비록 몇 걸음을 옮길지라도 반드시 그렇게 한다. 특히 시신을 보통 사용하는 출입구를 통해 밖으로 내간 경우에는 반드시 천막집을 다른 곳으로 옮긴다.

장례를 주관한 자는 죽은 자가 찾아오지 못하도록 하는 주문도 외워야 한다. 이를 위해서 그는 장례가 끝난 뒤에 찾아오는 여름 동안 여러 번 풀밭을 건너다니면서 "나는 사람이 아니다. 나는 하얀 갈매기다. 나는 아비새다"라고 크게 소리쳐야 한다. 만일 그렇게 하지 않으면 그에게 위험한 병이 닥치게 된다.

이것이 순록 축치족의 전형적인 장례 방법이다. 시신을 툰드라에 내다 놓고 여러 차례 순록을 제물로 잡는다. 물론, 가난한 집안은 장례의 많은 세부 사항을 생략한다. '걸어서 가야 하는' 시신의 몸에는 고기를 덮지 않는다. 그리고 시신의 옷에서 두 조각을 잘라 내서 한 조각으로는 시신의 얼굴을 덮고 나머지 한 조각으로는 성기를 덮는다. 어린아이의 시신은 종종 토막을 내 사방에 던져서 '세상'에 부모의 슬픔을 보여 주며 자기 자식을 험하게 대한 '세상'을 원망한다.

화장

시신을 화장하는 절차는 시신을 툰드라에 놓아두는 절차와 거의 동일하다. 장례식 날에는 순록을 잡는다. 그리고 다리를 부수고 뿔을 잘라 내어 그 자리에 그냥 둔다. 시신의 옷을 벗기지 않으며 시신을 묶어 놓은 끈도 풀지 않는다. 시신을 장작 위에 올려놓고 그 위에 다시 장작을 덮는다. 시신의 내장은 검사하지 않으며, 목만 자른다. 불에 다 타지 않은 부위는 장작불의 뜨거운 재로 덮어 둔다.

장작에는 성냥이나 부싯돌과 부시를 사용해 불을 붙인다. 가정에서 불을 일으킬 때 사용하는 송곳은 사용하지 않는다. 그것은 불을 모욕하는 일이기 때문이다. 성냥이

나 부시가 없으면, 불을 일으키는 데 필요한 나무 판과 송곳을 마련해 사용한 뒤 화장 장소에 둔다. 여자의 시신을 화장하는 경우에는 불을 피우는 데 사용하는 나무판과 필요한 도구들을 그녀의 마지막 가는 길을 위한 여러 가지 물건들에 더해서 함께 놓아둔다.

고인에 대한 헌제

한 해가 지난 후 집안이 순록 떼를 몰고 묘지 근처를 지나게 되는 경우에 친척들은 다시 묘지를 찾아가 근처에 순록 뿔들을 놓아둔다. 상황이 허락하는 한 해마다 그렇게 한다. 이 '뿔 무더기'가 곧 고인의 집이라고 여겨진다. 축치족은 고인의 집이 허름하면 고인이 춥다고 여기기 때문에 가능한 한 많은 뿔을 쌓아 놓으려 한다. 그래서 '뿔 무더기'는 점점 커져 거대한 규모가 되어 간다.

고인의 가족은 매년 그런 목적으로 잡은 순록의 뿔 일부를 모아 두는데, 주로 가장 좋은 뿔들만 모아 둔다. 순록의 머리에서 저절로 떨어진 뿔은 고인의 집에는 쓸모가 없다고 여긴다. 고인의 집에 가장 좋은 뿔로 취급되는 것은 가지가 많이 뻗어 있고 끝부분이 납작한 야생 순록의 뿔과 유목되는 거대한 수컷 순록의 뿔이다.

물론, 존경받는 고인들만이 그런 존경과 관심을 받게

된다. 집안에 고인이 여럿 있을 경우에는 순서대로 뿔을 모아 유목을 하며 이동하다가 해당되는 고인의 묘지를 지나게 되는 경우에 그곳에 쌓아 놓게 된다. '고인의 집'을 위해 모아 둔 뿔을 두 달 또는 세 달씩 가지고 이동하는 경우도 종종 있다.

해마다 가을의 큰 명절들 가운데 하루는 고인들에게 별도의 제물을 바친다. 순록을 잡아 머리가 묘지를 향하도록 천막집 입구 왼쪽에 놓아둔다. 그리고 제물 둘레에 '묘지 돌담' 모양으로 얕은 둔덕을 만들어 놓는다. 그리고 거기에 제물로 잡은 순록의 피를 조금 뿌리고 순록 뇌의 작은 조각들을 둔덕을 따라 던져 놓는다. 제물을 바치는 사람들은 "요-고! 이리 와서 먹어라" 하고 소리친다. 때로는 제물 일부를 천막집 입구 근처 땅에 파묻기도 한다. 제물로 잡은 순록의 고기는 삶아 먹는다. 고인을 위한 음식으로 바치는 것은 '묘지 돌담'을 상징하는 얕은 둔덕을 따라 던져 놓은 순록의 뇌 조각이다. 잔치를 마친 후 순록의 뿔은 묘지에 직접 가져다 두거나 '묘지 돌담'을 상징하는 얕은 둔덕 근처에 놓아둔다. 존경받는 고인이 된 조상이 여러 명 있는 집안에서는 조상 각자에게 제물을 바치거나 또는 순서를 정해 한 해에 한 명의 조상에게 제물을 바친다. 부유한 유목 축치족의 묘지나 유명한 샤먼의 묘지에는 거대한 뿔 더미가 쌓이게 된다. 순록 축치족의 족장이었던 '암라크우르긴'의 묘지에는 순록의 뿔이 사람의 키보다 더 높이 쌓여 있었다.

차운 곶 근처 아촌 섬에는 오래된 뿔 무더기가 있다. 그것은 그곳에 묻힌 여자 샤먼 '퀘에퀴'와 관련된 것이다. 사람들은 그 뿔 무더기가 아주 오래전부터 거기 있었으며, 그 아랫부분은 땅속에 묻혀 있다고 했다. 그 뿔 무더기는 높이가 2미터 이상이고 직경이 10미터가 넘었다. 나는 아뉴이 강 유역에서도 거대한 뿔 무더기를 보았는데, 50년 이상 된 것으로 보였다. 그것은 수백 개의 뿔들로 형성되어 있었다.

고인을 기념하는 헌제는 보통 각각의 고인에게 별도로 바친다. 그러나 뿔 무더기는 규모가 아주 커진 경우 한 명의 고인에게 바치는 것이라는 성격을 잃고 집안의 모든 조상들을 위한 기념비와 같은 성격을 가지게 된다. 해안 축치족이 마을의 모든 죽은 자들을 내다 놓는 공동묘지에는 그곳에 시신이 안치된 모든 죽은 자들을 기념하는 몇 개의 거대한 뿔 더미가 형성되어 있다. 각 가족은 자신의 조상을 위해 뿔을 가져오지만 모두 한 군데에 쌓아 놓는 것이다.

나는 기아와 전염병으로 순록 유목을 하던 여러 가족

이 한꺼번에 죽은 일을 알고 있다. 친척들은 그들의 장례를 치러 주고자 그 가족들을 위한 제물을 가지고 왔다. 그들은 죽은 자의 시신이 어디 있는지에 무관하게 여기저기에 뿔 무더기를 만들어 주었다.

타지에서 죽는 사람, 예를 들어 장사를 나갔다가 타지에서 죽는 사람은 고향 땅에 자신의 묘지를 만들어 주기를 원한다. 그런 희망은 죽기 전에 직접 말하든지 아니면 점을 칠 때 알아낼 수 있다. 그러나 그런 사람의 시신을 고향으로 옮기는 일은 드물다. 대부분 그가 죽은 곳에서 가까운 툰드라로 내다 놓는다. 그리고 그의 동료들이 고향으로 돌아가서 필요한 모든 절차를 갖추어 다시 장례를 치른다. 돌이나 나무로 '묘지 담장'을 만들며, 그 근처에 '뿔 무더기'도 만들어 준다. 그러면 그때부터 그 장소가 죽은 자의 진정한 묘가 되며, 매년 그곳에 새로운 뿔을 가져다 쌓는다.

해안 축치족의 장례

해안 축치족은 순록 축치족만큼 많은 제물을 바칠 상황이 되지 못한다. 따라서 그들의 장례는 더 간단하다. 그러나 장례의 기본 구조는 동일하다. 시신을 땅에 뉘어 놓고 옷을 조각내고 벗기고, 시신의 얼굴과 성기를 가죽 조각으로 덮는데 때로는 넓적한 돌을 사용하기도 한다. 시신 주위에는 담장을 만든다. 이것 역시 세 개의 돌로 대체될 수 있다. 시신의 발치에는 두 개의 긴 장대를 놓아둔다. 죽은 자들의 나라에서 고인의 발로 사용될 것이다. 때로는 그 장대들을 따로 떼어 놓거나 시신의 머리맡에 놓기도 한다. 반드시 천막집에 사용되었던 장대여야만 하는 것은 아니다. 나무가 없거나 구하기 어려운 경우에는 장대 대신 적당한 것을 사용하기도 한다. 죽은 자의 가족은 순록을 유목하는 이웃에게 순록 뿔을 달라고 부탁하거나 사들인다. 사냥에서 잡은 순록 뿔을 사용하기도 한다.

마을에서 죽은 모든 사람은 특정한 한 장소로 내간다. 그래서 씨족 공동묘지 같은 것이 형성된다. 몇몇 마을에서는 그런 장소로 높은 언덕이나 산비탈을 선택한다. 또 어떤 마을에서는 물에서 멀지 않은 강변이나 해변을 선택하기도 한다. '웅이사크' 마을에서는 약 2킬로미터 떨어진 여울의 끝자락으로 시신을 내다 놓는다. 이 여울은 양측이 경사진 긴 암초 형태다. 바로 여기서부터 마을까지 길이 이어져 있고 그 양옆으로 천막집들이 자리 잡고 있다. 이 길은 죽은 자들과 귀신들이 마을로 오는 길로 여겨진다. 그래서 이 길 위에는 아무도 천막집을 짓지 않는다.

겨울에는 시신을 개가 끄는 썰매에 태워 운구한다. 때

로는 썰매를 죽은 자의 친척들이 끌기도 한다. 여름에는 시신을 얼굴이 위로 가도록 장대에 묶어 운구한다. 이때 장대를 메고 가는 사람들은 자주 자리를 바꾸거나 교대를 하는데, 그것은 나쁜 의도를 가지고 있을지 모를 죽은 자를 혼란시키기 위한 것이다.

공동묘지에 도착하면 장대를 풀어 시신을 안치하고 장대는 시신의 발치에 놓는다. 어떤 경우에는 시신을 몇 가닥의 가죽 줄로 묶으며, 그중 세 개의 가죽 줄은 서로 묶지 않고 그냥 둔다. 이 세 개 가죽 줄의 끝을 잡고 시신을 운구한다. 공동묘지에서는 개를 잡아 창자를 빼내어 고리 모양을 이루도록 땅 위에 놓아둔다.

죽은 자에게는 갖가지 제물을 바친다. 나는 공동묘지의 말라 버린 유골 가까이에서 순록의 뿔과 부서진 무기, 빈 물병들, 놀이용 카드 등을 본 적이 있다. 이미 앞에서 여러 번 언급한 '웅이사크' 마을 출신의 상인 쿠바르는 자신의 아들의 묘지에 축음기와 낡은 고래잡이용 배를 가져다 놓았다. 그리고 그 물건들도 모두 부수어 놓았다. 한편, 그곳에서는 물건을 누가 집어 갈까 염려해서 그렇게 한 것이 아니었다. 원주민들의 설명에 따르면, 시신 곁에 두는 물건들을 부수어 놓는 것은 그 물건들의 영혼을 죽은 자가 데려가지 못하도록 하기 위한 것이다.

고인을 기념하는 헌제는 이른 가을, 순록 유목민들의 첫 번째 가을 명절 직후에 한다. 그때 하는 것은 해안 축치족이 보통 명절에 순록 축치족의 마을을 방문해 거기에서 순록의 고기와 뿔 등 헌제에 필요한 것들을 가져오기 때문인 것으로 설명될 수 있다. 해안 축치족은 그것들을 공동묘지로 가져와 잔치를 열며, 그때 고인들도 자신의 몫을 받게 된다.

각 집안은 고인들에게 헌제하기 위한 별도의 장소가 있다. 그 장소는 공동묘지에 있으며, '장례용 화덕'이라 불린다. 만일 명절에 즈음해서 마을 사람들의 시신이 그 '장례용 화덕' 근처에 있게 된 경우에는 다양한 피방 조치를 취해야 한다. 그런 조치로서 작살과 창을 가지고 가서 그것으로 시신들을 때리고 시신 앞에서 가죽으로 만든 그물을 펼친다. 이런 의례가 끝나면 참석자들도 그런 적대적인 행동을 반복한 뒤에 서둘러 묘지를 떠난다.

해안 축치족은 바다에서 죽는 경우가 있다. 그런 경우에는 시신을 찾지 못한다. 바다에서 죽은 사람에게는 물가에서 특별한 제물을 바친다. 바닷가의 한 장소가 바다에서 죽은 모든 사람들을 추념하고 제물을 바치는 장소로 사용된다. 각 집안은 두 개의 '장례용 화덕', 즉 '장례용 담장'을 가지고 있는데, 하나는 육지에서 죽은 자들을 위한 것으로 공동묘지에 있으며, 다른 하나는 바다에서 죽은 자들을 위한 것으로 바닷가에 있다.

죽은 것으로 여겼던 사람이 살아 돌아오는 경우가 종종 있다. 그런 경우 그 사람은 정결의례를 치러야 한다. 그 사람을 가죽 끈으로 묶어 두고 바닷가에서 개를 잡아 바다에 제물로 바친다. 그 후 그 사람을 집안의 쓰레기 버리는 곳으로 데려가 땅 위에 누워 구르게 한다. 이것은 순록 축치족이 장례와 관련되는 물건을 제물로 바친 순록의 위장 내용물에 빠트리는 방법으로 정화하는 의례를 연상시킨다.

부록

축치어 한글 표기 색인

본문에 독자들에게 아주 생소한 축치어 인명과 지명이 많이 등장한다. 그런데 보고라스의 영어 원본에 제시된 음성 표기와 러시아어 번역본에 제시된 음성 표기를 각각 한글로 옮길 때 다소 다르게 표기된다. 따라서 본 번역서에서는 보고라스의 영어 원본에 제시된 음성 표기를 기준으로 하되 한글 표기에 적합하도록 다소 단순화해 표기했으며, 축치어나 축치족에 관심이 있는 독자들이 참고할 수 있도록 그 목록을 제시한다.

* 아래 색인에는 별도로 의미를 제시하지 않았다. 대부분 본문에 그 의미가 제시되어 있기 때문이다.
* 색인 중 한글 앞에 - 표시가 있는 것(예 : -우기/-우게 -wgi/-wge)은 이름 뒤에 붙는 접미사다(예 : 누테우기).

갈무우르긴 Galmuurgin
갈하-프케트-타긴 Galha-pket-tagin
감가-에틴빌린 gamga-etinvilin
게니믈리네트 genimlinet
게큘릴리네트 gequlilinet
게큘릴린 gequlilin
게틴빌레나트 getinvilenat
게틴빌렌 getinvilen
겜게-쿨릴린 gemge-kulilin
구프카-벨레르킬렐리트 gupka-velerkilelit
기논-갈레 Ginon-gale
기논-바이르긴 ginon-vairgin
기논-카논 ginon-kanon
기논후푸 안콰이힌 ginonhupu anqaihin
기눈-이힌 ginun-ihin
기르고르-람킨 Girgor-ramkin
기르골 Girgol
기르골-바이르긴 Girgol-vairgin
기예우테힌 Giyewtehin
깃테피치트 gittepichit
나스쿠트 Naskut
노타스콰-바이르기트 notasqa-vairgit
노타스콰-바이르긴 notasqa-vairgin
노타스콰-칼라트 notasqa-kalat
노타이메-응아우 Notaime-ŋaw
노타이멘 Notaimen

노타트바알 Notatvaal
노탈쿼트 Notalqot
누바트 Nuvat
누테누트 Nutenut
누테우기 Nutewgi
누테응에우트 Nute-ŋeut
누테테힌 Nutetehin
누텐퀘우 Nutenqew
눌리라하크 Nulirahak
니룰타퀸 nirultaqin
니-은퀘우-퀸 ni-nqew-qin
닝이르킬퀸 niŋirkilqin
라나우쿠르긴 Ranawkurgin
라나웅아우 Ranawŋaw
라흐틸린 Rahtilin
라흐팅아 Rahtiŋa
락카 rakka
레웃티 Leutti
렉켕 rekkeŋ
렐라페킨 lelapekin
렐라피찬 Lelapichan
렘킬린 Remkilin
로츠힐렌 Rochhilen
로츠힐린 Rochhilin
로츠힝아 Rochhiŋa
롤길리트 lolgilit

롤로 Lolo

롤로콰이 Loloqai

룰테예트 Rulteyet

룰테옐린 Rulteyelin

룰텐닌 Rultennin

리룰테트 Rirultet

리에-퉁아이르긴 Lie-tŋairgin

리이-빌리트 lii-vilit

리이-켈레 lii-kele

리케우히 Rikewhi

리흐날힌 Rihnalhin

리흐-응오잉인 Rih-ŋoiŋin

멜로탐킨 melotamkin

몰리잉이트 moliyŋit

무크-아비린렌 muk-avirinlen

므라-퉁아이르긴 Mra-tŋairgin

미라흐파크 mirahpak

미르그-움키 Mirg-umki

밀루템킨 milutemkin

바아멘 Vaamen

바알리르긴 Vaalirgin

바이르게티 vairgeti

바이르기-마탈리-람킨 vairgi-matali-ramkin

바이르기트 vairgit

바이르긴 vairgin

바히응인 vahiyŋin

발레 Vale
발브-인피나츠힌 Valv-impinachhin
발비-야크 valvi-yak
베히트키-응에우 Vehitki-ŋew
벳차-응에우트 Vetcha-ŋeut
벵켄루 veŋkenru
비욜리트 viyolit
비욜린 viyolin
아그들라크 agdlak
아루-베옘 Aru-veyem
아르나라예이트 Arnarayeit
아몰렌 Amolen
아수나라크 Assunarak
아운-랄리트 aun-ralit
아운-랄린 aun-ralin
아이완 Aiwan
아잉아이르긴 Aiŋairgin
아잉안와트 Aiŋanwat
아츠카프-앙아이 achkap-aŋai
아콰 aqa
아콰우기 Aqawgi
아콸링에에르킨 aqaliŋeerkin
아콤-바이르기트 aqam-vairgit
아쾅응아 Aqaŋŋa
아키믈라케 Akimlake
아트웨트 atwet

아트치이르긴 Atchiirgin
아파펠 apapel
안응아아르킨 anŋaarkin
안콰-칼 anqa-kal
알카프-앙아이 alkap-aŋai
알퀘프-엥에르 Alqep-eŋer
암농-퀘랄힌 amnoŋ-qeralhin
암라크우르긴 Amrakwurgin
암체 Amche
앗테-콰이 Atte-qai
앗텐 Atten
앗티기트키 Attigitki
앗팅에 Attiŋe
앙이카 Aŋika
앙콰이히트 aŋqaihit
야-베옘 Ya-veyem
야그타츠-바이르긴 Yagtach-vairgin
야놀라우트 Yanolaut
야라-바이르기트 yara-vairgit
야알라우트 Yaalaut
야이바츠-바이르긴 Yaivach-vairgin
야티르긴 Yatirgin
야흐나이힌 yahnaihin
얀라-바라트 yanra-varat
얀라-칼라트 yanra-kalat
얀라-콜레트 yanra-kolet

얌와이힌 yamwaihin

에나알 enaal

에멤큐트 Ememqut

에뭉올리크 Emŋolik

에우간바티르긴 ewganvatirgin

에우텔란 ewtelan

에운-렘킨 eun-remkin

에추크 Echuk

에텔 Etel

에틴 etin

에틴발란 etinvalan

에틴비트 etinvit

에틴빌린 etinvilin

에페필 epepil

에흐레에르 Ehreer

에힐힌 Ehilhin

엔디우 Endiw

엔무우기 Enmuwgi

엔미-타앙 enmi-taaŋ

엘웨키엥 elwekyeŋ

엠눙-이힌 emnuŋ-ihin

엠-우비킬린 em-uvikilin

엠페이킨 empeikin

엥엔엥에 eŋeneŋe

엥엥 eŋeŋ

엥엥엘리네 로오트 eŋeŋeline loot

엥엥이트 eŋeŋit
엥엥이트부 리뇨 eŋeŋitvu linyo
엥엥이트빌린 eŋeŋitvilin
엥엥일리나 로오 eŋeŋilina loo
엥엥일리트 eŋeŋilit
엥엥일린 eŋeŋilin
예트예우트 Yetyeut
예틸린 Yetilin
예-프케트-타긴 Ye-pket-tagin
오치트커크 Ochitkək
올바이르긴 Olvairgin
옴루우게 Omruwge
옴리이르긴 Omriirgin
옴릴쿼트 Omrilqot
옴링아 Omriŋa
옷티-타앙 otti-taaŋ
와커트바-타이오츠긴 wakətva-taiochgin
-우기/-우게 -wgi/-wge
우벡키르긴 uvekkirgin
우비리트 uvirit
우비리트킬린 uviritkilin
우빅 uvik
우스큐우스 Wusquus
우크우콰이 Wukwuqai
우크운 Wukwun
우풍에 Upuŋe

운프-엥에르 Unp-eŋer

운피-응에 Unpi-ŋe

울베-응에우트 Wulve-ŋeut

울베이이니틸란 Ulveiyinitilan

웃타콰이 Uttaqai

웃탕아 Uttaŋa

웃티-렘킨 utti-remkin

웅이사크 Uŋisak

월바-라울 Wolva-laul

월바키-르-엠텔린 Wolvaki-r-emtelin

월바키-르-임틸린 Wolvaki-r-imtilin

위요트킹아울리트 wiyotkiŋaulit

유우트쿠-느넨 Yuutku-nnen

율타야트 Yultayat

-은콰우/-은퀘우 -nqaw/-nqew

-응아/-응에 -ŋa/-ŋe

응아르기넨 Ŋarginen

응아우-리르카 Ŋaw-rirka

응아우스콰좀킨 Ŋausqajomkin

-응아우트/-응에우트 -ŋaut/-ŋeut

응아위스콰팀킨 Ŋawisqatimkin

응아치-틍아이르긴 Ŋachi-tŋairgin

응엔베티층인 ŋenvetichŋin

-응응아/-응응에 -ŋŋa/-ŋŋe

응이론 Ŋiron

응인비트 ŋinvit

이우메툰 Iumetun

이우추우기 Iwchuwgi

이우티르-렘킨 Iutir-remkin

이테윤 Iteyun

일레일 Yileil

일렝에 Yileŋe

일루칼린 Ilukalin

일루크-엥에르 Iluk-eŋer

일바-키 ilva-kyi

일히필리트 ilhipilit

잉이프치키트 iŋipchikit

차이부우르긴 Chaivuurgin

차키헤트 Chakihet

차플라크 Chaplak

체큠 Chequm

체플레 Cheple

체하이-바얌 Chehai-vayam

첼로-마큄 chello-maqim

추뭉아-늘레테틸린 chumŋa-nletetilin

치게이-베엠 Chigei-veem

치치로흐마 chichilohma

칭에이-응에우 Chiŋei-ŋew

카노이르긴 kanoirgin

카마크 Kamak

카마-타힌 Kama-tahin

카브라-응응아 Kavra-ŋŋa

카이타칼힌 Kaitakalhin

카차크 Kacak

카테크 Katek

카트마츠 Katmach

칼라 kala

칼라그티 kalagti

칼라크 kalak

칼라트코우르긴 kalatkourgin

캉아올힌 Kaŋaolhin

캉아욜힌 Kaŋayolhin

케레트쿤 Keretkun

케르그-앙알링인 kerg-aŋaliŋin

케르미스 Kermis

케르-아몰렌 Ker-Amolen

케에울린 Keeulin

케웨우 kewew

케이에우 keiew

케이응인 Keiŋin

케트메트 Ketmet

켈레 kele

켈레-빌리트 kele-vilit

켈레우기 Kelewgi

켈레-응에우트 Kele-ŋeut

켈렝응아 Keleŋŋa

켈릴후 Kelilhu

코라우헤 Korawhe

코르기-응아 Korgi-ŋa
코야츠트치트츠 koyachtschitsch
코옉추츠 koyekchuch
코이아츠 koiach
코차트코 Kochatko
코콜레-야티르긴 Kokole-Yatirgin
코팔하-헬헬린 Kopalha-helhelin
콘-렐로 Qon-lelo
콰아츠헤힌 qaachhehin
콰치키츠헤차 qachikichhecha
콰티크 Qatik
콰플레크 Qapleq
쿠르구-응에우트 Kurgu-ŋeut
쿠르킬 Kurkil
쿠바르 Kuvar
쿠우르킬 Kuurkil
쿠쿨리 Kukuli
쿠쿨핀 Kukulpin
쿼라우게 qorawge
쿼랑이 qoraŋi
쿼렌 바이르긴 Qoren vairgin
퀘랄힌 qeralhin
퀘르구크와-응아우트 Qergukwa-ŋaut
퀘르구크와트 Qergukwat
퀘르긴토 Qerginto
퀘르깅아 Qergiŋa

퀘얄힌 qeyalhin

퀘에퀴 Qeeqi

퀴티-니케엔 qiti-nikeen

큐이퀸나큐 Quyqinnaqu

큐트예우트 Qutyeut

크라울 Qlaul

키미콰이 Kimiqai

키야르나라크 kiyarnarak

키야르-나-쿵아 kiyar-na-kuŋa

키틸큐트 Kitilqut

킨타-바이르긴 Kinta-vairgin

킬루 Kilu

킬루-에난베낭 Kilu-enanvenaŋ

킬루-플라킬힌 Kilu-plakilhin

타노뭉알린 tanomŋalin

타능이탄 Tanŋitan

타능이트 Tanŋit

타능인-웻하우 Tanŋin-wethaw

타아롱기르기트 taaroŋgirgit

타퀴-응에우트 Taqi-ŋeut

타트코 Tatko

타트크-옴루우게 Tatk-omruwge

텀가-아르킨 təmga-arkin

테그레트 Tegret

-테긴/-타긴 -tegin/-tagin

테난토뭉이 Tenantomŋi

테이능이치트 teinŋichit

테잉에트 Teiŋet

테트케융 tetkeyuŋ

텍기 Teggi

텔루우게 Teluwge

텔루우게-야티르긴 Teluwge-Yatirgin

텔핑아 Telpiŋa

토르간라 Torganra

토르나크 tornak

토르니라크 tornirak

토르니라트 tornirat

토르니트 tornit

투네크 tuneq

투이케투이 Tuiketui

툼게-넬릴린 tumge-nelilin

툼과콰이 tumgaqai

-트바알 -tvaal

트-에난 T-enan

트-에난-아콸렝응잉 t-enan-aqaleŋŋiŋ

트-에난-텀긴 T-enan-təmgin

틍아이르기-람킨 Tŋairgi-ramkin

틍아이르긴 Tŋairgin

틍아히틍인 Tŋahitŋin

틍에닌틴 Tŋenintin

틍에룰틴 Tŋerultin

틍에스콴 Tŋesqan

등에스쾅에 Tŋesqaŋe
등에응에우트 Tŋeŋeut
등에체이분 Tŋecheivun
등에-체이붕에 Tŋe-cheivuŋe
등엔테그레우 Tŋentegrew
티르크-에르민 누테누트 tirk-ermin nutenut
티우릴쿠트 Tiwlilkut
티트바르킨 titvarkin
티팅아 Titiŋa
틴마이 tinmai
틸루우기 Tiluwgi
파그쳄-바이르기트 pagchem-vairgit
파힛틴 Pahittin
팔라우쿤 palawkun
팡안토 Paŋanto
팡카이피르킨 Paŋkaipirkin
페게텐 Pegeten
페네엘린 Peneelin
페넬큐트 Penelqut
페니넬린 peninelin
페루텐 Peruten
페르루페르 Perruper
페리 Peri
페플루 Peplu
페힛틴 Pehittin
펠콴티 Pelqanti

포이힌 Poihin

피츠부친 Pichvuchin

피티 Piti

피페킬하-헤켕일린 pipekilha-hekeŋilin

필라흐추츠 Pilahchuch

한지보이 Khandgiboy

헤톨라티르긴 hetolatirgin

히스홀란 hisholan

히우콰이 Hiuqai

히웅에 Hiuŋe

히토-라프 Hito-lap

힛하-칼 hitha-kal

해설

보고라스는 미국 자연사박물관의 탐사대(Jesup North Pacific Expedition)에 참여해 태평양 북부 연안의 민속학, 문화인류학, 고대사를 연구했다. 이 연구 활동에서 수집된 자료와 연구 결과는 자연사박물관 연구논문집에 〈The Chukchee I. Material Culture〉(1904)와 〈The Chukchee II. Religion〉(1907)으로 발표되었으며, 후에 2부로 구성된 영문 단행본《축치(The Chukchee)》로 출판되었다. 러시아어로는 제1부가 1934년에, 제2부가 1939년에 번역 출판되었으며, 특히 제2부는 2011년에《축치족: 신앙》이라는 제목의 단행본으로 재판되기도 했다. 축치족의 신앙에 관한 제2부는 총 7장으로 구성되어 있으며, 그 내용은 제1장 종교적 관념, 제2장 수호자와 성물들, 제3장 축일, 제4장 샤머니즘, 제5장 마법, 제6장 주문, 제7장 출생과 사망이다. 본 번역서는 제2부 가운데 제1장 종교적 관념, 제4장 샤머니즘, 제7장 출생과 사망을 발췌, 번역한 것이다.

제1장은 축치족의 종교적 관념을 기술한 장으로 축치족의 신화와 설화들을 상세히 기록하고 있는데, 이런 민담

과 신화들이 원시 종교 관념의 발달 과정을 잘 보여 주고 있다.

보고라스는 원시인의 종교 관념 발전 과정을 다섯 단계로 구분해서 기술하고 있다. 첫 단계는 주변의 모든 사물에 인간과 동일한 생명을 부여하는 단계다. 이 단계에서는 돌, 나무, 언덕, 구름, 자연 현상 등 모든 사물이 그 형태와 무관하게 살아 있는 것으로 여겨진다. 인간은 사물과 싸워 그것을 없애 버리거나 사물에 제물을 바치며 보호를 구하기도 한다. 저자가 소개하는 많은 이야기들에서, 축치족은 일반적으로 자연뿐 아니라 모든 존재하는 것이 살아 있으며, 스스로의 의사에 따라 행동하고 말하고 움직일 수 있으며, 모습을 바꾸어 돌아다닐 수 있고, 사람처럼 집과 아내와 자식들이 있다고 여긴다. 저자는 축치족의 다양한 민담을 인용하면서, 축치족 종교 관념의 기반은 생에 대한 관념이 단순하고 사물이나 자연 현상 의인화도 없는 첫 번째 단계에 해당한다고 보았다.

두 번째 단계는 사물의 외형과 인간 신체의 외형적 유사성에 대한 지각이 발달하는 단계로, 보다 상세하고 특징적인 내적 유사성에 관한 관념이 발생한다. 살아 있다고 여겨지는 모든 사물에서 입, 머리, 손 등을 찾아내고, 인간 신체의 모습과 약간의 유사성이라도 있는 사물이면 호신부가 되기에 충분하다. 이렇게 무형의 포괄적인 지각을 사물들 간의 유사성이라는 속성이 대신하게 되는 것이다. 그 유사성 덕분에 사물은 보다 명확하게 지각되며 그 속성도 보다 상세하고 특징적으로 지각된다.

세 번째 단계에서는 사물의 이중적 속성에 대한 관념, 즉 사물이 본래의 일반적인 모습과 함께 인간에 가까운 모습도 가진다는 관념이 발생한다. 사람이나 사물은 자신이 원하는 대로 자유롭게 동물이나 사람 또는 무생물로 모습을 바꿀 수 있다. 이 단계에서 사물은 일반적인 모습 외에 사람과 비슷한 또 다른 모습을 가지며 사람과 비슷한 생활을 하는 것으로 여겨진다. 많은 축치족의 민담이 이러한 관념을 반영하고 있다. 모든 동물은 인간과 마찬가지로 자신의 나라와 생업을 가지는 것으로 여겨진다. 여우, 백곰, 흑곰, 독수리, 새, 쥐 등 모든 동물들도 나름의 집안과 종족을 이룬다. 이처럼 인간적인 존재로 여겨지는 동물들은 귀신처럼 자신의 모습이나 크기를 쉽게 바꿀 수 있다.

이러한 사물의 이중적 속성에 대한 관념은, 사물의 두 가지 본질 중 하나는 외적인 것이고 다른 하나는 보통의 모습에 가려진 내적인 것이라는 관념으로 발전하게 된다. 즉, 네 번째 단계에서는 사물의 두 가지 본질이 보다 명확하게 나누어져 물적 형태와 그 내부에 담긴 생명력 간의 차이에 관한 관념이 처음으로 발생한다. 따라서 변신 관념은 인간과 유사한 '영'에 관한 관념으로 교체되어 인간의 형상을 한 영, 숲귀신, 물귀신 등의 각종 귀신에 대한 관념이 생겨난다. 3단계에서는 사물이 서로 교체될 수 있는 두 가지 별개의 본질을 가지는 것으로 보았던 반면, 4단계에서는 물적 사물과 그것의 '영'의 공존을 전제로 한다. 저자는 사물이나 동물의 지배자 또는 주인이 되는 영이 있다는 개념을 보여 주는 축치족 민담을 소개한다. 예를 들면, 강의 '주인'은 강에 사는 모든 물고기를 지배하고, 숲의 '주인'은 숲에 사는 모든 동물을 지배한다. '주인'들은 인간과 매우 비슷하지만 훨씬 힘이 세고 마법적인 능력을 지니기도 한다.

다섯 번째 단계에 이르러서는 '영'이 자신의 물적 외피로부터 완전히 자유로워져서 완전한 행동의 자유를 얻는 진짜 귀신이 된다. 즉 생명력이 사물로부터 완전히 분리되어 독립적인 것이 된다. 그리고 사물 외부의 모든 곳에 존재하며 자유롭게 움직일 수 있는 초자연적 존재에 관한 관념이 발달하게 된다. 이러한 초자연적인 존재들은 인간과 유사하지만 인간보다 훨씬 더 강력하고 특별한 힘과 능력이 있으며, 눈에 보이지 않지만 원하면 사람에게 나타날 수도 있다. 또한 인간처럼 음식을 필요로 하고 죽음을 맞기도 한다. 이러한 귀신 이야기로 이루어진 최초의 신화가 발생했으며, 여기에서 조상신 숭배 의식이 발생한다. 저자가 수집하고 기록한 축치족 민담과 신화의 대부분이 바로 이러한 초자연적인 존재들에 대한 이야기들이다.

축치족의 종교 관념에서 이러한 초자연적인 존재들은 인간에게 해를 끼치는 악령(켈레)들과 인간에게 복을 주는 선한 영(바이르긴)들에 대한 많은 민담에서 찾아볼 수 있다. 축치족 민담 중에는 이 세상에 기거하면서 사람의 영혼과 육체를 사냥하는 악령들, 피에 굶주린 식인귀로 축치족과는 영원한 적대 관계에 있는 악령들, 그리고 샤먼의 부름에 응해 샤먼의 마법과 치료를 도와주는 귀신들에 관한 많은 이야기가 있다. 반면, 태양과 달, 별과 별자리, 바람 등은 사람에게 좋은 일을 해 주는 초자연적인 존재들로 여겨진다. 방위도 복을 주는 존재로 여겨진다. 복을 주는 귀신들은 사방에 살고 있는데, 그들이 사는 곳의 방위가 태양의 특정 위치와 낮 동안의 시간에 상응하기 때문에 그들이 바로 그 방위로 의인화되어 '방위의 귀신들'이 되는 것이다. 또한 복을 주는 존재 중에는 강력하고 공정하며 인간에게 우호적이지만, 모호하고 특별히 하는 일이 없는 존재들도 있다. 이들은 자연의 창조력이 불명확하고 모호하게 의인화된 것이라 할 수 있는데, '지고의 존재', '바다의 존재들', '집귀신들', 그 밖의 보조령들, 그리고 신비한 힘을 가진 여러 괴물들이 여기에 포함된다. 흥미로운 것은 축치족의 설화에 까마귀가 복을 주는 존재로 그려져 있다는 점이다. 코랴크족의 설화에도 '큐이퀸나큐'라는 이름의 큰까마귀가 가장 중요한 신으로 등장한다. 이러한 많은 이야기들을 통해 초자연적인 존재에 대한 관념이 축치족의 종교 관념에 어떻게 반영되어 있는지 엿볼 수 있다.

종교 관념 발달의 다섯 번째 단계에서, 독립적인 영으로서의 초자연적인 존재에 대한 관념과 함께 사람이 죽어 몸이 썩으면 눈에 보이지 않는 귀신이 된다는 믿음이 생겨났다. 이에 따라 사후 세계에 대한 관념이 생기고, 세계가 땅 위와 아래에 층을 이루고 있는 몇 개의 세계들로 형성되어 있다는 믿음을 갖게 되었다. 축치족의 창세 설화에 따르면 층층이 쌓인 몇 개의 세계가 존재하는데, 그 수는 다섯, 일곱, 또는 아홉 개다. 나아가 사후 세계에 대한 관념을 보여 주는 이야기들도 소개된다.

보고라스는 원시 종교 관념의 발전 단계를 기술하면서 애니미즘이라는 용어를 사용하지 않는다. 그는 애니미즘이란 용어가 인간의식 발달의 보다 나중 단계에 나타나는 인간 영혼에 관한 관념의 존재를 전제로 하는 것으로 보았다. 따라서 그는 축치족의 신화와 민담에 나타나는 종교 관념을 분석하면서, 원시인의 종교적 관념이 애니미즘에 도달하기까지의 과정을 다섯 단계로 구분해 기술하고 있다고 할 수 있다. 이런 점에서 저자가 수집한 방대한 자료는 원시적 종교 관념이 애니머티즘 또는 프리애니미즘에서 애니미즘으로 발전하는 과정을 보여 주는 가치 있는 자료들이라 할 수 있을 것이다.

제4장에는 축치족 샤머니즘의 특징을 잘 보여 주는 많은 자료들을 소개하며, 축치족이 샤먼이 되는 과정과 샤먼이 행하는 의례에 대해 상세하게 기록하고 있다. 축치족의 샤머니즘은 대부분 가족 명절이나 축일과 연관된다. 가족 중 적어도 한 사람은 샤먼의 방법을 사용해서 귀신과의 접촉을 시도한다. 축치족 남자는 샤먼의 성향이 있고 기능도 갖추고 있어 모두 샤먼이 될 가능성이 있다고 할 수 있다. 또한 저자는 축치족 샤머니즘이 특별한 샤먼의 복장이나 무구를 가질 정도의 발전 단계에까지는 도달하지 못했다고 언급하고 있다. 이런 점에서 저자는 축치족 샤머니즘이 '가족 샤머니즘'의 성격을 갖는 것으로 보며, 샤머니즘 자체를 발전하는 현상으로 파악하고 있다. 더 나아가 '가족 샤머니즘'이 본질적으로 아주 단순하고 원시적인 샤머니즘이며, 개인 샤머니즘 발달에 선행한다고 기술한다. 즉, 개인 샤머니즘은 가족 샤머니즘을 기반으로

발생했다는 것이다.

저자는 샤먼의 입무와 준비 과정을 설명하는 부분에서 가족의 부와 안녕을 위해 자식들 중 하나가 샤먼이 되기를 원하거나, 부자가 되기 위해 스스로 샤먼이 된 사례들을 소개하고 있지만, 기본적으로는 축치족 샤머니즘의 뿌리를 사회 계급적 요인보다는 개인의 특별한 심리 구조에서 찾고 있다. 샤먼의 심리를 기술한 절에서 샤먼이 신경증적이고 쉽게 흥분하며 종종 정신병에 가까운 상태를 보인다고 지적한다. 또한 샤머니즘에서의 성의 변화와 성이 바뀐 샤먼의 이야기들을 상세히 소개한 점으로 보아 저자가 축치족 샤머니즘의 뿌리를 개인의 특별한 생물학적, 심리적 요소에서 찾고 있음을 알 수 있다.

샤먼이 의례나 주술적 치료를 행할 때 보여 주는 복화술과 다양한 기예들을 소개하면서 저자는 샤먼들이 눈속임과 속임수를 쓰고 있으며, 축치족 샤먼 자신들도 이 점을 인정하고 있다고 기술함으로써 샤머니즘에 대한 객관적이고 냉정한 입장을 견지하고 있다.

제7장에서는 축치족의 출생과 사망에 관한 관념을 보여 주는 자료들이 소개되고 있다. 출생에 대해서는 여성이 처음으로 태기가 있음을 느끼는 순간부터 시작되는 출산 준비와 아기의 출생에 관련된 의례들과 아기의 생명과

건강을 위해 행하는 보호 주술 등이 기술되어 있다. 출산 준비와 아기의 출생과 관련된 의례에는 그 어떤 보이지 않는 나쁜 기운이 들어와 산모와 아기에게 해를 줄 수도 있다는 믿음이 반영되어 있다. 특히 아기가 태어난 지 수일이 지나면 가능한 한 서둘러 피를 바르는 의례를 행하는데, 이것은 아기가 피를 바르는 의례를 마치기 전에는 모든 나쁜 것의 영향을 쉽게 받지만, 의례를 마친 아기는 가족의 수호신들과 성물들의 보호를 받게 된다고 여기는 믿음을 반영한다.

태어난 아기에게 이름을 지어 주는 것과 관련해서, 축치족 이름의 대부분은 죽은 자가 저승 세계로부터 돌아온다는 관념과 관계가 있다. 또한 아이의 이름이 아이에게 맞지 않으면 병약하고 잘 자라지 못하는데, 이럴 때는 이름을 바꾸어 주기도 한다. 악한 귀신들로부터 보호할 목적으로 남자에게 여자 이름을 붙이기도 하는 등 샤먼이 지어 주는 이름이 보호 기능을 한다.

죽음에 관한 축치족의 관념에 따르면 죽은 사람들은 산 사람들에 대해 이중적으로 행동할 수 있다. 즉, 수호자나 조력자가 되거나, 아니면 악령 켈레에 가까운 위험한 존재가 된다. 축치족 명절에서 볼 수 있는 조상 숭배 요소나 장례를 치를 때 행하는 피방 조치나 주술 행위에서 그런 점을 확인할 수 있다. 축치족은 "조상들은 항상 우리와 함께 있다. 그들은 우리를 지켜보며 우리를 도와주고 보호해 줄 수 있다"고 한다. 그러나 조상들이 보호해 준다는 믿음보다는 죽은 자가 해를 끼치는 악한 존재가 된다는 관념이 더 널리 퍼져 있다. 죽은 자들에 대한 두려움과 그들이 돌아오지 못하도록 다양한 조치를 취해야 한다는 생각이 축치족의 의식 깊숙이 뿌리 내리고 있어서 장례 절차에는 물론 아이들의 놀이에도 반영된다. 축치족의 '선한 죽은 자'와 '악한 죽은 자'에 대한 이러한 모순적인 관념은 다른 종족들의 관념과는 다소 다른 것으로, 기본적으로 죽은 자가 위험하고 무서운 존재이지만 그들은 자신이 선택한 사람을 도와주고 보호해 줄 능력이 있는 것으로 묘사된다.

이 책은 현재까지 축치족에 관한 가장 방대하고 상세한 민속학적 자료로 여겨진다. 꼼꼼한 현장 조사로 얻어진 방대한 자료가 실린 이 책은 민속학자, 종교사학자, 인종지학자들에게 폭넓게 이용되고 있다. 또한 이 책은 축치족을 중심으로 서술하고 있지만 주변 민족인 에스키모족, 코랴크족, 이텔멘족 등에 관해서도 언급하고 있다. 이 종족들을 통상 고아시아족이라고 부르는데, 그들의 전통 신앙의 다양한 요소들이 우리의 전통 민간신앙과 비슷한 점이 많다. 특히 이들이 까마귀를 숭배한다는 점과 고대에 아무르 강 유역에 살다가 북쪽으로 이주했다고 보는 견해가 있다는 점에서, 우리의 삼족오 또는 고대국가 부여와의 연관성을 추정해 볼 수도 있다. 따라서 고아시아족의 전통 정신문화, 특히 신앙에 관한 사항은 우리 민속학 연구에도 귀중한 참조가 될 것으로 생각된다.

그러나 그들의 정신문화의 개괄적인 양상에 관해 쉽게 읽을 만한 책이 국내에는 출판되어 있지 않은 상황이다. 따라서 본 번역서는 제2부 가운데 제1장 종교적 관념, 제4장 샤머니즘, 제7장 출생과 사망을 발췌 번역해, 축치족의 샤머니즘을 비롯한 다양한 전통 민간신앙의 양상에 대해 비교적 용이하게 전체적인 맥락을 파악할 수 있게 했다.

본 번역서의 저본으로 삼은 것은 1939년 러시아 레닌그라드에서 번역 출판된 《Чукчи II Религия》이며, 본문의 축치어 단어들을 영문 표기하는 등 필요한 경우에는 영어 원본 《The Chukchee Religion》(1907)을 참고했다.

본 번역서가 축치족을 비롯한 고아시아족의 전통 신앙에 대해 개괄적으로 알고 더 큰 관심을 가지게 되는 계기가 될 것이라 생각하며, 러시아 연구자뿐 아니라 국내 민속학, 종교학 연구자들, 그리고 극동 시베리아에 관심이 있는 일반 독자들에게도 흥미로운 자료가 될 것이라고 기대한다.

지은이에 대해

블라디미르 게르마노비치 보고라스(Владимир Германович Богораз, 1865~1936)는 1865년 볼린 주(현재의 우크라이나 지토미르 주)의 오브루츠에서 유태인 교사의 아들로 태어났다. 출생 시 나탄이라는 유태식 이름을 받았고 청년기에 정교 세례를 받으면서 블라디미르라는 이름을 가지게 되었다. 후일 그가 자주 사용했던 '탄'이라는 필명은 유태식 이름 '나탄'에서 따온 것이었다.

그는 타간로그 김나지움에서 수학했으며, 1882년 졸업 후에 페테르부르크 대학 법학부에 입학했으나, '나로드나야 볼랴(인민의 의지)' 서클과 관련된 혁명 운동으로 퇴학당했다. 그 후 1885년부터 비밀 출판 활동에 적극 참여해 수차례 체포되기도 했으며, 결국 1889년부터 1899년까지 10년간 러시아 북동부의 스레드녜콜리마로 유형을 가게 되었다. 그곳에서 민속학을 연구하기 시작했는데, 연구 성과가 뛰어나 1894년에는 러시아 과학아카데미가 축치족 생활상을 연구하기 위해 조직한 탐사대에 그가 포함되었다. 이에 따라 그는 1895년부터 1897년까지 약 3년 동안 축치족과 함께 생활하며 축치인의 생활양식, 전통, 언어, 종교 등에 대한 연구를 계속했다. 이 기간이 끝나자 과학아카데미의 청원으로 페테르부르크로 돌아왔으며, 1900년에 또다시 탐사에 나섰다.

1896년부터 '탄'이라는 필명으로 에세이, 단편소설, 시 등을 발표하며 문학 활동을 시작했다. 1899년에는 첫 번째 산문집 《축치 이야기》가 출판되었고, 1900년에는 첫 번째 시집이 출판되었다. 그가 러시아 과학아카데미 정기 간행물에 발표한 자료들(〈축치어와 구비문학 연구를 위한 자료 표본〉, 〈콜리마 지역에서 수집된 축치어와 구비문학 연구〉 등)은 언어학 발전에 귀중한 공헌을 했으며 저자를 세계적으로 유명하게 만들어 주었다.

1899년에는 러시아 과학아카데미의 추천으로 미국 자연사박물관에 초청되어 미국으로 건너가, 인류학자 프란츠 보아스가 이끄는 탐사대(Jesup North Pacific Expedition)에 참여해 태평양 북부 연안에서 민속학, 문화인류학, 고대사를 연구했다. 그는 1901년 정치적인 이유로 러시아를 떠나 미국 뉴욕에 정착해 1904년까지 미국 자연사박물관의 큐레이터로 활동하기도 했다. 바로 이 시기에 축치족의 민속과 신화에 관한 가장 기본적인 저서로 전 세계에 잘 알려진 《축치족》이라는 단행본 출판을 준비했다.

1904년 러시아로 귀국했고 1905년에는 '농민연합' 조직, 1906년에는 의회인 국가두마 내 '노동자 그룹' 조직에 참여했으며, 볼셰비키 군사조직의 신문 발행에도 협력하며 정치적 색채가 짙은 글들을 발표했다.

1917년에는 페트로그라드(현재의 상트페테르부르크) 대학의 민속학 교수가 되었다. 1920년대와 1930년대에는 시베리아 원주민들에게 문어를 가르치면서 중요한 문화인류학적 연구를 계속했다. 저명한 민속학자로서 북방민족연구소를 설립했고 동 연구소 및 레닌그라드 소재 여러 대학에서 민속학을 강의했다. 생애 말년에는 레닌그라드 소재 카잔 성당 내에 종교와 무신론 박물관을 설립하고 관장으로 활동했다.

언어학자로도 유명한 보고라스는 축치어 연구에 큰 공헌을 했다. 축치어 문법서를 편찬하고 구비문학 텍스트와 사전도 편찬했다. 그 외에도 코랴크족 언어와 캄차달족(이텔멘족) 언어, 에벤어(라무트어), 시베리아 에스키모어(이누이트어) 등에 관한 연구도 진행해 텍스트와 구비문학 자료를 수집하고 연구 논문과 저서도 다수 집필했다.

주요 문학작품으로 《축치 이야기》(1899), 《시》(1900), 《8종족》(1902), 《용의 희생》(1909), 《콜리마 이야기》

(1931), 《부활한 종족》(1935) 등이 있다. 그는 에세이와 소설에서 학술적으로 수집된 역사-민속학적 자료를 이용해 풍속을 세밀하게 묘사했다.

옮긴이에 대해

김민수는 한국외대 통역번역대학원을 졸업하고 동 대학교 대학원에서 노어학을 공부했으며, 러시아 치타 국립대학교에서 철학과 인간학을 수학했다. 현재 한국외대 러시아연구소 HK교수로 근무하고 있으며, “러시아연방 인문공간” 연구의 일환으로 극동 시베리아 지역 원주민족들의 설화와 전통 신앙에 관심을 두고 공부하고 있다.

김연수는 한국외대 노어과 강사로 근무하고 있다. 러시아어 문법 및 통사론을 연구하고 있으며, ‘언어와 문화’ 간의 관계에 관심을 가지고 러시아인의 전통 정신문화를 포함해 러시아 내 다양한 민족의 전통문화에 대한 연구를 진행하고 있다.